Christine Weinbach

Systemtheorie und Gender

Christine Weinbach

Systemtheorie und Gender

Das Geschlecht im Netz der Systeme

VS VERLAG FÜR SOZIALWISSENSCHAFTEN

VS Verlag für Sozialwissenschaften
Entstanden mit Beginn des Jahres 2004 aus den beiden Häusern
Leske+Budrich und Westdeutscher Verlag.
Die breite Basis für sozialwissenschaftliches Publizieren

Bibliografische Information Der Deutschen Bibliothek
Die Deutsche Bibliothek verzeichnet diese Publikation in der Deutschen Nationalbibliografie;
detaillierte bibliografische Daten sind im Internet über <http://dnb.ddb.de> abrufbar.

1. Auflage April 2004

Lektorat: Frank Engelhardt

Der VS Verlag für Sozialwissenschaften ist ein Unternehmen von Springer Science+Business Media.
www.vs-verlag.de

Umschlaggestaltung: KünkelLopka Medienentwicklung, Heidelberg

Gedruckt auf säurefreiem und chlorfrei gebleichtem Papier

ISBN-13: 978-3-531-14178-7   e-ISBN-13: 978-3-322-80539-3
DOI: 10.1007/978-3-322-80539-3

Danksagung

Bei dem vorliegenden Buch handelt es sich um eine überarbeitete Fassung meiner Promotionsarbeit, die an der Bielefelder Fakultät für Soziologie angenommen wurde.

Eine Dissertation zu einem Thema zu schreiben, das bis dato unerschlossen war, ist Herausforderung und mühsames Unterfangen zugleich. Handelt es sich dabei zudem um den Versuch, zwei sich einander mit Desinteresse oder gar Feindschaft begegnende sozialwissenschaftliche Bereiche zu verknüpfen, sitzt man leicht zwischen allen Stühlen.

Dass man in einer solchen Situation nicht ohne fachlichen und emotionalen Beistand auskommt, liegt auf der Hand. Ich hatte das Glück, in Niklas Luhmann einen Interessenten und Befürworter zu finden. Als er erkrankte, übernahm Rudolf Stichweh die Betreuung. Dafür danke ich ihm; ebenso Klaus Dammann, meinem zweiten Betreuer. Für unterstützende und hilfreiche Diskussionen danke ich zudem Andreas Dammertz, Helga Gripp-Hagelstange, Ruth Großmaß, Rolf Herzog, Ursula Holtgrewe, Gotthard Schmidt und Stefanie Soine. Jan Kassel danke ich für seine Arbeit an der Formatierung des Manuskripts. In erster Linie jedoch bin ich meinem Mann Peter Sokoll für seinen nimmermüden Beistand verpflichtet.

Bielefeld, im Januar 2004

Inhalt

Einleitung..9

1.   Systemtheoretische Grundbegriffe......................................15

1.1   Autopoiesis, Selbstreferenz und Sinn....................................17
1.2   Die Sinnform Person..24

2.   Die Geschlechtsrollenidentität des Bewusstseinssystems.........31

2.1   Das Bewusstsein als autonomes System................................32
2.2   Die Kontingenzformel „Geschlechtsrollenidentität". 39
2.3   Die Selbstcharakterisierung des Bewusstseinssystems..........50

3.   Die Geschlechterdifferenz in der Kommunikation............63

3.1   Die Person im Kommunikationsprozess..................................64
3.2   Die Geschlechterdifferenz im Kommunikationsprozess.........69
3.3   Die Geschlechterdifferenz im Interaktionssystem..................81
3.4   Die Geschlechtsrolle..89
3.5   Exkurs: Kritik des „Undoing Gender"....................................100

4.   Geschlechtliche Arbeitsteilung..105

4.1   Geschlechtliche Arbeitsteilung in der Familie.......................106
4.2   Geschlechtliche Arbeitsteilung in der Organisation..............126

5. **Andere konstruktivistische Gender-Konzepte**............................145

5.1 Judith Butler: Einheit und Differenz der Subjektposition...................146

5.2 Gesa Lindemann: Exzentrische Positionalität und Personsein...........154

5.3 Beate Krais: Bourdieus Habitus als Alternative zur sozialen Rolle...164

Schluss..173

Literatur..177

Einleitung

Der Systemtheorie Luhmannscher Fassung wird vorgeworfen, weder die Geschlechterdifferenz (vgl. Runte 1994) noch soziale Schichtung (vgl. Schwinn 1998) erfassen zu können. In der Tat betont die Systemtheorie, dass die funktionale Differenzierung der Gesellschaft nicht auf Ungleichheiten solcher Art basiert, sondern dass die Individuen als Umwelt von Gesellschaft zumindest über die sogenannten Publikumsrollen gleichermaßen in die verschiedenen Funktionsbereiche inkludiert sind (dazu Stichweh 1988): Alle können, unabhängig von Geschlecht oder sozialer Schicht, etwas kaufen, heiraten, wählen oder wohlfahrtsstaatliche Leistungen erhalten, einen Gottesdienst besuchen, an Bildung teilhaben, etc. Diese Annahme macht es unmöglich, in Geschlecht oder sozialer Schicht ein „Strukturprinzip" dieser modernen Gesellschaft zu sehen (dazu z.B. Bohn 1991). Entsprechend muss davon ausgegangen werden, dass weder eines der beiden Geschlechter noch eine soziale Schicht oder Klasse Repräsentant dieser Gesellschaft sein kann (vgl. dazu auch Luhmann 1985).

Begriffe wie vom Patriarchat, mit denen eine ‚männliche' Gesellschaftsstruktur bezeichnet werden soll, sind vor diesem Hintergrund unhaltbar. Vielmehr wird deutlich, dass ihr Gebrauch erst innerhalb eines gesellschaftlichen Kontextes greifen konnte, in dem der „über das Geschlecht laufende Zuweisungszusammenhang an Bedeutung verliert", denn erst dann „kommt die Frage der Gleichheit von Sachlagen und Chancen auf. Erst wenn das Geschlecht keinen Unterschied mehr macht, darf es dann auch keinen Unterschied mehr machen" (Luhmann 1988a: 57). Damit ist aber nicht nur gesagt, dass Geschlecht für die Gesellschaft keine Strukturkategorie ist, sondern zugleich, dass die Geschlechterdifferenz auch weiterhin durchaus eine Unterscheidung ist, die einen Unterschied macht. Doch Luhmann hat sich für solche Unterschiede niemals interessiert, für ihn waren sie „wissenschaftlich uninteressante Tatsachenberichte" (Luhmann 1988a: 58).

Dass man sich mit solchen Statements in der Frauen- bzw. Geschlechterforschung nicht gerade beliebt macht, wird durch die Rezeptionslücke der Systemtheorie in diesem Forschungsbereich negativ dokumentiert. Neben gähnender Leere findet man lediglich einige kritische Texte zum Thema, die die Ergiebigkeit der Systemtheorie bezweifeln (vgl. Berghahn 1994; Cornell 1996; Runte 1994; Teubner 2001). Ursula Paseros Arbeiten (1994a; 1994b; 1995;

9

1999) sind die ersten, die auf die Fruchtbarkeit der Systemtheorie für die Geschlechterforschung verweisen. Darüber hinaus sind in jüngerer Zeit Versuche zur systematischen Analyse der Geschlechterdifferenz in systemtheoretischer Perspektive erschienen (vgl. Weinbach/Stichweh 2001; Weinbach 2002; Pasero/Weinbach 2003; Weinbach 2004a; Weinbach 2004b; Kampmann/Karentzos/Küpper 2004). Mit dieser Arbeit nun liegt die erste Monographie zum Thema vor, und damit ein umfassenderer Versuch, das Potential der Systemtheorie für die Geschlechterforschung zu nutzen. Sie sieht in der Beantwortung der Frage, worin der Geschlechterunterschied in einer Gesellschaft besteht, in der die Geschlechterdifferenz keinen Unterschied mehr macht, die eigentliche Herausforderung der aktuellen Geschlechtertheorie. Dafür eignet sich, so wird hier behauptet, die Systemtheorie Luhmanns besonders gut.

Die Suche nach einer Antwort kommt um eine Verortung ihres Gegenstandes nicht herum. Wo genau ist die Geschlechterdifferenz in der funktional differenzierten Gesellschaft von Relevanz? Wo nicht? So wird eine Gesellschaftstheorie nötig, die über eine individuumszentrierte Perspektive hinausreicht und Gesellschaft als eigenständiges Phänomen begreifen kann. Folgt man Luhmann, dann kann sich der Fokus unmöglich auf die in Funktionsbereiche unterteilte, an binären Codes und abstrakten Programmen orientierte Gesellschaftsstruktur richten. Der übliche, auf die Situation von interagierenden Individuen beschränkte Zugang erscheint uns dagegen zwar wegweisend, aber keineswegs befriedigend zu sein. Die Schwäche des „doing gender"-Ansatzes liegt doch gerade in der Notwendigkeit, überindividuelle Kommunikationsstrukturen (auch gerne „Wissen" der Individuen genannt) zwar kontextuell berücksichtigen zu müssen (vgl. Hirschauer 2001), sie jedoch nicht explizieren und theoretisch fruchtbar machen zu können. Selbst der diskurstheoretische Ansatz Judith Butlers bleibt, wie wir u.a. zeigen werden, im Prinzip auf die Perspektive des Individuums beschränkt. Es ist also kein Wunder, dass sich die Rezeption ihrer Schriften am Status dieses Individuums abarbeitet (dazu Weinbach 1999: 300ff.). In der Systemtheorie dagegen wird die Kommunikation als in drei Kommunikationssystemtypen differenziert gedacht, in Interaktion, Organisation und Gesellschaft (Funktionssysteme). Man kann daher immer genau angeben, von welchem Kommunikationsbereich man bei der Beobachtung von Inklusionsverhältnissen spricht. Beobachtet man die sogenannten ‚Individuen', dann ist ihre Rahmung durch den entsprechenden Kommunikationsbereich für das Verständnis der an sie gerichteten Erwartungen von zentraler Bedeutung. Denn Personen gelten der Systemtheorie als Produkt von Kommunikation und fungieren als kommunikatives Erwartungsbündel. Darüber hinaus haben sie eine weitere Funktion: Sie ‚binden' das Bewusstseinssystem in die

Kommunikation ein. Somit stößt man auf eine weitere Systemtypenunterscheidung: auf die Unterscheidung von Bewusstseins- und Kommunikationssystemen. Die Person dient der strukturellen Kopplung dieser beiden Systeme und hat damit Auswirkungen auf ihre Strukturgenese.

Vor diesem Hintergrund lässt sich unser Untersuchungsgegenstand gut eingrenzen: Der Ausgangspunkt kann nur die Person als Bündel von Kommunikationserwartungen sein. Von hier aus scheint die Analyse sowohl des Bewusstseinssystems als auch die der verschiedenen Kommunikationssysteme hinsichtlich der Frage nach der Bedeutung der Geschlechterdifferenz möglich zu sein. Denn die Person ist stets geschlechtlich definiert und die durch sie gebündelten Erwartungen von der empirischen Stereotypenforschung gut erforscht. Dabei wollen wir jedoch nicht stehen bleiben. Vielmehr interessiert uns die Frage, ob es einen Zusammenhang gibt zwischen der geschlechtlich gefassten Person als sexuiertes Bündel von Erwartungen einerseits und den in die verschiedenen Kommunikationsbereiche implementierten Erwartungen andererseits. Sind, anders ausgedrückt, in die spezifischen Kommunikationsbereiche Erwartungen eingelassen, die eher mit als typisch männlich geltenden Erwartungsbündel (= männliche Person) korrespondieren und umgekehrt? Welche Inklusionshindernisse resultieren daraus für Personen mit dem ‚unpassenderen' Geschlecht? Unsere systemtheoretisch geleitete Untersuchung bestätigt die Existenz einer solchen Korrespondenz hinsichtlich der Passung von Kommunikationsstruktur und stets sexuierter Person. Wir gebrauchen zur Untersuchung dieser These attributionstheoretische Elemente zur näheren Definition sexuierter Erwartungen und kommunikationsmedientheoretische Elemente aus Luhmanns Systemtheorie zum Zwecke der Analyse kommunikationssystemtypischer Erwartungen. Vor diesem Hintergrund entwickeln wir einen Geschlechtsrollenbegriff, der abstrakt genug gefasst ist, um die trotz aller Stabilität im Geschlechterverhältnisses beobachtbaren ‚abweichenden' Rollenübernahmen und Verschiebungen berücksichtigen zu können.

Zum Aufbau der Arbeit:

Das *erste Kapitel* klärt die grundlegenden theoretischen Begriffe dieser Arbeit, das sind Sinn, Selbstreferenz und Autopoiesis (Abschnitt 1.1) einerseits und die Sinnform Person (Abschnitt 1.2) andererseits. Die dort vorgestellte Leseweise bildet den Ausgangspunkt für die weitere Argumentation.

Das *zweite Kapitel* führt in den Bewusstseinssystembegriff ein (Abschnitt 2.1) und ergänzt ihn durch ein stets geschlechtlich gefasstes Selbstbeschreibungskonzept, das dem Bewusstsein als Kontingenzformel dient (Abschnitt 2.2). Sich als männliche bzw. weibliche Individuen begreifende Bewusstseine, so die These, unterscheiden sich damit nicht nur hinsichtlich ihres unterschiedlich gefassten Selbstbeschreibungskonzeptes, sondern auch hinsichtlich damit verbundener unterschiedlicher Erwartungen, die sie an sich selbst richten: Die Struktur des Bewusstseinssystems variiert in Abhängigkeit von seinem Selbstverständnis als männliches oder weibliches Individuum. Mit Hilfe der Attributionstheorie lassen sich solche strukturellen Unterschiede gut aufzeigen und in den Bewusstseinssystembegriff problemlos integrieren (Abschnitt 3). So beschreiben sich z.B. ,männliche Bewusstseine' typischerweise mit instrumentellen Eigenschaften, die einen ganz anderen Umweltbezug von ihnen einfordern als wenn sie, wie dies typischerweise ,weibliche Bewusstseine' tun, auf expressive Eigenschaften rekurrierten. Es sind somit Unterschiede im Umgang mit der Unterscheidung von System und Umwelt, durch die jedes System erst konstituiert ist, verbunden. ,Männliche' und ,weibliche' Bewusstseinssysteme nehmen eine unterschiedliche ,Haltung' zu sich und ihrer Umwelt ein.

Das *dritte Kapitel* widmet sich der Kommunikation (Abschnitt 3.1). Auf welche unterschiedliche Weise werden Erwartungen durch männliche und weibliche Personen gebündelt und welche Auswirkungen hat diese Differenz auf die Kommunikationsstruktur? Um diesen Fragen nachzugehen, wird die Interaktionskommunikation zuerst als Interaktionsprozess und dann als Interaktionssystem beobachtet (Abschnitte 3.2 und 3.3). Die Person rückt dabei auf jeweils unterschiedliche Weise in den Blick: Bezüglich des Interaktions*prozesses* lässt sich mit Hilfe von soziolinguistischen Studien zeigen, dass in Interaktionen mit weiblichen Personen ein Umweltkonsens hergestellt wird, während in Interaktionen mit männlichen Personen immer wieder auf die Kontingenz ihres Handelns hingewiesen wird. Es macht also durchaus einen Unterschied für die Kommunikationsstruktur, welchen Geschlechts die teilnehmenden Personen sind. Zielt der Fokus auf das Interaktions*system*, wird deutlich, wie unterschiedlich männliche und weibliche Personen während spezifischer, auch geschlechtsneutraler Rollenübernahmen von der Kommunikation beobachtet werden. Die Unterscheidung von Person und Rolle scheint uns hier ganz zentral zu sein. Vor dem Hintergrund der Ergebnisse und unter Einbeziehung der Geschlechterstereotypenforschung entwickeln wir einen völlig den veränderten Geschlechterverhältnissen angemessenen Geschlechtsrollenbegriff (Abschnitt 3.4). In einem Exkurs nehmen wir schließlich einen kurzen Vergleich unseres Konzepts mit dem interaktionistischen Konzept von Stefan Hirschauer vor (Abschnitt 3.5), um die Schwierigkeiten individuumszentrierten Ansätze aufzuzeigen und für eine systemtheoretische Perspektive zu werben.

Geht man nun im Anschluss an den durch die Geschlechterforschung gut abgesicherten Befund davon aus, dass sich die Geschlechterdifferenz, und damit die Geschlechtsrollen, vor allem durch die geschlechtsspezifische Arbeitsteilung reproduziert, dann muss das *vierte Kapitel* diesem Tatbestand Rechnung tragen. Wir fragen darum nach den spezifischen Rahmenbedingungen von Interaktionskommunikation in den Systemen Familie und Organisation. Welchen Einfluss hat die Struktur der beiden Systeme auf die Erwartungen innerhalb der durch sie gerahmten Interaktionskommunikationssysteme? Wir werden zeigen, dass mit einer weiblichen Person verknüpfte Erwartungen besser mit der Rolle einer Hausfrau und Mutter innerhalb der Familie ,zusammenpassen' als männliche Personen (Abschnitt 4.1), und dass dies umgekehrt für die Rolle des Entscheiders in Organisationen gilt (Abschnitt 4.2).

Im *fünften und letzten Kapitel* setzen wir uns mit den konstruktivistischen Ansätzen von Judith Butler (Abschnitt 5.1), Gesa Lindemann (Abschnitt 5.2) und den auf Bourdieu bezogenen Arbeiten von Beate Krais (Abschnitt 5.3) auseinander. Gezeigt werden sollen einerseits die Gemeinsamkeiten dieser Konzepte mit unserem systemtheoretisch geleiteten Entwurf. Andererseits soll auf ihren Mangel an Gesellschaftstheorie und ihr damit verbundenes Erklärungsdefizit verwiesen werden.

Auch wenn die Geschlechterdifferenz in der funktional differenzierten Gesellschaft also nicht als Strukturprinzip betrachtet werden kann, ist sie dennoch nicht ohne Funktion. Im Gegenteil: Wir wollen zeigen, dass es Interaktionsstrukturen gibt, deren Erwartungen mit denen durch männliche bzw. weibliche Personen gebündelten Erwartungen besser korrespondieren als mit denen des jeweils anderen Geschlechts. Dies ist ein Ergebnis, das man von einer systemtheoretischen Analyse sicherlich nicht so ohne weiteres erwartet hätte.

1. Systemtheoretische Grundbegriffe

Die Folie dieser Arbeit bildet das Theorem von der funktional differenzierten Gesellschaft. Damit bewegen sich spezifische Bedingungen sozialer Inklusion unter anderem vor dem Hintergrund, dass zugeschriebene Personenmerkmale zugunsten erworbener zurückgedrängt werden (vgl. dazu Esser 1988; Kreckel 1989; Nassehi 1990). Waren die Individuen der stratifizierten Gesellschaft in Orientierung an ihrer Geschlechtszugehörigkeit, ihrem Alter und sozialen Schicht in die Teilsysteme dieser Gesellschaft ‚hineinplatziert' worden, indem ihnen ein spezifisch definiertes Bündel sozialer Rollen zugewiesen wurde,[1] so lassen sie sich nicht mehr den funktional definierten Teilsystemen zuordnen. Stattdessen sind sie nun in der Umwelt der Gesellschaft verortet und nur noch von Moment zu Moment, nur im Moment ihrer Teilhabe an der funktionsspezi-fischen Kommunikation (Kirchgang, Einkauf, Wahl, Schulbesuch etc.) in die verschiedenen Gesellschaftsbereiche inkludiert. Die Funktionssysteme haben sich zudem intern ausdifferenziert und spezifische Leistungs- und Publikums-rollen ausgebildet.[2] Aus den Leistungsrollen heraus werden die Außenkontakte des Systems auf funktional spezifizierte Weise bearbeitet: Im politischen Sys-tem werden kollektiv bindende Entscheidungen vorbereitet und durchgesetzt, im Erziehungssystem Erziehungsziele entworfen, operationalisiert und in entsprechenden Organisationen wie Schulen umgesetzt usw. Den Leistungsrol-lenträgern stehen die Publikumsrollen, in die der ‚Rest der Bevölkerung' inklu-diert ist, gegenüber. Die Beziehung zwischen diesen Komplementärrollen ist rein funktional definiert. Deshalb sind ihre Inklusionsbedingungen an funkti-onseigenen Gesichtspunkten und nicht funktionssystemexternen Merkmalen wie sozialer Schicht, Geschlecht und (mit Einschränkungen) Alter ausgerichtet. Deshalb sind Männer und Frauen in vergleichbarer Weise in die verschiedenen

---

1   Vgl. Niklas Luhmann: Gesellschaftliche Struktur und semantische Tradition, in: ders.: Gesellschaftsstruktur und Semantik 1, Frankfurt/Main: Suhrkamp 1980, S. 9-71, S. 30.

2   Niklas Luhmann: Politische Theorie im Wohlfahrtsstaat, München und Wien: Olzog 1981, S. 25ff.; Rudolf Stichweh: Inklusion in Funktionssysteme der modernen Gesell-schaft. in: Renate Mayntz, Bernd Rosewitz, Uwe Schimank und Rudolf Stichweh: Dif-ferenzierung und Verselbständigung. Zur Entwicklung gesellschaftlicher Teilsysteme. Frankfurt a.M. und New York: Campus 1988, S. 261-294.

Gesellschaftsbereiche inkludiert.[3] Sie nehmen in der funktional-differenzierten Gesellschaft an den gleichen funktionalen Interaktionstypen teil: z. B. als KundIn, BürgerIn, SchülerIn, ZeitungsleserIn. Solche funktionalen Rollenerwartungen fragmentieren, wie wir seit Simmel wissen, das moderne Individuum, so dass die Übernahme einer Rolle nicht automatisch ein ganzes Rollenbündel nach sich zieht, wie dies in einer stratifizierten Gesellschaft der Fall wäre. Eine Folge ist die Auflösung der Geschlechtsrolle als geschlechtstypisches Rollenbündel.

Eva Nadai und Bettina Heintz (1998) sehen vor diesem Hintergrund die Interaktion als den Ort an, an dem die Geschlechterdifferenz produziert und reproduziert wird – und zwar von den geschlechtlichen ‚Akteuren' der Interaktion selbst. Aus systemtheoretischer Perspektive ist der akteurszentrierte Ansatz unterkomplex, da er die ‚Konstruiertheit' der Akteure aus dem Blick lässt. Er übersieht, dass das „doing" der ‚Akteure' bereits dadurch determiniert ist, dass sie selbst Teil der Interaktionsstruktur sind. In der Systemtheorie hat der Akteursbegriff daher keinen Platz. Zwar wird hier von der „Person" gesprochen. Diese wird jedoch keineswegs als das wahrnehmbare, körperliche Individuum verstanden, das anderen wahrnehmbaren, körperlichen Individuen gegenübersteht und sich interaktiv auf sie bezieht. Die Person ist ein Teilaspekt der *Kommunikation*. Hier fungiert sie als (körperloses) Erwartungsbündel,[4] an dem die Kommunikation ihr Anschlussverstehen antizipiert und dem sie eine verstandene Mitteilung zurechnet. Dennoch bilden sie und ihr ‚institutioneller Kontext', die Interaktion, den Ort innerhalb der Systemtheorie, an dem die Geschlechterdifferenz produziert und reproduziert wird. Deshalb ist die Person das Zentrum der grundlegenden systemtheoretischen Begriffe, die in diesem Kapitel erläutert werden sollen. Dazu werden im ersten Abschnitt die Begriffe Autopoiesis, Selbstreferenz und Sinn vorgestellt, die noch nicht unmittelbar im Zusammenhang zur Person stehen. Der zweite Abschnitt schließt damit an, dass die Person letztlich als eine Identität im Medium Sinn verstanden werden muss, die für die

---

3 Vgl. dazu ausführlicher Weinbach/Stichweh (2001).

4 Das bedeutet jedoch nicht, dass Kommunikation ohne den Körper auskäme: Sie ist auf die Bewegungen und Geräusche, die die sozialisierten Bewusstseinssysteme mit ihren Körpern erzeugen, angewiesen. Sie nimmt diese Bewegungen und Geräusche jedoch nicht wahr, sondern transformiert sie in Mitteilungen, die sie verstehen kann, indem sie die verschiedenen Mitteilungen soweit aufeinander bezieht, dass diese einen bestimmten Sinn ergeben. Auch wenn die Kommunikation nicht direkt an den Körper anzuschließen vermag bleibt er also keineswegs ausgeklammert. In Abschnitt 3.1 wird dieser Zusammenhang näher ausgeführt.

beiden sinnverwendenden Systeme Bewusstsein und Kommunikation spezifische Funktionen erfüllt. Der Abschnitt befasst sich entsprechend mit der Sinnform „Person" und stellt seine besondere Rolle für die beiden Systeme vor. Dabei stehen Begriffe wie Interpenetration und strukturelle Kopplung im Vordergrund.

Deutlich werden soll in diesem ersten Kapitel bereits die Grundannahme dieser Arbeit. Sie lautet, dass es einen Zusammenhang gibt zwischen den Beobachtungsschematismen, die die Systeme zur Beobachtung verwenden, und den Sinneinheiten (,token'), mit denen männliche und weibliche Personen bezeichnet werden. Die Geschlechterdifferenz macht deshalb einen strukturellen Unterscheid für die sie beobachtenden – und damit erzeugenden – Systeme Bewusstsein und Kommunikation.

1.1 Autopoiesis, Selbstreferenz und Sinn

Die Person ist eine Sinnform, die von den *sinnverwendenden Systemen* Bewusstsein und Kommunikation nicht nur verwendet, sondern zugleich erzeugt wird. Bei beiden sinnverwendenden Systemen handelt es sich um *autopoietische* Systeme. Dieser Zusammenhang von Sinngebrauch und Autopoiesis ist nicht zufällig: Aufgrund seiner Zwei-Seiten-Form Aktualität/Potentialität gilt Sinn als „Autopoiesis par excellence" (Luhmann 1987a: 101). Zudem sind autopoietische Systeme auf Sinn konstitutiv angewiesen.

Autopoiesis meint, dass es keinerlei unmittelbare Referenz auf eine externe Realität, keinen direkten Bezug zur Welt ,da draußen' gibt.[5] Vielmehr gilt alle Realität als beobachtungs*interne* Konstruktion eines *selbstreferentiell* operierenden Systems. Das System stellt seine Elemente durch die Operation seiner Element selbst her. Es besteht aus den Operationen, die es selbst produziert (vgl. Luhmann 1995b: 61). Durch das Produzieren eigener Elemente löst die autopoietische, selbstreferentielle Beobachtungsweise die irritierende, systemexterne Umwelt „kontinuierlich in Binnenhorizonte auf" (Lipp 1987: 456f). Dieser ,Transformationsvorgang' von externem Reiz in interne Realität erfolgt aufgrund von „Simultaneität ... als Gleichzeitigkeit von dem, was im Moment im System und in der Umwelt aktuell ist" (Luhmann 1987ab: 314). Die radikale Verzeitlichung der Systemoperationen und die nur momentane Gleichzeitigkeit von System- und Umweltereignis bewirken, dass das System nicht an

---

5 In diesem Sinne steht Luhmann, wie jeder Denker epistemologischer Fragen, in der Tradition Kants.

der Umwelt „kleben" bleibt, sondern sich sofort wieder „desintegriert" (Luhmann 1987b: 314). Es geht, anders ausgedrückt, um ein spezifisches operatives Verhältnis von System/Umwelt im Moment des ‚Systemzugriffs' auf die indifferente Umwelt, das die Realität des Systems im System auf relativ stabile Weise generiert. Denn „[n]icht die Beharrlichkeit der Dinge beweist einem davon affizierten Bewusstsein ihr Dasein außerhalb des Bewusstseins, sondern die Ereignishaftigkeit der Operationsweise des autopoietischen Systems selber. Obwohl auch die Einheit eines Ereignisses ein internes Konstrukt ist ..., ist für das System Umwelt in dieser Form durch Simultaneität erfassbar ..." (Luhmann 1987b: 314).

Dieser autopoietische Prozess impliziert drei Aspekte (vgl. Luhmann 1987a: 604ff): 1. die Momenthaftigkeit der Elemente, d.h., dass jedes Element ein Ereignis ist und als solches sofort wieder verschwindet; 2. die Selbstreferentialität der Elemente, mit der Folge, dass nur Kommunikation an Kommunikation oder Gedanken an Gedanken anschließen können; 3. die Reflexivität des autopoietischen Prozesses, d.h. dass jedes Element in eine Kette von bereits vergangenen Elementen und zukünftig möglichen Elementen eingespannt ist und erst dadurch seine distinkte Qualität erhält. Letzteres setzt voraus, dass sich das System anhand der Unterscheidung von Selbstreferenz/Fremdreferenz beobachtet.[6] Dann ist das System operativ geschlossen und zugleich umweltoffen, was nicht als Widerspruch, sondern als „Bedingungsverhältnis" zu verstehen ist (Luhmann 1987a: 297): Die intern verarbeitete Umwelt erlaubt die Beobachtung der nun *system*internen Realität sowohl in selbst- als auch in fremdreferentieller Hinsicht. Das System konfrontiert sich so mit selbsterzeugter Unsicherheit, weil nicht vorhersehbar ist, wem es das beobachtete Ereignis zurechnen wird. Dies nimmt dem System jede teleologische Orientierung und ‚verwandelt' es in eine nicht-triviale Maschine (vgl. Luhmann 1995b: 74),[7] bei der nicht eindeutig klar ist, wie es weitergeht: Im Falle einer Selbstzurechnung des beobachteten Gegenstandes eröffnen sich ganz andere Verweisungsmöglichkeiten als im Falle einer Fremdzurechnung. Damit wird deutlich, dass mit

---

6   Wohlgemerkt gilt dies für sinnverwendende Systeme: „Für die Theorie psychischer und sozialer Systeme bekommt die Selbstbeobachtung des Systems einen Stellenwert, für den es in der Biologie wohl keine Äquivalente gibt" (so Luhmann in: Krüll/Luhmann/Maturana 1987: 16).

7   Dies anerkennend, erkennt Wolfgang Lipp im Autopoiesis-Begriff dennoch einen teleologischen Zug: Autopoiesis „folgt in der Tat einem Telos. [...] Es fällt ... mit dem ‚Nichtaufhörenkönnen' ... von Autopoiesis und einem endlos offenen, selbstreferentiellen Weitermachen zusammen" (Lipp 1987: 464).

18

der Autopoiesis eines Systems ihre Struktur nicht festgelegt ist (vgl. Luhmann 1997: 66): Autopoiesis definiert nur das Moment der ‚Seinsgenese', es meint nicht das Moment ihrer konkreten ‚Ausgestaltung'. Diese wird vielmehr durch die Verwendung von Sinn als Ausbildung spezifischer Erwartungsstrukturen ermöglicht. Umgekehrt sind diese Sinn-Strukturen zugleich Bedingung der Möglichkeit sinngenerierender Autopoiesis. Doch wie wird Sinn erzeugt und wie wird er verwendet?

Sinn gibt es nur innerhalb sinnverwendender Systeme, d.h. innerhalb von Bewusstseins- und Kommunikationssystemen. Beide Systeme stellen das Medium Sinn, das sie zur Beobachtung verwenden, selbst her. Dieser Gedanke ist nicht neu. Er ist bereits bei Mead (1973) im Zusammenhang mit der Unterscheidung von Reiz und Reaktion gut ausgearbeitet. Als Quelle aller ‚Sinneinheiten' bzw. „signifikanten Symbole" gilt die gesellschaftliche Handlung: „Sinn ist daher die Entwicklung einer *objektiv gegebenen Beziehung zwischen bestimmten Phasen der gesellschaftlichen Handlung*; er ist nicht ein psychisches Anhängsel zu dieser Handlung und keine ‚Idee' im traditionellen Sinne" (Mead 1973: 115; Hervorheb. CW). Innerhalb dieser Phase der gesellschaftlichen Handlung wird die Unterscheidung von Reiz und Reaktion zu einer Einheit zusammengefügt, entsteht ein sinnhaftes Etwas. Es entsteht in der „Dreiecksbeziehung zwischen Geste, anpassender Reaktion und Resultante dieser durch die Geste ausgelösten gesellschaftlichen Handlung", welche „die Grundlage des Sinnes [ist]; denn Sinn hängt von der Tatsache ab, dass die anpassende Reaktion des zweiten Organismus auf die Resultante der jeweiligen gesellschaftlichen Handlung gerichtet ist, wie sie durch die Geste des ersten Organismus ausgelöst und aufgezeigt wurde" (Mead 1973: 120). Im Organismus selbst, genauer: im Bewusstsein, entsteht Sinn dagegen erst durch die Einführungen der so produzierten gesellschaftlichen Sinneinheiten durch Sozialisation, also mit der Verwendung der in der gesellschaftlichen Handlung entstandenen signifikanten Symbole.[8] Unter Gebrauch signifikanter Symbole gelingt dem Organismus der Blick auf den Sinn einer Geste, vermag er die Reaktion des Anderen auf sein Verhalten zu antizipieren und sich somit zu kontrollieren.

Wie im Sozialbehaviorismus Meads, so wird in der Systemtheorie Luhmanns Sinn ebenfalls als durch die Einheit einer Unterscheidung erzeugt gedacht. Die Unterscheidung von fremdreferentieller und selbstreferentieller Komponente – bei Mead sind das Reiz und Reaktion – wird hier jedoch insgesamt differenzierter eingesetzt als von Mead. Die Unterscheidung von Selbstre-

---

8   „Die Organisation der gesellschaftlichen Handlung wurde in den Organismus hineinverlegt und wird damit zum Geist des Einzelnen" (Mead 1973: 222).

ferenz und Fremdreferenz kommt einmal auf der Ebene der Operation und einmal auf der Ebene der Beobachtung vor.[9] Luhmann spricht da, wo es um die basale Trennung von System und Umwelt geht, von *Operationen*: Eine Operation eines ‚bestimmten Typs' schließt an eine vorgängige Operation ‚desselben Typs' an und zieht dadurch die basale Unterscheidung zwischen System und Umwelt. Beobachtungen dagegen finden erst da statt, wo es um die Selbstbeobachtung des Systems anhand der Unterscheidung von Selbstreferenz und Fremdreferenz geht. Erst auf der Beobachtungsebene findet die Produktion von Sinn statt. Denn mit der Wiedereinführung derjenigen Unterscheidung, die durch *Operationen* entsteht, „welche System und Umwelt trennen" (Luhmann 1997: 597, Fn. 3), als Unterscheidung von Selbstreferenz und Fremdreferenz, wird ein „durch das System *produzierter Unterschied*" zu einem „im System *beobachteter Unterschied*" (Luhmann 1997: 45; Hervorheb. CW): „Das *für das System selbst sichtbare* Resultat dieser Konsequenzen des re-entry soll im Folgenden mit dem Begriff ‚Sinn' bezeichnet werden" (Luhmann 1997: 46; Hervorheb. CW). Sinn gibt es damit nur dort, wo anhand der Unterscheidung von Selbstreferenz/Fremdreferenz beobachtet wird. Erst diese Unterscheidung gestattet es dem System, Etwas entweder sich selbst (Selbstreferenz) oder seiner Umwelt (Fremdreferenz) zuzurechnen. In dieser stets entweder selbst- oder fremdreferentiell formulierten Beziehung ‚liegt' der jeweils spezifische Sinn von Etwas: in der Art und Weise, wie das System ein selbsterzeugtes Etwas ins Verhältnis zu sich und seiner Umwelt setzt – Mead würde sagen: eine Haltung einnimmt. Die dabei entstehenden Sinneinheiten (Meads signifikante Symbole) implizieren somit eine stets spezifische Asymmetrisierung der paradoxen Einheit der Unterscheidung von Selbst- und Fremdreferenz. Jedes sinnhaft gefasste Etwas hat die paradoxe Einheit der Unterscheidung von Selbstreferenz/Fremdreferenz in sich eingelassen und qua Bezeichnung die eine und nicht die anderen Seite asymmetrisiert – und damit entparadoxiert. Anders ausgedrückt und zugleich weitergeführt: In das Medium Sinn, das unter Gebrauch der Unterscheidung von Selbstreferenz/Fremdreferenz entsteht, lassen sich durch die asymmetrisierende Verwendung der Unterscheidung Sinneinheiten einprägen. Bei jeder Sinneinheit, d.h. jedem sinnhaft gefasstem Etwas, liegt daher „der Akzent im Moment auf Selbstreferenz oder Fremdreferenz" (Luhmann 1997: 51)[10] und verweist somit implizit entweder auf das System selbst (Selbstrefe-

---

9   In Meadsche Terminologie übersetzt wären Reiz/Reaktion auf der operativen Ebene und die signifikanten Symbole auf der Beobachtungsebene zu verorten.

10   Die Asymmetrisierungsleistungen im Umgang mit der Unterscheidung von Selbstreferenz/Fremdreferenz sind für das Verständnis der Thesen dieser Arbeit von besonderer

renz) oder auf dessen Umwelt (Fremdreferenz). Dem System wird durch diese Sinneinheit eine ‚Haltung' *vorgegeben.*

Durch ihren wiederholten Gebrauch kondensieren und konfirmieren die asymmetrisch gebauten Sinneinheiten zu Identitäten, zu sogenannten „Typen" (Schütz) oder „token" (Spencer Brown), die sich von ihrem Kontext abgelöst haben und für Beobachtungen des Systems auch innerhalb anderer Zusammenhänge zur Verfügung stehen. Zur Wiederverwendung bereitgehalten, bilden sie die Semantik des Systems (vgl. Luhmann 1987a: 382) und legen, weil stets asymmetrisch gebaut, zugleich das System/Umwelt-Verhältnis im Beobachtungsverlauf des Systems fest. Sie geben vor, wie die Unterscheidung von Selbstreferenz/Fremdreferenz gehandhabt wird, ob sich das System unter Verwendung eines tokens auf sich oder seine Umwelt bezieht.[11] Dennoch ergibt sich ihre Bedeutung letztlich erst aus ihrem Verwendungszusammenhang heraus. Nicht nur, dass ihre Verwendung nur dann möglich ist, wenn sie qua Kontextualisierung von anderen Identitäten unterschieden werden. Im Moment ihrer Verwendung sind sie zugleich in die Unterscheidung von Aktualität/Potentialität eingespannt. Bei dieser Unterscheidung handelt es sich neben Selbstreferenz/Fremdreferenz um eine weitere, sinnkonstituierende Unterscheidung: Im Moment der Aktualisierung einer Identität innerhalb eines spezifischen Kontextes öffnet sich ein Horizont an Verweisungen, an potentiellen Anschlussmöglichkeiten, aus denen das System im nächsten Moment eine auswählt und damit aktualisiert. Diese Unterscheidung von Aktualität (als aktuell und faktisch vollzogene Beobachtung) und Potentialität (als möglicher Anschlussbeobachtung) transzendiert die Bedeutung der aktuell beobachteten Identität. Sinn findet sich daher „nicht in sich selbst verschlossen, nicht auf sich selbst beschränkt vor, sondern stets verwiesen auf etwas, was im Augenblick nicht sein Inhalt ist. Dies Über-sich-Hinausgewiesensein, diese immanente Transzendenz des Erlebens steht nicht zur Wahl, sondern ist jene Kondition, von der aus alle Freiheit der Wahl erst konstituiert werden muss" (Luhmann 1971c: 31). Die Bedeutung von Identitäten ist somit, weil von Anderem unter-

---

Bedeutung, da wir davon ausgehen, dass die Geschlechterdifferenz mit den männlich und weiblich gefassten Personenformen token anbietet, die genau dies ermöglichen – und damit den Systemen Bewusstsein und Kommunikation spezifische Umgangsweisen mit ihrer Selbstreferenz/Fremdreferenz nahe legen. Wir werden im Laufe dieses Abschnitts noch sehen, dass es sich hierbei um die schematisierte Form der Sachdimension handelt.

11   Ein Beispiel wäre der Begriff „Traum", der innerhalb des Systems und nicht seiner Umwelt verortet wird: Der Traum gilt als Produkt des Träumenden, nicht der seiner Umwelt.

schieden und einen Horizont an Anschlussmöglichkeiten eröffnend, niemals auf einen Identitätskern bzw. ein Wesen – wie Edmund Husserl dies mit der Methode der eidetischen Reduktion noch aufzuspüren können glaubte – reduzierbar. Vielmehr ist es diese „Grunddifferenz von Aktualität und Möglichkeitshorizont, die es ermöglicht, Differenzen zwischen den offenen Möglichkeiten zu redifferenzieren; sie zu erfassen, zu typisieren, zu schematisieren und der dann folgenden Aktualisierung Informationswert abzugewinnen. Identitäten wie Worte, Typen, Begriffe werden auf dieser Grundlage eingeführt, um Differenzen zu organisieren" (Luhmann 1987a: 112).

Mit der qua Selbstreferenz/Fremdreferenz asymmetrisch gebauten Identität einerseits und dem sich aus ihrer Aktualisierung eröffnenden Horizont an Anschlussmöglichkeiten findet die Produktion von Sinnidentitäten auf zwei verschiedenen Ebenen *gleichzeitig* statt: auf der Ebene der basalen Selbstreferenz und der Beobachtungsebene erster Ordnung. Als token zieht Sinn die beiden Seiten der Unterscheidung von Selbstreferenz und Fremdreferenz zu einer asymmetrisierten Einheit zusammen, während die Aktualisierung des tokens diese Einheit kontextualisiert, d.h. von etwas Bestimmtem unterscheidet und damit einen Horizont von Anschlussmöglichkeiten eröffnet. Während also die Autopoiesis des Systems nur das Moment der ‚Seinsgenese' betrifft, findet die konkrete ‚Ausgestaltung' des Systems als Strukturbildung erst durch die autopoietische Herstellung von Sinn statt. Umgekehrt ‚motiviert' die Verweisungsstruktur von Sinn das System zur Beobachtung – und damit zu seiner autopoietischen Reproduktion.

Der Verweisungshorizont einer aktualisierten Identität ist in sachlicher, zeitlicher und sozialer Hinsicht ausdifferenziert. Luhmann spricht von Sinnhorizonten als von Sonderhorizonten, die dem Tatbestand Rechnung tragen, dass Informationsgewinnung nur durch die „Verknüpfung von Differenzen" (Luhmann 1987a: 112) möglich ist. Denn jede Identität, jedes token, ist in einen mehrdimensionalen Sinnzusammenhang eingebettet, der situationsübergreifend strukturiert sein muss. Dies wird von den Sinndimensionen ‚übernommen', die deshalb stets unter „Kombinationszwang" stehen (Luhmann 1987a: 127): „Hier liegt der Grund dafür, dass wir auch die *Dekomposition des Sinnes schlechthin* nicht nur als Differenz, sondern als *Dekomposition in Differenzen vorfinden*. Wir werden diesen Befund durch den Begriff der *Sinndimensionen* bezeichnen und unterscheiden *Sachdimension*, *Zeitdimension* und *Sozialdimension*" (Luhmann 1987a: 112). Alle drei Sinndimensionen sind universal strukturiert, d.h. „[a]n allem Sinn, mag er positiv oder negativ formuliert sein, sind diese drei Sinndimensionen zugänglich als Formen weiterer Verweisung" (Luhmann 1987a: 113f.).

Die *Sachdimension* zerlegt die „Verweisungsstruktur des Gemeinten" in *dies/anderes* (Luhmann 1987a: 114). Der Gebrauch dieser Unterscheidung wird durch die „*primäre Disjunktion*" „stimuliert", „die etwas noch Unbestimmtes gegen anderes noch Unbestimmtes absetzt" (Luhmann 1987a: 114; Hervorheb. CW). Die *Zeitdimension* fragt nach dem Wann aller Vorgänge und unterteilt sie in *vorher/nachher* (vgl. Luhmann 1987a: 116). Gewonnen wird der sich dadurch aufspannende Sonderhorizont durch Erfahrungen mit der Gegenwart, in der die Ereignisse, unter Betonung ihrer Fremdreferentialität, punktuell und *irreversibel*, und unter Betonung ihrer Selbstreferentialität als dauernde Gegenwart *reversibel* zu sein scheinen: „Die Selbstreferenz ermöglicht eine Rückwendung zu vorherigen Erlebnissen bzw. Handlungen und zeigt diese Möglichkeit laufend an" (Luhmann 1987a: 117). Der universal angelegte zeitliche Sonderhorizont ist als eine solche Gegenwart in die Unterscheidung von Vergangenheit und Zukunft eingespannt. Schließlich konstituiert sich die *Sozialdimension* durch die Unterscheidung von *Alter/Ego* und stellt damit soziale Beziehungen her. „Sie ergibt sich daraus, dass neben der Ego-Perspektive auch eine (oder viele) Alter-Perspektive(n) Berücksichtigung finden" (Luhmann 1987a: 119, vgl. auch 161). Entsprechend löst der Dissens zwischen Ego und Alter die explizite Beobachtung ihres Verhältnisses zueinander aus: „Nur wenn sich Dissens als Realität oder als Möglichkeit abzeichnet, hat man Anlass, den Doppelhorizont des Sozialen als im Moment besonders wichtige Orientierungsdimension einzuschalten" (Luhmann 1987a: 121). ‚Motiviert' wird die Entstehung dieser „Typik der Wesensformen" dadurch, „dass die sinnbezogenen Operationen selbstreferentieller Systeme durch Auslöseprobleme (primäre Disjunktion, Irreversibilität, Dissens) gereizt und die Doppelhorizonte der Sinndimension dadurch unter Optionsdruck gesetzt werden" (Luhmann 1987a: 123). Sie gilt in diesem Sinne als „das Resultat vorgängiger Sinnbestimmungen, die weder im Sinne einer Ontologie der Wesensform der Welt, noch im Sinne einer Konstitutionstheorie dem Subjekt zugerechnet werden können" (123).

Somit dient die Ausdifferenzierung von Sinn in die drei Sinndimensionen einem sinnverwendenden System zur *Transformation der Mannigfaltigkeit in Einfachheit*. Die vorgestellten Beobachtungsschemata lassen sich daher gut mit den Kantischen „Schematismen der reinen Verstandesbegriffe" vergleichen, auch wenn sie von Luhmann im Unterschied zu Kant nicht als kategoriale Einheiten, sondern als sachlich, zeitlich und sozial gefasste Duale (Luhmann 1981d: 82) bzw. *Schematismen* (Luhmann 1987a: 123) verstanden werden. Durch ihren Gebrauch spezifiziert das System die ‚Welt', ohne die verwendeten Unterscheidungen selbst zu sehen. Die verwendeten Schematismen werden

„schlicht praktiziert" (Luhmann 1987a:127), d.h. „als Prämissen verwendet", und sind daher, auch in der reflexiven Beobachtung des Systems nicht „voll zu kontrollieren" (Luhmann 1981d: 82). Die empirische Forschung hat sich als Beobachter zweiter Ordnung daran gemacht, diese Schematismen näher zu bestimmen. Sie hat „eine Reihe von Schematismen aufgedeckt, die solche Zuordnungen [der einzelnen Sinndimensionen; CW] und auch das Wechseln der Zuordnungen erleichtern" (Luhmann 1987a: 123).[12]

Für die *Sachdimension* legt die Unterscheidung zwischen externaler und internaler Zurechnung fest, „ob die Anknüpfung weiterer Operationen von externen oder von internen Ursachen auszugehen habe. Je nach Zurechnungsrichtung unterscheidet ein Sinnsystem dann in Bezug auf andere Systeme *Erleben* und *Handeln*: Wird die Sinnselektion der Umwelt zugerechnet, gilt die Charakterisierung Erleben, und die Anknüpfung für weitere Maßnahmen wird in der Umwelt des Systems gesucht ... Wird dagegen die Sinnselektion dem System selbst zugerechnet, dann gilt die Charakterisierung Handeln ..." (Luhmann 1987a: 124).[13] Für die *Zeitdimension* wird die Schematisierung durch die Frage geregelt, „ob die Zurechnung sich auf *konstante* oder *variable* Faktoren bezieht" (Luhmann 1987a: 125; Hervorheb. CW). Handelt es sich um ein stabiles, konstantes oder variables, und damit Veränderungen ausgesetztes, Verhältnis? Die Schematisierung in der Sozialdimension *personalisiert Ego und Alter* für Zurechnungszwecke. „Sie erhalten, ungeachtet ihres jeweiligen Fungierens als Ego und Alter für ein alter Ego, Identitäten, Namen und Adressen" (Luhmann 1987a: 125). Verschiedene Perspektiven können somit an konkrete Beteiligte angebunden werden.

1.2 Die Sinnform Person

Vor diesem Hintergrund lässt sich die „Person" als Ausgangspunkt unserer Analyse der Produktion und Reproduktion der Geschlechterdifferenz in den Blick nehmen. Wichtig ist: Sie ist eine Sinneinheit, ein *token*, und damit sachlich, zeitlich und sozial definiert. Wir werden in den folgenden Kapiteln zeigen, dass dieses ‚token' durch verschiedene Personensemantiken spezifiziert und auf diese Weise in den Generierungszusammenhang von Männlichkeit und Weib-

---

12   Zu Ergebnissen der empirischen Forschung kommen wir in den beiden Kapiteln 2 und 3 ausführlicher zurück.

13   Diese Unterscheidung ist für die Argumentation in den beiden folgenden Kapiteln, wo es um die Struktur von Bewusstseins- und Kommunikationssystemen geht, zentral.

lichkeit konstitutiv eingesponnen ist. In diesem Abschnitt soll jedoch erst einmal die Funktion der Person für die sinnverwendenden Systeme Bewusstsein und Kommunikation vorgestellt werden. Dabei sind zwei zentrale Aspekte zu unterscheiden: Einmal setzt sie als Mechanismus der strukturellen Kopplung von Bewusstsein und Kommunikation diese beiden System miteinander ins Verhältnis. Zudem ist sie unerlässliche Komponente bei der Strukturbildung beider Systeme.

Als Mechanismus der strukturellen Kopplung ermöglicht die Person die autopoietisch notwendigen Irritationen des Kommunikationssystems durch seine Umwelt, die von ihm in systemeigene Beobachtungen transformiert werden. Vorausgesetzt ist jedoch ein spezifisches, im Rahmen von *Co-Evolution* ausdifferenziertes Umweltverhältnis, das Irritation überhaupt erst ermöglicht: Schließlich lässt sich ein autopoietisches Kommunikationssystem nicht generell durch seine Umwelt irritieren. So kommen in der Umwelt der Kommunikation Tische, Stühle und Bewusstseinssysteme vor, die Kommunikation lässt sich jedoch ausschließlich durch Bewusstseinssysteme irritieren (vgl. Luhmann 1997a: 113). Diese Striktheit gilt nicht für das Bewusstsein, denn Bewusstseinssysteme lassen sich durch alles, was sie wahrnehmen, und dazu gehört *auch* Kommunikation, irritieren. Doch seine strukturelle Komplexität würde ohne Kommunikation ein so geringes Maß erreichen, dass es sich eher auf ‚animalischem' denn auf ‚menschlichem Niveau' befinden würde – da es keine elaborierten Sinnzusammenhänge verwenden könnte (vgl. Luhmann 1995g).[14] Nur wenn Bewusstsein und Kommunikation miteinander kompatible Strukturen ausbilden, können sie sich ihre Komplexität zur Generierung systemeigener Elemente auf eine Weise wechselseitig zur Verfügung stellen, die den Aufbau systemeigener Sinnstrukturen und einen an diesen ausgerichteten autopoietischen Reproduktionsprozess ermöglicht. Dazu interpenetrieren sie einander als Bezugssysteme. Das bedeutet, „dass im jeweiligen Bezugssystem die Einheit und Komplexität (im Unterschied zu: spezifischen Zuständen und Operationen) des jeweils anderen eine Funktion erhält" (Luhmann 1995a: 51). Da Kommunikationssysteme nicht wahrnehmen können, kann ihre externe Umweltkomplexität nur über die Bewusstseinssysteme für sie relevant werden. „Alles, was von außen, ohne Kommunikation zu sein, auf die Gesellschaft einwirkt, muss daher den Doppelfilter des Bewusstseins und der Kommunikationsmöglichkeit passiert haben" (Luhmann 1997a: 113). Und da Bewusstseins-

---

14 Oben ist schon erwähnt worden, dass Mead das genauso sieht: Ohne die in den Organismus hinein verlegte soziale Handlung gibt es keine Identität des Bewusstseins, keinen Geist.

25

systeme zwar wahrnehmen können, für einander jedoch intransparent sind, erlaubt erst Kommunikation eine Verständigung über das Wahrgenommene (vgl. Luhmann 1992: 38). Entsprechend ist das Interpenetrationsverhältnis in zweifacher Hinsicht definiert, einmal aus der Perspektive der Kommunikation (als Inklusion), dann aus der Perspektive des Bewusstseins (als Sozialisation).

Das Bewusstseinssystem ist quasi automatisch in Kommunikation *inkludiert*, denn das, „was das Bewusstsein hört oder liest, prägt sich im aktuellen Moment fast zwanghaft ein" (Luhmann 1995a: 43). Kommunikation „fasziniert" das Bewusstsein, so dass dieses sich ihm hinsichtlich dessen, was es wahrnimmt, nur schwer entziehen kann und der Kommunikation seine „Freiheit für Einschränkungen zur Verfügung stellt" (Luhmann 1987a: 566). Im Unterschied zur Inklusion besteht *Sozialisation* darin, „dass das autopoietische Sozialsystem Gesellschaft ... seine Eigenkomplexität zum Aufbau psychischer Systeme zur Verfügung stellt" (Luhmann 1993c: 162).

Bewusstseins und Kommunikationssysteme können sich ihre Komplexität *de facto* aber nur dann wechselseitig zur Verfügung stellen, wenn es Mechanismen der *strukturellen Kopplung* gibt, die die aus dem Interpenetrationsverhältnis resultierende Komplexität wiederum reduzieren: „Strukturelle Kopplungen vermitteln Interpenetrationen und Irritationen. Sie dienen insofern ihrerseits als Formen, die dies leisten und zugleich andere Bahnen des Interpenetrierens und Irritierens ausschließen" (Luhmann 1995g: 153). Durch strukturelle Kopplung wird ein operatives Ereignis für beide Systeme trotz bzw. aufgrund ihrer verschiedenen Beobachtungsmodalitäten beobachtungsfähig, wird es zum „Mehrsystemereignis" (Luhmann 1992a: 89). Die Bedingung der Möglichkeit liegt in der Struktur dieser Mechanismen als Sinnformen, durch die Bestimmtes eingeschlossen (inkludiert) und anderes ausgeschlossen (exkludiert) wird. „Strukturelle Kopplungen sind Formen, die *etwas einschließen dadurch, dass sie etwas anderes ausschließen*" (Luhmann 1992a: 163). Die Form „Person" (Luhmann 1995g) ist also nicht nur ein token, sondern zugleich eine *Beobachtungsform*, die als Mechanismus struktureller Kopplung fungiert. Sie wird mit Hilfe einer Personen-Semantik spezifiziert, die mit einer dieser entsprechenden Beobachtungsstruktur korrespondiert und den gekoppelten Systemen einen bestimmten Umgang mit ihrer Selbstreferenz/Fremdreferenz nahe legt: Die Person ist vermittels einer sie bezeichnenden Semantik in sachlicher, zeitlicher und sozialer Hinsicht definiert und ermöglicht so die Synchronisation von Bewusstsein und Kommunikation.

Vermutlich ist sie genau deshalb zentraler Bestandteil bei der Strukturbildung beider Systeme. Denn dem *Bewusstseinssystem* dient die Form „Person" dazu, „am eigenen Selbst zu erfahren, mit welchen Einschränkungen im sozialen Verkehr gerechnet wird" (Luhmann 1995g: 153f.), d.h. „das Bewusstsein registriert sich und andere als Instanzen der Mitteilung" (Fuchs 1997: 73f.). Aus der Perspektive der *Kommunikation* fungiert die Person als Adresse, der die Kommunikation ihre Mitteilungen zurechnen kann. Hier ist die Person als „Mitteilungsinstanz" das Resultat des Wiedereintritts „der Unterscheidung von Kommunikation und Bewusstsein auf der Seite der Kommunikation" (Fuchs 1997: 73). Auch im Bewusstseinssystem wird die Person durch das re-entry der Unterscheidung von System und Umwelt implementiert (vgl. Fuchs 1997: 73f.). Beiden Systemen, Bewusstsein und Kommunikation, ist somit die Selbstbeobachtung anhand der Unterscheidung von Selbstreferenz/Fremdreferenz bzw. von System/Umwelt erlaubt. Damit ist zweierlei gesagt: 1. Bewusstsein und Kommunikation sind füreinander (ins je eigene System wiedereinführbare) Umwelt (vgl. Luhmann 1987: 286ff.). Indem die beiden Systeme die Unterscheidung zwischen sich und dem System ihrer Umwelt wiedereinführen, haben sie einen spezifischen ‚Umweltkontakt', die Form Person, als Mechanismus der strukturellen Kopplung, in die eigenen Strukturen eingebaut. 2. Die Form Person ist dann nichts anderes als eine Sinnform, die die Einheit der Unterscheidung von Bewusstsein und Kommunikation jeweils in den Systemen Bewusstsein und Kommunikation als Einheit der Unterscheidung von Selbstreferenz/Fremdreferenz bezeichnet – und den Systemen damit die Beobachtung ihrer selbst und des jeweils anderen Systems ermöglicht. Die Beobachtungen von Bewusstsein und Kommunikation können so synchronisiert und koordiniert werden. Zugleich bleiben ihre Autopoiesis und ihre Selbstreferenz gewahrt. Dennoch bilden sich in beiden Systemen Strukturen heraus, die innerhalb des Strukturgefüges der Systeme jeweils ganz unterschiedliche Funktionen übernehmen. Weil das Bewusstsein in der Kommunikation als Person angesprochen wird, ist es schon immer als Person sozialisiert und vermag es sich „mit den Augen anderer" (Mead), vermag es sich auf der Beobachtungsebene zweiter Ordnung zu beobachten. Es weiß, welcher Umgang mit seiner Selbstreferenz/Fremdreferenz von ihm erwartet wird, und das es, wenn es diesen Erwartungen nicht entspricht, womöglich „mit sich selbst als Person in Schwierigkeiten kommt" (Luhmann 1995g: 154). Doch weil es mit der Form Person nicht ‚zusammenfällt', gewinnt es für sich selbst die „Gelegenheit, nach Auswegen zu suchen" (Luhmann 1995g: 154). Es kann zum „zynischen Darsteller" (Goffman 1973: 19ff.) werden und einfach nur ‚so tun', als füge es sich den kommunikativen Erwartungen.[15] Für die Kommunikation löst die Form Person das kommu-

---

15   Diese und ähnliche Varianten im Umgang mit der Personenform werden in dieser Arbeit jedoch nicht interessieren. Vielmehr wird es darum gehen, auf welche Weise die Form Person bezüglich der Geschlechterdifferenz gefasst wird und auf welche Weise sie

nikationsspezifische Problem der doppelten Kontingenz, weshalb es ohne sie überhaupt nicht zur Bildung sozialer Systeme kommen kann (vgl. Luhmann 1995g: 149). Das gilt nicht nur deshalb, weil durch sie die Sozialdimension soweit schematisierbar ist, dass im Dissensfall die verschiedenen Perspektiven zurechenbar und damit behandelbar sind (vgl. Luhmann 1987a: 161). Vielmehr schafft die Form Person aufgrund der mit ihr notwendig verknüpften, als Personenstereotype gefassten Semantik relative Erwartungssicherheit. Die Kommunikation kann so ihr eigenes Prozessieren antizipieren. Für beide Systeme spielt die Semantik, die zur näheren Bezeichnung der Person verwendet wird, und die durch sie zu verwendenden binären Schematisierungen, eine strukturbildende Rolle. Als Sinneinheit – oder besser: Sinnform – ist sie sachlich, zeitlich und sozial definiert, und wird sie unter Verwendung der binären Schematismen Erleben/Handeln, konstant/variabel und Ego/Alter beobachtet. Damit legt die spezifische Bedeutung der Person dem beobachtenden System eine entsprechende Beobachtungsweise nahe. Die Person wirkt auf die Strukturbildung ihres Beobachters ein und ist zugleich Moment dieser Struktur.

Darüber hinaus ist die Person eine Zwei-Seiten-Form, die aus der Unterscheidung von Person/Un-Person besteht: „Als Unperson auf der anderen Seite kann nur etwas zählen, was nicht die Person selbst bezeichnet, aber ihr attribuiert werden könnte und gegebenenfalls auf sie durchschlägt" (Luhmann 1995g: 149). Insgesamt wird somit nur die bezeichnete Seite der Form Person, diejenige, die den Umgang mit der wiedereingetretenen Unterscheidung von Bewusstsein/Kommunikation als Einheit von Selbstreferenz/Fremdreferenz moderiert, semantisch durch Personenstereotypen als asymmetrisierende token gefasst. Sie kann jedoch jederzeit hinsichtlich dessen bestimmt werden, was sie nicht ist – „[d]enn Personsein ist eine Form" (Luhmann 1995g: 154). Damit legt die Person dem sie beobachtenden System nicht nur nahe, wie sie beobachtet werden sollte, sondern zugleich, wie sie *nicht* beobachtet werden sollte. Als Beobachtungs-Form ist die Person strikt binär und damit universal definiert.

Bewusstsein und Kommunikation sind autopoietische und selbstreferentielle Systeme. Ihre Beobachtungen derselben Person sind deshalb niemals miteinander identisch. Vielmehr ,respektieren' die Mechanismen struktureller Kopplung die Autonomie der Systeme (Luhmann 1997: 111). Sie können das, weil sie selbst nur Zeichen ,sind', die im Gebrauch durch die gekoppelten Systeme als *Symbole* fungieren: „Als Kopplung von Bewusstseinssystemen und Kommunikationssystemen besagt Symbol nur, dass eine Differenz vorliegt, die von beiden Seiten aus gesehen als Dasselbe behandelt werden kann" (Luhmann

---

strukturbildend auf die Systeme Bewusstsein und Kommunikation wirkt.

1997: 112). In diesem Sinne setzt der Gebrauch von Symbolen ihre Wiederver-
wendbarkeit voraus, denn nur „das Bezeichnende eignet sich für symbolische
Verwendung, nicht die bezeichneten Dinge selbst" (Luhmann 1997: 112). Was
von beiden Seiten aus als Dasselbe gesehen wird, das Zeichen, löst im beobachtenden System zwar einerseits ganz eigene Anschlussmöglichkeiten aus. So
kann die Person im Bewusstsein Vorstellungen hervorrufen, die von ihrem
Verstehen durch die Kommunikation verschieden sind. Sie sind nicht nur
verschieden, weil die beiden Systeme unterschiedliche Elemente (Vorstellungen
von Etwas, Mitteilung einer Information) prozessieren, und auch nicht nur, weil
jedes System das Element in seinen autopoietischen Reproduktionsprozess
einspannt. Sie sind es zudem, weil jedes System ganz eigenständig Etwas von
etwas Anderem unterscheidet. Was also das stabile Verhältnis von Bewusstsein
und Kommunikation garantiert, ist die Co-Evolution der beiden Systeme, die zu
miteinander kompatiblen (nicht: gleichen) Strukturen führt. Wirklich folgen-
reich im Sinne einer Neudefinition der Person sind strukturelle Diskrepanzen
aber nur dann, wenn sie tatsächlich kommunikativ relevant werden[16] – was aber
zugleich, und damit paradoxerweise, wiederum entsprechende, kompatible
Strukturen voraussetzt.[17] Die Möglichkeiten der Strukturbildung von Bewusstsein und Kommunikation sind also nicht unauflöslich an ganz bestimmte Perso-
nendefinitionen gebunden, sondern verändern sich im Rahmen von Evolution.
Die Systeme können darauf, wenn auch nach Maßgabe eigener Prozessabläufe,
durch strukturelle Modifikationen reagieren.

---

16   Das kann in Form von Identitätsdiskursen, z.B. innerhalb der Frauenbewegung, oder in
      Form von Selbsthilfe- und Gesprächsgruppen der Fall sein (dazu Meuser 1998: 123ff.).

17   Alles andere würde schlicht als abnormes oder deviantes Verhalten Einzelner beobach-
      tet werden.

2. Die Geschlechtsrollenidentität des Bewusstseinssystems

Für das Bewusstseinssystem ist die Geschlechterdifferenz zentrale Identifikationsgröße, was nicht zuletzt an der Ausrichtung seiner Beobachtungen am als geschlechtlich vorgestellten Körper liegt. Ohne den Körper wäre das Bewusstseinssystem orientierungslos. Es hätte Probleme, sich selbst zu verorten und sich selbst einen Identifikationspunkt zu geben. Schon allein deshalb ist die Bedeutung des Körpers für das Bewusstseinssystem nicht zu überschätzen: Mit seiner Hilfe organisiert es seine Beobachtungen, entparadoxiert es den Umgang mit seinem binären Code, der Unterscheidung von Selbstreferenz/Fremdreferenz. Als „Körper von Gewicht", um einen ins Deutsche übersetzten Titel einer Schrift von Judith Butler (1995) zu zitieren, als im Medium Sinn konstituierter Gegenstand, gewinnt der Körper jedoch erst dann seine Bedeutung für das Bewusstseinssystem, wenn er die Unterscheidung von Selbstreferenz und Fremdreferenz als Einheit im Bewusstsein repräsentiert. Die zentrale These dieses Kapitels ist, dass er dies vermittels der Kontingenzformel „Geschlechtsrollenidentität" tut (Abschnitt 2.1).

Die Kontingenzformel dient dem Bewusstseinssystem als Beschränkung seines Sinnhorizontes in sachlicher, zeitlicher und sozialer Hinsicht (Abschnitt 2.2). Der Rekurs auf sozialpsychologische Studien zeigt, dass diese Beschränkung des Sinnhorizontes je nach dem, ob die Geschlechtsrollenidentität als männliche oder weibliche gilt, unterschiedlich vorgenommen wird. Mit Hilfe attributionstheoretischer binärer Schematismen wird darum überlegt, ob sich der Unterschied zwischen der männlichen und der weiblichen Geschlechtsrollenidentität durch spezifische Strukturmerkmale fassen lässt (Abschnitt 2.3). In der Tat zeigen verschiedene Befunde auf, dass mit der männlichen Geschlechtsrollenidentität eine instrumentelle, mit der weiblichen Geschlechtsrollenidentität eine expressive ,Haltung', und damit Unterschiede des Bewusstseinssystems im Umgang mit sich und seiner Umwelt, verbunden sind. Ein wichtiges Ergebnis der näheren Analyse dieser geschlechtstypischen Haltungen zeigt Unterschiede in der Selbstbeschreibung auf unterschiedlichen Ebenen: Während sich keine Unterschiede zwischen den Geschlechtern beobachten lassen, wenn es um die Selbstbeschreibung mit instrumentellen und expressiven Attributen in Abhängigkeit von kurz zuvor ausgeführten typisch männlichen oder weiblichen Tätigkeiten geht, ist die Geschlechtstypik der individuellen

Selbstbeschreibung immer dann signifikant, wenn auf die gesamte ‚Identität'
reflektiert wird.

2.1 Das Bewusstsein als autonomes System

Das autopoietische Bewusstseinssystem reproduziert sich, indem seine Elemente, das sind „Gedanken" die sich in Form von „Vorstellungen von Etwas"
gegenseitig beobachten (vgl. Luhmann 1995b),[18] durch die spezifische Operationsweise des Systems neue Gedanken hervorbringen. Die Irritationen, die das
Bewusstseinssystem in Gedanken transformiert, empfängt es über das Nervensystem aus dem Körper, genauer: dem Gehirn, in Form von Erregungszustän-
den. Körper und Bewusstseinssystem müssen somit genau unterschieden werden. Der Körper selbst ist ein lebendes System, das nicht unter Verwendung von
Sinn operiert (vgl. Gripp-Hagelstange 1995: 55ff.).[19] Das Bewusstseinssystem
nun übersetzt die internen Erregungszustände des Körpers in extern verortete
Phänomene. Es „kehrt sozusagen das Innen des Körpers nach außen und selbst
der eigene Leib wird vom Bewusstsein als bewusstseinsextern, als Gegenstand
des Bewusstseins erlebt" (Luhmann 1992a: 19). Entsprechend nimmt das
Bewusstseinssystem zunächst alles als zu einer Welt gehörig wahr, in der es
selbst nicht vorkommt.[20] Doch um sich selbst in der Welt verorten zu können,
muss es die Unterscheidung von Bewusstsein und Körper als Unterscheidung
von Selbstreferenz/Fremdreferenz – genauer: von Vorstellung und Etwas – in
sich wiedereinführen (vgl. Luhmann 1996b: 35).[21] Es ist zwar schon auf eine

---

18   Ganz im Sinne Husserls ist Bewusstsein intentional, nämlich als „Bewusstsein von
Etwas" zu verstehen.

19   Das Nervensystem verwendet zwar keinen Sinn, aber es verwendet die Erregungszustände als Anzeichen, die auf den Körper als den Anzeigenden referieren (vgl. Luhmann
1995f: 18).

20   Kommunikationssysteme dagegen sind ‚von Anfang an' reflexionsfähig. Sie operieren
bereits auf der Ebene der basalen Selbstreferenz mit Hilfe der Unterscheidung von Information (Fremdreferenz) und Mitteilung (Selbstreferenz), die im Verstehen kurzzeitig
zur Synthese gelangen, wobei der Anschlussoperation die Unterscheidung von Information (Fremdreferenz) und Mitteilung (Selbstreferenz) zur Verfügung steht (vgl. Luhmann 1987a: 201f.). Kommunikation weiß immer, wo sie selbst aufhört und wo ihre
Umwelt beginnt und vice versa.

21   Ein Bewusstsein, das sich durch die Wiedereinführung der operativen System/Umwelt-
Unterscheidung die Fähigkeit noch nicht 'angeeignet' hat, das Wahrgenommene anhand

32

Umwelt bezogen, es gebraucht also bereits die Unterscheidung von Selbstreferenz/Fremdreferenz, kann jedoch nicht ‚sehen', dass es sie gebraucht. Zwei Aspekte sind die Bedingung der Möglichkeit für einen Entwicklungsschritt, der die Fähigkeit der Reflexion auf den Gebrauch der Unterscheidung von Selbstreferenz/Fremdreferenz bedeutet: die Identifikation mit dem eigenen Körper einerseits und Sprache andererseits. Durch sie wird es dem Bewusstseinssystem möglich, seine „Vorstellungen von Etwas" in selbst- und fremdreferentieller Hinsicht zu beobachten.[22]

Durch seine Identifikation mit dem eigenen Körper vermag sich das Bewusstseinssystem zu orientieren. Es weiß immer, wo es sich gerade befindet, denn: „Denkend kann man überall sein, wahrnehmen kann man nur dort, wo sich der eigene Körper befindet, und der eigene Körper *muss* mit wahrgenommen werden, wenn das Bewusstsein in der Lage sein soll, Selbstreferenz/Fremdreferenz zu unterscheiden" (Luhmann 1995f: 27f). „Deshalb entwickelt sich Bewusstsein von Anfang an in Identifikation mit dem eigenen Körper, und auch deshalb lernt man rasch und unausweichlich, dass man nicht jemand anderes ist" (Luhmann 1995g: 151).[23] Nur wenn das Bewusstseinssystem sich selbst spürt, weiß es, dass es das Wahrgenommene entweder sich selbst oder seiner Umwelt zurechnen muss: Es weiß, wie es sich anfühlt, wenn es seine Wahrnehmungen sich selbst zurechnet, und es weiß, wie es sich anfühlt, wenn

---

der Unterscheidung von Selbst- und Fremdreferenz entweder sich selbst oder seiner Umwelt zuzuordnen (zur wiedereingeführten Unterscheidung von Operation und Beobachtung als Unterscheidung von Selbstreferenz/Fremdreferenz vgl. Luhmann (1997: 597, Fn. 3)), vermag seine Autopoiesis nur auf einem relativ niedrigem Komplexitätsniveau aufrechtzuerhalten (vgl. Luhmann 1995b: 89). Auf dieser Ebene basaler Selbstreferenz wird lediglich unstrukturierte Komplexität durch Kondensierung von Elementen aufgebaut - und besitzt im eigentlichen Sinne noch keinen Sinnsystemcharakter, weil es noch nicht über Sinn verfügt. Für die Ausbildung höherer Komplexität und seiner Selbstorganisation bedarf das Bewusstsein der Unterscheidung von Selbst- und Fremdreferenz - und ein Beobachter, der beobachten will, wie das Bewusstsein beobachtet, muss seine Beobachtungen an dieser Form orientieren und beobachten, wie das Bewusstsein mit dieser Form seine Beobachtungen organisiert (vgl. Luhmann 1995g: 144). Anders ausgedrückt: Die Unterscheidung von Selbst- und Fremdreferenz (oder: Bewusstsein und Phänomen; so in Luhmann 1996b: 41) dient dem Bewusstsein als binärer Code.

22   Ab dann verfügt das Bewusstseinssystem über Sinn (vgl. Abschnitt 1.1).

23   Der Körper ist somit - anders als Zantetti (1988) kritisiert - *konstitutiv* in die Struktur des Bewusstseinssystems involviert.

es seine Wahrnehmungen seiner Umwelt zurechnet. Das Bewusstseinssystem verbindet, so kann mit der Psychoanalyse ergänzend hinzugefügt werden, diese Eindrücke mit den Gefühlen von Lust oder Unlust.[24] Zusammenfassend lässt sich festhalten, dass „[d]as Bewusstsein ... seine Gedanken nur durch Zuordnung zu diesem seinem *leiblichen Leben* zur Einheit aggregieren [kann], und nur dadurch, dass es sich selbst zugleich von diesem Leben *unterscheidet*" (Luhmann 1995b: 84).

Diese Entwicklung verläuft parallel zum Spracherwerb. Sprache hat für das Bewusstseinssystem eine ganz besondere Funktion. Sie ermöglicht den Aufbau komplexer Strukturen, weil sie die Generalisierung von Sinn und damit Strukturbildung in Form „stereotypisierter Erwartungsmuster" ermöglicht (Luhmann 1997: 1107). So verhindert Sprache, „dass bei zunehmender Komplexität ... bewusstseinsintern ein Chaos entsteht. Sprache kanalisiert die Gedanken so, dass sie, gewissermaßen entlang von Sätzen, im Schnellzugriff verfügbar sind" (Luhmann 1995b: 81). Das macht deutlich, wie stark selbst „Wahrnehmung durch Sprache vorstrukturiert wird" (Luhmann 1995f: 15). Weiterhin zwingt Sprache das Bewusstseinssystem dazu, „Bezeichnendes und Bezeichnetes und in diesem Sinne: Selbstreferenz/Fremdreferenz kontinuierlich auseinander zuhalten und trotzdem gemeinsam zu prozessieren" (Luhmann 1995f: 19). Denn Sprache als Laut macht das Bewusstseinssystem im Meadschen Sinne auf sich selbst aufmerksam und reißt es aus seiner „mythischen" (Cassirer) Verstrickung in die wahrgenommene Welt: Sprache als „signifikantes Symbol" (Mead) funktioniert nur, wenn man weiß, dass die Laute nicht die Dinge sind, auf die sie verweisen.[25] Dem Bewusstseinssystem ist damit sein eigener Gedanke als Vorstellung (Selbstreferenz) von Etwas (Fremdreferenz) gegeben.[26] Es unterscheidet sich selbst als z.B. Denkendes, Sprechendes von den

---

24   Es rechnet sich diese, so die Psychoanalyse weiter, bei einer lustvollen Wahrnehmung sich selbst, bei einer unlustvollen Wahrnehmung seiner Umwelt zu. Nur mühsam gelingt ihm die Umstellung auf das Realitätsprinzip (vgl. Freud 1969: 18ff.).

25   Vgl. Derridas (1990) Kritik der Unterscheidung von Laut und Bedeutung in Bezug auf Schrift. Esposito (1996) macht deutlich, dass erst durch Schrift die Trennung zwischen realer Welt und der Welt der Ideen möglich ist und stabil gehalten werden kann. Damit geht ein „Transzendenzschritt" einher: Die Götter werden außerhalb der natürlichen Welt lokalisiert, auch wenn sie in einer realen Welt mit Objekten leben.

26   „Dadurch entsteht eine neue, eine emergente Differenz, nämlich die von realer Realität und semiotischer [oder: „imaginärer, imaginierender, konstruierender, konstituierender" (Luhmann 1997: 218, Fn. 44); CW] Realität" (Luhmann 1997: 218). Die Ebene realer Realität gilt nun als das Bezeichnete, während die Ebene imaginierter Realität aus den immer auch anders möglichen Bezeichnungen besteht.

Dingen in seiner Vorstellung oder seiner Umwelt, auf die sich sein Denken, Sprechen beziehen.

Das Bewusstseinssystem kann sich nun, steht ihm die Unterscheidung von Selbstreferenz/Fremdreferenz und so die Möglichkeit der Selbstzurechnung seines Verhaltens zur Verfügung, auf zweierlei Weise auf seine Umwelt beziehen. Einmal kann es sich selbst, wie zuvor, in seiner Umwelt ‚verlieren'. Es kann sich aber auch mit seinem Körper identifizieren, sich verorten, und sich auf seine von ihm unterschiedene Umwelt beziehen.[27] Je nach dem, ob es sich selbst oder seine Umwelt beobachtet, ergeben sich verschiedene Anschlussmöglichkeiten, eröffnen sich in Orientierung am Körper gleichsam zwei verschiedene Verweisungsstrukturen von Sinn, einmal die des Erlebens und einmal die des Handelns (vgl. Abschnitt 1.1.). Rechnet das Bewusstseinssystem seinen Bewusstseinsinhalt seiner Umwelt zu, markiert es ihn als fremdreferentiell, dann *erlebt* es. Rechnet es sich seinen Bewusstseinsinhalt selbst zu, markiert es ihn also als selbstreferentiell, so *handelt* es. „Erlebter Sinn wird als fremdreduziert erfasst und verarbeitet, Handlungssinn dagegen als systemeigene Leistung" (vgl. Luhmann 1971c: 77). In dieser Unterscheidung drückt sich zugleich aus, wie sich das System zu sich selbst verhält. Denn schaut man genauer hin, dann wird deutlich, dass „Handeln ... ein anderes Verhältnis zur sinnbezogenen Selektionsleistung [hat; CW] als Erleben; es ist sozusagen sein eigener Sinn selbst, weil es die Reduktion der Komplexität vollzieht. [...] Erleben dagegen muss die eigene Reduktionsleistung von der erlebten unterscheiden können, muss also in zwei Sprachen (der Weltsprache und der Verhaltenssprache) gleichzeitig gedacht werden können" (Luhmann 1981c: 71). Denn im Erleben setzt das System sich mit dem Erlebten gleich, geht es sozusagen in ihm auf, während es sich als Handelndes von seiner Umwelt unterscheidet, anhand eigener Kriterien selegierend auf seine Umwelt zugreift.

Bis hierher bewegt sich das Bewusstseinssystem auf einer Ebene der Selbstreferenz, die es ihm gestattet, zwischen Vorstellungen, die es sich selbst und solchen, die es seiner Umwelt zurechnet, zu unterscheiden – und sich auf die Umwelt als etwas anderes zu beziehen. Die *Einheit der Unterscheidung von Selbstreferenz/Fremdreferenz* zu sehen und damit als Einheit der Gesamtheit seiner Vorstellungen, ist ihm jedoch nicht möglich. Es kann zwar Erleben oder Handeln, sich aber selbst noch nicht als erlebend oder handelnd beobachten. Dazu ist vielmehr ein weiterer Wiedereintritt der Unterscheidung von Selbstreferenz/Fremdreferenz in Form der Unterscheidung von System/Umwelt nötig.

---

27   Pleßner (1975) spricht bei einer solchen Struktur von „exzentrischer Positioniertheit".

Erst dann vermag das Bewusstseinssystem sich „selbst zur Reflexion seiner Identität [zu] bringen" (Luhmann 1995b: 67), ohne dass allerdings alle Gedanken dem Bewusstseinssystem in dieser Form zugänglich wären. Vielmehr kann, ganz im Sinne der Psychoanalyse, „nur ein sehr geringer Teil der Bewusstseinsleistungen ... introspektiv kontrolliert werden" (Luhmann 1995f: 15). Das Bewusstseinssystem erlernt sich als Gesamtheit seiner Beobachtungen zu fassen, wenn in ihm ein „*Bewusstsein des Beobachtetwerdens*" durch andere entsteht (Luhmann 1995b: 84). Erst das Wissen um die „Sichtbarkeit des eigenen Leibes" (Luhmann 1995b: 84) als Körper und der damit verbundene Gebrauch der Unterscheidung von Ego und Alter erlaubt es ihm, sich selbst als Einheit der Unterscheidung von Selbstreferenz/Fremdreferenz, und damit als *Person* der Kommunikation zu sehen; mit den Augen der anderen und als unterschieden von ihnen als andere Personen. Im selben Moment ist das Bewusstseinssystem mit sich selbst als mit einer Paradoxie konfrontiert, denn die Unterscheidung von Erleben und Handeln begegnet ihm nun auf der Beobachtungsebene zweiter Ordnung: Es sieht, dass es die Einheit der Unterscheidung von Selbstreferenz/Fremdreferenz einmal als *Unterscheidung* (Handeln) und einmal als *Einheit* (Erleben) verwendet. Als systemrational erweist es sich erst dann, wenn es beide Varianten des Umgangs mit der Unterscheidung von Selbstreferenz/Fremdreferenz in Abhängigkeit von der Bedeutung des Bewusstseinszustandes (der Vorstellung) einzusetzen vermag, sie also von besonderen Umständen abhängig macht und somit entparadoxiert: „Denn von Systemrationalität in einem strengen Sinne lässt sich nur sprechen, wenn die systemkonstituierende Form der Differenz von System/Umwelt zugleich bejaht und verneint wird. Bejaht, weil es anderenfalls das System, das die Operationen des Bejahens und Verneinens durchführen kann, nicht gäbe. Und verneint deshalb, weil die Abhängigkeits- und Unabhängigkeitsverhältnisse zwischen System/Umwelt für das System im Unvorhersehbaren liegen" (Luhmann 2000: 128). Das Bewusstsein muss in der Lage sein, die Beobachtungen durch diese Unterscheidung zu steuern, sein System/Umweltverhältnis also dadurch zu kontrollieren, dass es sowohl angemessen erleben als auch handeln kann. Dazu braucht es jedoch eine Selbstbezeichnung, die genügend Informationen darüber enthält, unter welchen Umständen eine Haltung des Erlebens oder Handelns angemessen wäre. Im Moment des Beobachtetwerdens, in der sozialen Situation, dient ihm dazu die Form Person (vgl. Abschnitt 1.2).[28] Das Personsein erfasst die eigene Identität jedoch nur in sozialer Hinsicht. Daher braucht das Bewusstsein eine Art „Iden-

---

28 Sie begründet, dass das Erleben/Handeln eine eigene Leistung ist, die aber auf das eigene momentane ‚So-Sein' zurückgeführt werden kann.

36

titätsaufhänger" (Goffman), der darüber hinaus reicht, sich also nicht nur sozial, sondern auch sachlich und zeitlich definieren lässt. Dies wird durch die *Kontingenzformel* geleistet. Die Kontingenzformel ist, wie der Gebrauch der Form Person im Moment der Teilnahme an Kommunikation, auf der Beobachtungsebene zweiter Ordnung angesiedelt – mit dem Unterschied, dass sie den *gesamten Sinnhorizont* des Systems einschränkt.[29] „Damit ist gemeint, dass gegen an sich Denkmögliches Grenzen (Horizonte) gesetzt werden ..., damit Operationen produktiv werden können und nicht in die Leere eines ewigen Und-so-weiter auslaufen" (Luhmann 1981a: 40). In Orientierung an dem, was das Bewusstseinssystem für sich selbst ist, steuert es seine gesamten Umweltbeziehungen – und genau das schränkt seinen Umgang mit der Unterscheidung von Selbstreferenz/Fremdreferenz ein. Die Kontingenzformel macht „verständlich, dass in bestimmter Weise erlebt und gehandelt wird, obwohl – oder sogar: gerade weil – auch anderes möglich ist" (Luhmann 1975a: 184).

Luhmann selbst hat Kontingenzformeln ausschließlich auf soziale Systeme bezogen. Es gibt aber keinen erkennbaren Grund, weshalb sie nicht auch für die Analyse des Bewusstseinssystems nützlich sein sollten – schließlich lösen sie ein strukturelles Problem, mit dem alle sinnverwendenden Systeme konfrontiert sind, sobald sie sehen, dass sie erlebend und handelnd beobachten. Bezüglich der Kontingenzformel von gesellschaftlichen Funktionssystemen schreibt Luhmann: „Funktionssysteme, die ihre professionelle Kommunikationspraxis in der angegebenen Weise dualisieren, bilden in dem Maße, als ihre systemeigene Komplexität zunimmt und ihre Praxis systematisiert werden muss, *Kontingenzformeln* aus, um die operative Einheit des Duals zu begründen und mit hinreichend instruktiven Prämissen zu versehen" (Luhmann 1977: 200f.). Für das Kommunikationssystem Religion erklärt die Kontingenzformel „Gott" „Verschiedenes und Gegensätzliches ... durch *dasselbe*" (Luhmann 1977: 129). Das Kommunikationssystem Wirtschaft zieht mit der Kontingenzformel „Knappheit" die beiden Seiten des binären Codes aus haben und nicht-haben in Form einer „Summenkonstanz" zu einer Einheit zusammen (Luhmann 1988b: 64). Und im Kommunikationssystem Wissenschaft garantiert die Kontingenzformel „Limitationalität" die forschungstechnische Ergiebigkeit der Negation von Wahrheit – und damit die Fruchtbarkeit von wahr und unwahr für wissenschaftliche Erkenntnis -, da unwahres Wissen wahres Wissen limitiert (vgl. Luhmann 1992a: 395). Die Beispiele ließen sich fortsetzen (vgl. z.B. Luhmann 1995e: 214ff.; 2000: 120ff.).

---

29   Und damit die Person impliziert.

Die Kontingenzformel des Bewusstseinssystems ist ebenfalls das Resultat der Bezeichnung der Einheit von Selbstreferenz/Fremdreferenz als Leitdifferenz (Code) des Systems. *Sie zieht die Unterscheidung von Selbstreferenz/Fremdreferenz zu einer Einheit zusammen, indem sie diese bezeichnet und damit zugleich die grundlegenden Bedingungen für ihren asymmetrisierten Umgang mit ihr angibt.* Implizit legt sie damit fest, ob sich das System *primär als erlebendes oder handelndes System beschreibt*. Die Beschreibung ist den drei Sinndimensionen gemäß ausdifferenziert.[30] Das bedeutet, dass in jeder der drei Sinndimensionen die Unterscheidung von Selbstreferenz/Fremdreferenz entsprechend spezifiziert wird. Über die *Sozialdimension* ist das Bewusstsein als Person mit der Kommunikation strukturell gekoppelt. Es fasst sich als Person, die sich mit bestimmten und nicht anderen sozialen Erwartungen konfrontiert sieht – damit sind konkrete Erwartungen bezüglich des Erlebens und Handelns verknüpft. Entscheidend ist dabei, ob das Bewusstseinssystem sich in der Kommunikation als Person versteht, die sich im Moment wechselseitiger Wahrnehmung an der Perspektive von Alter (Erleben) oder an der eigenen Perspektive (Handeln) orientiert. Es kommt daher darauf an, in welcher semantischen Fassung die Personenform verwendet wird, denn letztlich legt sie dem Bewusstseinssystem die entsprechende Umweltperspektive nahe. In der *Sachdimension* geht es um die Frage, anhand welcher Attribute sich das Bewusstseinssystem selbst charakterisiert. Attribute symbolisieren die Art und Weise, wie das Bewusstseinssystem mit seiner Selbstreferenz/Fremdreferenz umgeht. Sie charakterisieren die Kontingenzformel. Entsprechend verweisen sie durch ihre Asymmetrisierungsleistung darauf, ob sich das Bewusstsein als jemand beschreibt, der sich primär als erlebend oder handelnd versteht. In der *Zeitdimension* schließlich geht es um die Frage, mit welchen Erwartungen sich das System konfrontiert. Welche Projektionen in die Zukunft und Vergangenheit nimmt es vor, um sich in der Zeit als ein mit sich identisches Individuum zu konstruieren? Hier werden in erster Linie biographische Fragen relevant, die sich z.B. auf die Frage beziehen können, ob sich das Bewusstseinssystem als eines versteht, das sein Leben selbst in die Hand nimmt (handelt), oder das sich eher als Opfer der Verhältnisse fühlt oder tut, was ‚man' halt so tut im Leben (erlebt).

Diese Differenzierung des Sinnhorizontes stellt bestimmte Anforderungen an die Struktur der Kontingenzformel: Sie muss so allgemein gefasst

---

30 Und zwar im Sinne einer „Grundsemantik" (Luhmann 1981a: 41), die auf die Frage antwortet, „wie Selektivität überhaupt erfahren und strukturiert werden kann" (Luhmann 1981a: 37).

werden, dass sie den gesamten Sinnbereich des Bewusstseinssystems umfasst. Daher muss sie unspezifisch formuliert sein – im Sinne eines „leeren Signifikanten" (Laclau). Andererseits muss sie bei Bedarf konkret definiert und mit Inhalt gefüllt werden können. Aus diesen Gründen braucht jede Kontingenzformel „einen Gegenbegriff, braucht [sie; CW] eine ‚andere Seite', die sie nicht zu bedenken und zu betreuen hat" (Luhmann 2000: 121), sondern die lediglich die Funktion hat, sie zu definieren. Die Kontingenzformel selbst ist somit, obwohl sie die verschiedenen System/Umwelt-Bezüge des Systems zu einer Identität des Systems zusammenzieht, selbst die bezeichnete Seite einer Unterscheidung.[31] Daher ist durch sie die ‚höchste' Form der Selbstreferenz möglich: Denn als Unterscheidung erlaubt sie es dem Bewusstseinssystem, *sich selbst zu negieren* (vgl. Luhmann 2000: 126ff.). Zur Selbstnegation braucht das Bewusstseinssystem einen es negierenden Selbstentwurf, der seine Kontingenzformel und deren ausgeschlossene, aber immer mitgemeinte Seite als paradoxe oszillierende Einheit fasst und die Selbstbeschreibung durch ‚Aufweichung' der Unterscheidung kontingent setzt. Es bringt sich auf diese Weise dazu, solche Aspekte in sich hineinzunehmen, die es zuvor aus seiner Selbstbeschreibung als andere, immer mitgemeinte Seite ausgeschlossen hatte. Damit verändert sich die Kontingenzformel inhaltlich, woran sich zeigt, dass sie letztlich stets kontingent gefasst ist. Notwendig werden diesbezügliche Reformulierungen immer dann, wenn sie das Erleben und Handeln des Bewusstseinssystems nicht mehr angemessen zu strukturieren versteht, weil sich beispielsweise die gesellschaftliche Umwelt des Bewusstseinssystems so weit verändert hat, dass althergebrachte Selbstbeschreibungskonzepte nicht mehr greifen – das System an Rationalität verliert (vgl. Luhmann 1994a).

2.2 Die Kontingenzformel „Geschlechtsrollenidentität"

Es ist nicht nur evident, sondern wird zudem von der empirischen Forschung hinreichend bestätigt, dass die eigene Geschlechtszugehörigkeit nicht nur für die inhaltliche Ausgestaltung des Ich-Ideals, sondern ebenso für den eigenen Biographieentwurf, die Selbstbeschreibung und die Auswahl sozialer Rollen von entscheidender Bedeutung ist: Das eigene Geschlecht ist „hochgradig

---

31   Ein Vergleich des „leeren Signifikanten" (Laclau) mit dem „binären Code" (Luhmann) des Systems, wie er von Stäheli (1996) angeregt wurde, trifft somit nicht die richtige Theoriestelle. Vielmehr müsste der Vergleich über die Kontingenzformel laufen - was zu völlig anderen Ergebnissen als bei Stäheli führte.

identitätsrelevant, es lässt sich als ‚Nebenrolle' schwerlich abwickeln und wird stattdessen typisch so massiv zugemutet und persönlichkeitsstrukturell ‚angeeignet', dass man es ‚mit Haut und Haaren' ist" (Tyrell 1986: 453). Darum fassen wir die Kontingenzformel des Bewusstseinssystems als die Geschlechtsrollenidentität, als Junge oder Mann, Mädchen oder Frau.[32] Diese Geschlechtsrollenidentität lässt sich in zeitlicher, sozialer und sachlicher Hinsicht als Geschlechtsrollen-Orientierung (zeitlich), Geschlechtsrollen-Übernahme (sozial) und Geschlechtsrollen-Selbstcharakterisierung (sachlich) spezifizieren, d.h. dass die Strukturierung der drei Sinndimensionen geschlechtstypische Unterschiede aufweist. Diese drei Dimensionen des Geschlechtsrollenidentitäts-Begriffs übernehmen wir in Anlehnung an die sozialpsychologischen Überlegungen von Sieverding/Alfermann (1992): „Ein Aspekt betrifft die Einstellung einer Person gegenüber den gesellschaftlichen Geschlechtsrollenerwartungen [= Geschlechtsrollen-Orientierung; CW], z.B. der Akzeptanz oder Ablehnung traditioneller Erwartungen bezüglich der Rollenaufteilung zwischen Mann und Frau. [...] Ein zweiter Aspekt bezieht sich auf das konkrete Rollenverhalten einer Person in verschiedenen Lebenssituationen [= Geschlechtsrollen-Übernahme; CW]. [...] Ein dritter Aspekt tangiert die Frage, wieweit eine Person über bestimmte Persönlichkeitseigenschaften (‚traits') verfügt [= Geschlechtsrollen-Selbstcharakterisierung; CW], die entweder als typischer für das männliche oder das weibliche Geschlecht gelten" (Sieverding/Alfermann 1992: 6f.).[33] Die

---

32   Wer hier kritisch anmerkt, dass ethnische, religiöse oder klassenspezifische Zugehörigkeiten als Kontingenzformel ebenfalls in Frage kämen, muss zeigen können, dass diese in sachlicher, zeitlicher und sozialer Hinsicht in vergleichbarer Weise signifikante Unterschiede machen. Zudem wäre zu zeigen, was denn der negierende Selbstentwurf, also die andere Seite wäre, durch die die Kontingenzformel definiert ist, die sie aber nicht zu betreuen braucht (vgl. Abschnitt 2.1).

33   Krampen (1980: 378) schlägt eine ganz ähnliche Operationalisierung des Begriffs vor: a.Geschlechtsrollen-*Präferenzen*, „das sind geschlechts-typische Aktivitäten und Persönlichkeitscharakteristika, die ein Individuum vorzieht"; b. Geschlechtsrollen-*Übernahme* „das sind manifeste geschlechtstypische Aktivitäten und Merkmale eines Individuums"; c. Geschlechtsrollen-*Stereotyp*, „das sind deskriptive Einstellungen eines Individuums über geschlechtstypische Aktivitäten und Persönlichkeitsmerkmale"; d. Geschlechtsrollen-*Orientierung*, das sind „die soziologisch wesentlichen präskriptiven und proskriptiven Normen eines Individuums für das Verhalten von Frauen und Männern". Wir ziehen die Operationalisierung von Sieverding-Alfermann jedoch vor, weil sie Krampens Punkte a. und c. abstrakter und damit griffiger fasst, indem sie diese in dem

Kontingenzformel Geschlechtsrollenidentität vereinigt als psychische Repräsentanz des Körpers im Bewusstsein diese drei Dimensionen in sich. Denn es ist der Körper, auf den sich das Bewusstseinssystem stützt, wenn es sich von einer Umwelt unterscheidet, und es ist die Unterscheidung von vorgestelltem Körper und Umwelt, die es beobachtet, wenn es sich als ein Bewusstsein im Unterschied zu anderen Bewusstseinen beobachtet.[34]

Die *Geschlechtsrollen-Orientierung* ist die Ausdifferenzierung der *zeitlichen* Dimension der Kontingenzformel Geschlechtsrollenidentität. Bei ihr geht es um die Frage nach der „Kontinuierbarkeit der Strukturen und ... [der; CW] Reproduzierbarkeit der Problemlösungen, die Systeme ... für sich selbst gefunden haben" (Luhmann 1975b: 99) – also um die Stabilität von *Erwartungen*, die das Bewusstseinssystem an sich selbst in Form seines Ich-Ideals stellt.[35] Erstens definieren sie den Umgang mit Erwartungsenttäuschungen, also welche Erwartungen das Bewusstseinssystem unter der Bedingung der Erwartungsenttäuschung aufrechterhält (normativer Umgang) oder verändert (kognitiver Umgang), ohne seine Identität zu gefährden.[36] Diesbezüglich zeigt die sozialpsychologische Forschung, dass Männer geschlechtsrollendiskrepantes Verhalten eher ablehnen, als Frauen dies tun (vgl. Alfermann 1996: 52). Zurückführen lassen sich solche Einstellungen auf den Grad der Rigidität der geschlechtlichen Sozialisation: Je rigider die Sozialisation an traditionellen Geschlechterstereotypen ausgerichtet verläuft, desto geschlechtsrollenkonformer sind die geschlechtsrollentypischen Vorstellungen des Bewusstseinssystems im Erwachsenenalter (vgl. Krampen 1979). Der geschlechtstypische Unterschied im Umgang mit geschlechtsrollendiskrepantem Verhalten lässt sich somit durch die rigidere geschlechtsrollenkonforme Sozialisation von Jungen im Unterschied zu Mädchen erklären (vgl. Böhnisch/Winter 1994: 113; Eckes 1997: 152). Eine weitere Ursache für die normative Einstellung zur Geschlechtsrolle ist in den persönli-

---

dritten Aspekt, den Persönlichkeitseigenschaften, zusammenzieht. Im Unterschied zu Krampen operationalisieren sie die Geschlechtsrollen-Stereotype durch instrumentelle und expressive traits, wobei deren Kombination zeigt, ob es sich um ein konformes oder diskrepantes geschlechtsstereotypisches Selbstverständnis handelt.

34   Wir nehmen dieses Thema weiter unten im Abschnitt wieder auf.

35   Hier ließen sich die Analysen von Lacan zur Identitätsgenese und zur Aufrechterhaltung von Identität problemlos anschließen.

36   Zur Unterscheidung von normativem und kognitivem Erwartungsstil vgl. Luhmann (1987: 439).

chen Erfahrungen mit geschlechtlicher Arbeitsteilung und damit verbundenen Geschlechterbildern zu finden. Eine Studie von Bamberg (1992), die Schulaufsätze zum Thema „Welchen Beruf würde ich wählen, wenn ich [als Junge; CW] ein Mädchen wäre?" (und umgekehrt) miteinander verglichen hat, konnte zeigen, dass deutsche Schulkinder im Jahre 1946 weniger geschlechtsrollenkonforme Vorstellungen vertraten als westdeutsche Schulkinder im Jahre 1986.[37] Die zweite Hinsicht, in der Erwartungen relevant sind, bezieht sich auf die biographische Identität des Bewusstseinssystems, wenn es sich anhand der Unterscheidung von Vergangenheit und Zukunft beobachtet: „Vergangenheits- und Zukunftshorizonte treten auseinander, und Konsistenz wird ein biographisches Problem" (Luhmann 1975b: 99f). Dass hierbei geschlechtstypische Biographieentwürfe zentral sind, darauf verweist allein die Tatsache, dass für (heterosexuelle) Frauen Fragen nach der Vereinbarkeit von Familie und Beruf bei der persönlichen Lebensplanung zentral sind und für (heterosexuelle) Männer so gut wie keine Rolle spielen (vgl. z.B. Böhnisch/Winter 1994: 155ff.; Brock 1990; Heinemeier 1992; Knapp 1988: 40). Dies hat entscheidenden Einfluss auf das aktuelle Selbstverständnis des sich geschlechtlich definierenden Bewusstseinssystems, zum Beispiel, aber natürlich weit darüber hinaus, hinsichtlich seiner Berufswahl oder Karriereplanung.[38]

Damit ist die mit der *Geschlechtsrollen-Orientierung* verknüpfte Rollenübernahme angesprochen. Die Geschlechtsrollen-Übernahme bezieht sich auf die *soziale* Dimension der Kontingenzformel Geschlechtsrollenidentität. Sie spezifiziert die Erwartungen, mit denen sich das Bewusstsein als Person der Kommunikation hinsichtlich seiner Orientierung in Richtung Konsens oder Dissens konfrontiert sieht. Als männliche oder weibliche Person kann das Bewusstsein „wechselweise Position als Ego und als Alter einnehmen, kann die Führung ... [seines; CW] Erlebens und Handelns je nach den Umständen mehr im Egosein oder mehr im Altersein finden, ohne bei diesem Hin und Her ... [seine] Identität zu verlieren" (Luhmann 1975b: 97f). Dabei ist die Bereitschaft zum Dissens entscheidend für den Umgang mit der an die eigene Person gekoppelten Erwartungen. So zeigen sozialpsychologische Studien, dass in Kommu-

---

37   Das gilt wohlgemerkt für die alte Bundesrepublik und nicht für das Frauenbild in der ehemaligen DDR zu dieser Zeit (vgl. Spellerberg 1996).

38   Dies führen z.B. Heintz/Nadai (1998) und Gottschall (1998) als eine Ursache unter anderen dafür an, dass der Arbeitsmarkt trotz gleichwertiger Qualifikation von Frauen und Männern nach wie vor hochgradig geschlechtsspezifisch und zu Ungunsten der Frauen segregiert ist. Wir werden uns mit diesem Aspekt ausführlicher in Abschnitt 4.1 befassen.

nikationssituationen, in denen keine formalen Gruppenstrukturen oder Verhaltensanweisungen vorliegen, selbst eher dominante Frauen die Führung an Männer abgeben und sonst eher zurückhaltende Männer dominierende Verhaltensweisen entwickeln (vgl. Nyquist/Spence 1986) – letztlich stellen sie auf diese Weise bewusstseinssysteminterne Übereinstimmungen zwischen Geschlechtsrollen-Orientierung und Geschlechtsrollen-Übernahme her. In spezifisch definierten sozialen Situationen kann die formale Übernahme geschlechtsrollendiskrepanter Rollen zu entsprechenden bewusstseinsinternen Konflikten führen (vgl. Geis/Boston/Hoffman 1985).[39] Sicherlich ist das auch ein Grund, weshalb Männer und Frauen häufig ihre Rollen gemäß der geschlechtlichen Arbeitsteilung wählen, d.h. statushohe Rollen eher von Männern und statusniedrige Rollen eher von Frauen eingenommen werden (vgl. Alfermann 1996: 79).

Die *Geschlechtsrollen-Selbstcharakterisierung* des Bewusstseinssystems anhand von Attributen ist die Ausdifferenzierung der *sachlichen* Dimension der Kontingenzformel Geschlechtsrollenidentität. Der Umgang mit der eigenen Selbstreferenz/Fremdreferenz wird anhand von Attributen geregelt. Mit den Eigenschaften, die sich das Bewusstseinssystem selbst zuschreibt, beschreibt es die Art und Weise, wie es seine Bewusstseinszustände entweder sich oder seiner Umwelt zuschreibt und auf welche Weise es dabei die Grenze zwischen sich und seiner Umwelt kreuzt. Hier zeigen sozialpsychologische Forschungsergebnisse, dass es geschlechtstypische Unterschiede gibt, da sich Jungen und Männer mit eher instrumentellen, Mädchen und Frauen sich entsprechend eher mit expressiven Eigenschaften beschreiben. Nach Mash/Myers lassen sich spezifische Attribute als maskulin und feminin unterscheiden (zit. in Bierhoff-Alfermann 1989: 193f.). Sie werden in Anlehnung an Parsons (1955) als instrumentelle oder expressive Attribute bezeichnet. Als spezifisch instrumentelle Attribute gelten: 1. rational, quantitativ, mathematisch orientiert; 2. zielgerichtet, erfolgs- und leistungsorientiert; 3. aggressiv, dominant, kontrollierend; 4. selbständig, autonom, unabhängig; 5. wettbewerbsorientiert, durchsetzungsfähig; 6. hart, vulgär, unsensibel; 7. körperlich, athletisch orientiert. Spezifisch expressive Eigenschaften dagegen sind: 1. emotional ängstlich, weint leicht; 2. abhängig, nachgiebig, unterordnend, passiv; 3. fürsorglich; 4. traditionell, konventionell; 5. einfühlend, sensibel für Bedürfnisse anderer; 6. romantisch, liebesorientiert; 7. verbal ausdrucksfähig, sprachlich orientiert.

Die drei sinndimensionalen Aspekte der Kontingenzformel stehen unter Kombinationszwang, was in der „reflexive[n] Selbstthematisierung" des Systems als „Konsistenz der Anschlüsse vor dem Hintergrund der ‚Identität der

---

39   Wir nehmen dieses Thema in Abschnitt 3.3 wieder auf.

Persönlichkeit'" durch die „inhaltliche Ausformung der Selbstidentifikation" in Orientierung an der „Zurechnung auf die biographisch erinnerte Einheit eines Ich" oder auf die innerhalb einer spezifischen Kommunikationssituation vermittels einer sozialen Rolle an das Ich herangetragene Teilidentität gewährleistet wird (Luhmann 1975b: 98). Zur sachlichen Dimension der Geschlechtsrollenidentität, zur Selbstcharakterisierung, ist der Forschungsstand am umfangreichsten (vgl. Sievering/Alfermann 1992: 6). Die vorliegenden Studien unterscheiden die herangezogenen Attribute (traits) nach ihrem instrumentellen und expressiven Charakter und bilden aus deren Kombination verschiedene Kategorien. Sie gehen damit über eine typisch maskuline (= wenige expressive, viele instrumentelle Eigenschaften) und typisch feminine (= wenige instrumentelle, viele expressive Eigenschaften) Selbstcharakterisierung hinaus. Bierhoff-Alfermann (1989) unterscheidet vier Kategorien: „Maskuline, Feminine, Androgyne und Undifferenzierte, und dies unabhängig vom biologischen Geschlecht" (Bierhoff-Alfermann 1989: 19). Im Unterschied zu Maskulinen, die zum überwiegenden Teil instrumentelle, und im Unterschied zu Femininen, die zum überwiegenden Teil expressive Eigenschaften besitzen, zeichnen sich Androgyne und Undifferenzierte dadurch aus, dass sie sowohl instrumentelle als auch expressive Eigenschaften besitzen, wobei bei Androgynen beide Eigenschaftssorten in hohem, bei Undifferenzierten in nur geringem Maße zu finden sind. Maskulinität und Feminität können somit nicht als „zwei entgegengesetzte Pole einer einzigen Dimension", sondern müssen als jeweils eigenständige Größen verstanden werden (Bierhoff-Alfermann 1989: 19).[40] „Maskulinität bedeutet dann nicht mehr automatisch den Ausschluss von Feminität und umgekehrt, sondern es ist durchaus möglich, dass sowohl Maskulinität wie Feminität von ein- und derselben Person realisiert werden" (Bierhoff-Alfermann 1989: 19). Die Erklärungskraft dieser Kategorienbildung hinsichtlich der Gesamtstruktur von Bewusstseinssystemen ist jedoch begrenzt, da die empirischen Untersuchungsergebnisse weder signifikante Korrelationen zwischen der Geschlechtsrollen-Selbstcharakterisierung und der Geschlechtsrollen-Orientierung, noch zwischen der Geschlechtsrollen-Selbstcharakterisierung und der Geschlechtsrollen-Übernahme feststellen konnten (vgl. Sieverding/Alfermann 1992: 10). Dagegen lassen sich signifikante Korrelationen

---

40 Neben diesem *additiven Modell* von Androgynie lassen sich zwei weitere Androgyniemodelle benennen (vgl. Bierhoff-Alfermann 1989: 66). Das *balancierte Modell* schreibt Androgynie neben Maskulinität und Feminität eine eigene Qualität zu, die nicht lediglich aus maskulinen und femininen Eigenschaften zusammengesetzt ist. Das *Kombinationsmodell* stellt die Anteile an Maskulinität und Feminität in den Vordergrund und geht davon aus, dass diese für das Verhalten der Personen maßgeblich sind.

zwischen der *biologische* Geschlechtszugehörigkeit und der Geschlechts-rollen-Orientierung (vgl. Alfermann 1996: 52), als auch der biologischen Geschlechtszugehörigkeit und der Geschlechtsrollen-Übernahme feststellen (vgl. Bierhoff-Alfermann 1989: 125). Damit wird deutlich, dass der Bezug auf den eigenen *Geschlechtskörper* entscheidend ist, denn in Orientierung an ihm versteht sich das Bewusstsein als männlich oder weiblich – und nimmt damit für sich in Anspruch, was es der gesellschaftlichen Semantik nach bedeutet, männlich oder weiblich zu sein. Das hat Folgen für das Verständnis des Begriffs von der Kontingenzformel Geschlechtsrollenidentität. Diese muss als *psychische Repräsentanz des Geschlechtskörpers im Bewusstsein* verstanden werden. Damit kommt es also auf den Bedeutungsgehalt an, der mit dem männlichen und weiblichen, also stets sinnhaft angeeigneten Körper verknüpft ist.

Auch die Entwicklungspsychologie verweist auf den Prozess der sukzessiven Aneignung der Geschlechtsrollenidentität in Orientierung am Geschlechtskörper. Sie zeigt, dass ein Kind zwar bereits im Alter von ca. drei Jahren weiß, ob es ein Junge oder ein Mädchen ist (vgl. Kohlberg 1974) – was bedeutet, dass es sich von der Kommunikation als eine männliche oder weibliche Person beobachtet weiß und die damit verbundenen Erwartungen kennt. Interessanterweise macht es dieses Wissen jedoch nicht, wie Freud meinte, an genitalen Unterschieden fest (Stichworte: Penisneid und Kastrationsangst), sondern am *Erscheinungsbild* und den *Tätigkeiten* signifikanter Personen im Sinne Meads. Erst mit 6 bis 7 Jahren – je nach kognitivem Entwicklungsstand – rekurriert es auf den biologischen Unterschied und begreift die eigene Geschlechtszugehörigkeit als eine konstante, an den eigenen Geschlechtskörper gebundene Größe. Jetzt weiß das Kind, dass es als Junge einmal ein Mann und als Mädchen einmal eine Frau sein wird. Ab diesem Zeitpunkt erst lässt sich zugleich beobachten, dass seine Rigidität hinsichtlich des Verständnisses von Männlichkeit und Weiblichkeit nachlässt und es rollendiskrepantes Verhalten eher als zuvor gestattet, denn nun verlässt es sich auf seinen Geschlechtskörper als unhintergehbaren Identitätsgaranten (vgl. Huston 1983: 407). Ab jetzt kann es solche Geschlechtsrollen-Übernahmen wagen, die von seiner Vorstellung von sich als Junge oder Mädchen (Geschlechtsrollen-Orientierung) vielleicht sogar abweichen. Es hat sich eine abstraktere Vorstellung von der eigenen Geschlechtlichkeit herausgebildet, die es vermag, Geschlechtsrollen-Orientierung und Geschlechtsrollen-Übernahme auch im Falle diskrepanter Abweichung mehr oder weniger auf einen gemeinsamen Nenner zu bringen.

An dieser Stelle bietet sich eine kurze Diskussion darüber an, ob die Trennung der Begriffe Geschlechtsrollenidentität (als die Kontingenzformel) und biologischer Geschlechtszugehörigkeit *bezogen auf die Struktur des Bewusstseinssystems* sinnvoll wäre. Ihre Absicht besteht ganz im Sinne der poststrukturalistisch diskutierten Unterscheidung von sex und gender (vgl. Butler 1991) darin, dem Begriff vom „Geschlechtscharakter" (vgl. Hausen 1986), der sich in der Anthropologie des 18. und 19. Jahrhunderts in der Annahme ausdrückt, dass der geschlechtlichen psychischen Struktur eine spezifische geschlechtliche Physiognomie zugrunde liegt (vgl. Honnegger 1991), etwas entgegenzusetzen: Dem geschlechtlichen Körper ‚entspringt', so wird entgegen gehalten, kein in diesem bereits keimhaft angelegter entsprechend femininer oder maskuliner ‚Geist'. Auch die Systemtheorie geht von der stets sinnhaft angeeigneten ‚Außenwelt' aus bzw. von der (Re)Konstruktion der Außenwelt durch ein durch sie irritiertes System, das daraufhin die Außenwelt, die sie beobachtet, erst erzeugt. Das gilt natürlich auch für den Geschlechtskörper, auf den sich das Bewusstseinssystem *sinnhaft* bezieht (wie in Kapitel 1 ausgeführt). Dennoch sind wir der Ansicht, dass die *gesellschaftliche Bedeutung des Geschlechtskörpers* für das Bewusstsein als identitätsstiftender Bezugspunkt fungiert – und zwar auch im Falle seiner Ablehnung, wie bei Transsexualität. Da nämlich die Sozialisation des Bewusstseinssystems durch seine Teilnahme an Kommunikation verläuft, sieht sich das Bewusstsein als eine geschlechtliche Person mit geschlechtsspezifisch formulierten Erwartungen konfrontiert. Die Folge ist, dass eine (‚normale') psychische Aneignung der eigenen Geschlechtlichkeit zwar sukzessive verläuft, Geschlechtsrollenidentität und das Wissen um die eigene biologische Geschlechtszugehörigkeit am Ende dieses Entwicklungsprozesses jedoch miteinander ‚verschmolzen' sind – und in der Geschlechtsrollenidentität ‚aufgehen'. Ein Blick auf das strukturelle Kopplungsverhältnis von Bewusstseins- und Kommunikationssystem unterstützt diese Vermutung, denn auch die Kommunikation identifiziert biologische Geschlechtszugehörigkeit (sex) und Geschlechtsrollenidentität (gender) miteinander: Einer als Mann oder Frau angesprochenen Person wird nicht nur ein bestimmter Geschlechtskörper sondern zugleich auch immer eine bestimmte, nämlich die ‚passende' Geschlechtsrollenidentität unterstellt. Diese Identifikation gilt für das Bewusstseinssystem auch dann, wenn es sich nicht eindeutig oder sogar ‚invers' die Eigenschaften zuschreibt, die seinem Geschlechtskörper entsprächen: Butch und Tunte wissen natürlich, dass sie einen weiblichen bzw. männlichen Körper haben, auch wenn sich die Kommunikation durch ihre Darstellungen möglicherweise in die Irre führen lässt, und sie wissen auch, dass sie sich geschlechtsrollendiskrepant verhalten.

Die signifikanten Zusammenhänge von biologischer Geschlechtszugehörigkeit mit der Geschlechtsrollen-Orientierung und der Geschlechtsrollen-

Übernahme verweisen darauf, dass die biologische Geschlechtszugehörigkeit dem Bewusstseinssystem in Form der Geschlechtsrollenidentität als stabiler Bezugspunkt dient, dass es seine eigenen Möglichkeiten in Bezug auf geschlechtlich definierte biographischen Vorstellungen und entsprechende Rollenübernahmen definiert. Es genügt also nicht, Geschlechtsrollenidentität lediglich an traits festzumachen. Vielmehr wird deutlich, dass eine mehrdimensionale Analyse, wie sie durch den Kontingenzformelbegriff angezeigt wird, erforderlich ist.

Untermauern lässt sich diese Vermutung durch das Ergebnis einer Studie von Sieverding (1990), die sich mit den psychischen Barrieren in der beruflichen Entwicklung von Medizinerinnen beschäftigt. Sie zeigt auf, welche Schwierigkeiten mit einer in zeitlicher, sachlicher und sozialer Hinsicht *divergierenden* Kontingenzformel verknüpft sein können. So haben psychische Barrieren bei Frauen in typischen Männerberufen ihren Hintergrund oftmals vor der Tatsache, dass „[d]ie häufig stattfindende Gleichsetzung von Instrumentalität mit Männlichkeit ... beruflich ehrgeizige Frauen in eine Double-Bind-Situation [bringt; CW]. Sie können nicht gleichzeitig die Erwartungen erfüllen, die an eine beruflich engagierte Person [Geschlechtsrollen-Übernahme = sozial; CW] und an eine ideale Frau [Geschlechtsrollen-Orientierung = zeitlich; CW] gestellt werden" (Sieverding 1990: 64). Ausgehend von dem Tatbestand, dass in der Bundesrepublik jede dritte Ärztin ihren Beruf nicht ausübt (vgl. Sieverding 1990: 79), verweist Sieverding auf Forschungsergebnisse, die zeigen, dass z.B. amerikanische Medizinstudentinnen eine (zukünftige) medizinische Karriere und ihre Weiblichkeit als einander ausschließend erleben.[41] Weiterhin zeigt die vorliegende Forschung, dass aggressive Frauen als besonders unbeliebt gelten, wenn es um die Beurteilung von geschlechtsrollendiskrepantem Verhalten geht (vgl. Sieverding 1990: 66) – was karrierehemmend wirken kann. Gelingt es dem Bewusstseinssystem nicht, diese widersprüchlichen Anforderungen in eine konsistente Geschlechtsrollenidentität zu integrieren, kann es zum Verlust von Systemrationalität, d.h. zu Orientierungsproblemen des Systems kommen. Die Befragung von Medizinstudierenden am Anfang und am Ende ihres Studiums macht dies deutlich. So äußern Studienanfängerinnen häufiger als Studienanfänger den Wunsch, Karriere zu machen, während sie dies am Ende ihres Studiums genau umgekehrt tun (vgl. Sieverding 1990: 109f.; 145). Entsprechend beschreiben sich Studienanfängerinnen eher

---

41   Was seinen realen Hintergrund darin hat, dass „jungen Männern bei ihrer Idealfrau die Eigenschaften 'feminin' und 'weiblich' signifikant wichtiger sind als Frauen die Eigenschaften 'maskulin' und 'männlich' bei ihrem Idealmann" (Sieverding 1990: 65).

mit instrumentellen, ältere Studentinnen oder PJlerinnen dagegen vermehrt mit expressiven Eigenschaften – und dies, obwohl die älteren Studentinnen sich kurz vor der Übernahme der Ärztinnen-Rolle befinden, PJlerinnen bereits den ersten Schritt bei der Übernahme der Ärztinnen-Rolle vorgenommen haben. Zugleich halten sie instrumentelle Eigenschaften für besonders karrierefördelich (Sieverding 1990: 158ff.).[42] Sie stehen also vor der Übernahme einer, in ihren Augen, besonders männlichen Rolle und schreiben sich Eigenschaften zu, die als besonders weiblich gelten. „Dieses Ergebnis war nicht vorherzusehen. Denkbar wäre nämlich auch gewesen, dass durch die Betonung instrumenteller Eigenschaften (im Vergleich zu expressiven) in der medizinischen Sozialisation die Studentinnen am Ende des Studiums im Vergleich zum Anfang instrumenteller (geworden) wären" (Sieverding 1990: 169). Solche Probleme kennen die Studienanfängerinnen noch nicht: Ihre Selbstbeschreibung anhand von Attributen findet in einer Situation statt, in der sie noch nicht mit einer faktischen Rollenübernahme konfrontiert sind.

Nun könnte als Ursache für dieses Ergebnis angenommen werden, dass ältere Studentinnen eine konservativere Geschlechtsrollen-Orientierung besitzen als die Studienanfängerinnen. Dies scheint allerdings nicht der Fall zu sein; zumindest ergibt dies eine Untersuchung der für das Weiblichkeitskonzept zentralen „Mutter-Kind-Ideologie", die nach den negativen Auswirkungen mütterlicher Berufstätigkeit fragt (Sieverding 1990: 173). Vielmehr lehnen Studentinnen am Ende des Studiums die traditionelle Frauenrolle (Hausfrau und Mutter) besonders ab (Sieverding 1990: 177). Insgesamt zeigt sich, dass „Studentinnen mit einer eher traditionellen Einstellung [zur Mutter-Kind-Ideologie; CW] ... nicht seltener eine berufliche Karriere an[streben; CW] und ... sich nicht weniger sicher [sind; CW], ihren Karrierewunsch verwirklichen zu können als Studentinnen, die die traditionellen Vorstellungen ablehnen" (Sieverding 1990: 178). Wo liegt also das Problem, wenn es sich hier nicht um einen Konflikt zwischen der Geschlechtsrollen-Orientierung und der Geschlechtsrollen-Übernahme handeln soll? Sieverding verweist an anderer Stelle darauf, dass selbst über die Mutter-Kind-Ideologie hinausweisende progressive Haltungen zur partnerschaftlichen Aufgabenverteilung in heterosexuellen Beziehungen eher „das gerade in jüngeren und gebildeteren Kreisen weit verbreitete Partnerschaftsideal in den Antworten reproduziert" (Sieverding 1990: 193), statt wirklich Auskunft über die eigene Geschlechtsrollen-Orientierung zu geben. Die Beobachtung faktischer Geschlechtsrollen-Übernahmen nach der Geburt eines Kindes zeigt nämlich, dass diese Geschlechtsrollen-Orientierung dann

---

42 Studenten beschreiben sich dagegen am Ende ihres Studiums als instrumenteller denn am Anfang ihres Studiums (Sieverding 1990: 158f.).

besonders traditionell ausgerichtet ist, und macht deutlich, wie schwierig es ist, solche widersprüchlichen sozialen Rollen in die Selbstbeschreibung zu integrieren. „Tatsächlich strebt nur noch eine Minderheit der Medizinerinnen, die bereits ein Kind bekommen haben, eine berufliche Karriere an" (Sieverding 1990: 193). Faktische Lebenssituation und Geschlechtsrollen-Selbstcharakterisierung stehen somit in engem Zusammenhang. Das wird auch an anderer Stelle deutlich, wo „Eltern kleiner Kinder sich stärker geschlechtstypisch schildern, Frauen sich also als femininer erleben, Männer als maskuliner, als dies bei Probanden in anderen Lebensphasen der Fall war" (Bierhoff-Alfermann 1989: 145f.). Vor allem „nichtberufstätige Frauen, insbesondere Mütter" weisen „signifikant niedrige Maskulinitätswerte" auf, niedriger „als berufstätige Frauen (inklusive berufstätige Mütter)" (Bierhoff-Alfermann 1989: 149). Hier ist der Zusammenhang von Selbstcharakterisierung und Rollenübernahme eindeutig. Dennoch ist Vorsicht geboten: Denn obwohl die älteren Studentinnen und PJlerinnen gerade dabei waren, eine typisch männliche Berufsrolle zu übernehmen, wiesen sie keine höheren, sondern niedrige Maskulinitätswerte auf. Somit kann der Zusammenhang zwischen der Geschlechtsrollen-Übernahme und der Geschlechtsrollen-Selbstcharakterisierung zwar einerseits so interpretiert werden, dass eine geschlechtsrollenkonforme Rollenübernahme eher zu einer geschlechtsrollenkonformen Selbstcharakterisierung führt. Doch bedeutet dies nicht umgekehrt, dass eine eher geschlechtsrollendiskrepante Rollenübernahme zugleich eine eher geschlechtsrollendiskrepante Selbstcharakterisierung provoziert. Vielmehr scheint es hier eine *Toleranzschwelle* für geschlechtsrollenüberschreitende Rollenübernahmen zu geben, die natürlich von Bewusstseinssystem zu Bewusstseinssystem verschieden ist, die aber die Übernahme geschlechtstypischer Rollen insgesamt begünstigt. *Diese Toleranzschwelle scheint uns mit dem semantischen Angebot an Selbstbeschreibungskonzepten, das eine Gesellschaft ‚ihren' Bewusstseinssystemen zur Verfügung stellt, zu variieren.*[43] Für die Studie von Sieverding wäre der Grund für die unterschiedliche Selbstbeschreibung der Studentinnen und angehenden Ärztinnen also darin zu sehen, dass die Rolle der Medizinstudentin im Unterschied zur Ärztinnenrolle nicht als geschlechtsrollendiskrepant gilt. Das bedeutet natürlich nicht, dass es nicht auch Frauen gibt, die erfolgreich eher typisch männliche Rollen übernehmen und die ihre Selbstbeschreibung entsprechend ausrichten. Doch ob und wie weit eine solche Selbstbeschreibung gelingen kann, hängt auch somit wesentlich von dem Zugriff des Bewusstseins auf das semantische Repertoire, die Geschlechterstereotype ab, das die Gesellschaft den Bewusstseinssystemen zur Selbstbeschreibung zur Verfügung

---

43   Diese These wird in Kapitel 4 und 5 weiter ausgeführt.

stellt. Da die Kontingenzformel, wie in Kapitel 2.1 gezeigt, selbst wieder eine Unterscheidung ist, ist sie selbst kontingent gefasst und erlaubt dem Bewusstseinssystem die Selbstnegation bzw. Modifizierung der Selbstbeschreibung. Notwendig wird diese zumeist dann, wenn sich Änderungen in der Gesellschaftsstruktur ergeben oder individuelle biographische Veränderungen auftreten, also die Anforderungen sozialer Rollen mit dem Selbstverständnis des Bewusstseinssystems kollidieren. Das heißt, dass die inhaltliche Füllung der Kontingenzformel als männliche bzw. weibliche Geschlechtsrollenidentität, an der sich die Selbstbeschreibung des Bewusstseinssystems orientiert, von jedem Bewusstseinssystem anders, doch *stets in enger Abstimmung mit dem semantischen Apparat der Gesellschaft* geschieht.

2.3 Die Selbstcharakterisierung des Bewusstseinssystems

Die Forschungsergebnisse zeigen, dass sich männliche Bewusstseine vor allem mit instrumentellen und weibliche Bewusstseine sich vor allem mit expressiven Attributen beschreiben. Bereits auf der Bebachtungsebene erster Ordnung lassen sich vergleichbare Unterschiede feststellen, nämlich z.B. hinsichtlich der emotionalen Besetzung sexuierter Dinge in der Umwelt, also solcher Dinge, mit denen sich typischerweise Jungen oder typischerweise Mädchen beschäftigen. So verweist Hannover (1992) im Zusammenhang von Geschlecht und Interesse an Technik darauf, „dass Mädchen nicht nur negativere evaluative Einstellungen haben als Jungen, sondern Naturwissenschaft und Technik auch subjektiv negativer erleben" (Hannover 1992: 37). Sie führt dies darauf zurück, „dass Mädchen seltener als Jungen ein alltägliches technisches Problem – wie z.B. die Reparatur eines Fahrrades oder das Verlegen eines Elektrokabels – schon einmal erfolgreich bewältigt haben, weil Kinder auch heute noch von den Eltern insbesondere für ‚geschlechtsrollentypische' Aktivitäten (sex-typed play and activities) verstärkt werden" (Hannover 1992: 38).[44] Das fängt bei der Spielzeugauswahl an und hört bei der Ermutigung zu grob- oder feinmotorischem Verhalten und der Raumaneignung durch Mannschaftsspiele oder Seilchenspringen auf (vgl. Alfermann 1996: 119f.). Die emotional besetzten „Haltungen" (Mead), die Mädchen und Jungen in der Folge zu ihrer Umwelt einnehmen, sind verschieden, denn typische Jungenspiele erfordern eher instrumentelle und typische Mädchenspiele erfordern eher expressive Einstellungen – je

---

44   Ein Besuch in einem beliebigen Kinderbekleidungsgeschäft bestätigt dies: Noch immer wird man beim Kauf eines z.B. Schlafanzuges für einen Säugling als erstes nach dem Geschlecht des Kindes gefragt und auf rosa und hellblaue Schlafanzüge verwiesen.

nach dem, ob man sich mit der Dampfmaschine einer Eisenbahn oder der neuen Frisur der Barbiepuppe beschäftigt. Dieselbe Haltung setzt sich gegenüber dem Erleben von Emotionen und gegenüber dem eigenen Körper fort. Dies resultiert u.a. aus der Erwartung, dass Jungen ihre Gefühlsregungen – außer Ärger – kontrollieren, wogegen Mädchen dazu ermutigt werden, ihre Gefühle – außer Ärger – zu zeigen (vgl. Brandstätter et al. 1992). Es setzt sich bei Jungen in der Pubertät als instrumentelle Haltung gegenüber dem eigenen Körper (genauer: dem Genitale) als leistungsfähiges (Befriedigungs-)Werkzeug weiter fort, während die Vorbilder für Mädchen ihnen eher Romantik und sexuelle Passivität nahe legen – was sich z.B. im signifikant verschiedenen Masturbationsverhalten von männlichen und weiblichen Jugendlichen deutlich ausdrückt (vgl. Alfermann 1996: 158).

Insgesamt lässt sich konstatieren, dass typisch weibliche bzw. typisch männliche Tätigkeitsfelder konstitutiv mit eher expressiven bzw. instrumentellen Haltungen verknüpft sind. Auf den daraus entstehenden Zusammenhang von maskuliner (instrumenteller) bzw. femininer (expressiver) Selbstbeschreibung (Reflexion auf die Einheit von Selbstreferenz/Fremdreferenz) und der chronischen Wiederholung geschlechtsrollentypischer Tätigkeiten verweist eine weitere Studie von Hannover (1997). Sie untersuchte das „Selbstwissen" von Jungen und Mädchen, die zuvor eine typisch feminine Tätigkeit, das Babywickeln, verrichtet hatten. Im Anschluss an die Tätigkeit sollten sie durch das schnelle Bedienen der Tasten eines Computers durch diesen angebotene instrumentelle und expressive Eigenschaften für sich selbst entweder befürworten oder ablehnen. Das Ergebnis lautet, dass nicht nur die Mädchen, sondern auch die Jungen im Anschluss an die verrichtete Tätigkeit mehr expressive als instrumentelle Adjektive zur Selbstbeschreibung benutzten (Hannover 1997: 71). Derselbe Versuch, bei dem nun eine typisch männliche Tätigkeit (Nagel in Holz einschlagen) zu verrichten war, führte zu den erwartbar ähnlichen Ergebnissen, nur dass sich die Jungen und Mädchen im Anschluss jetzt eher mit instrumentellen als mit expressiven Adjektiven beschrieben. Wenn sich also unter ‚normalen' alltäglichen Umständen, wie durch verschiedene Untersuchungen bestätigt, „Mädchen und Frauen häufiger mit expressiven und seltener mit instrumentellen Personeigenschaften beschreiben, so spricht dies dafür, dass für sie auf expressive Eigenschaften bezogenes Selbstwissen ... chronisch zugänglicher und auf instrumentelle Eigenschaften bezogenes Selbstwissen ... chronisch weniger zugänglich ist als für Jungen und Männer. Diese Geschlechtsunterschiede sollten ihrerseits darauf zurückführbar sein, dass Mädchen und Frauen über die Lebensspanne hinweg häufiger Aktivierungsquellen expressiven Selbstwissens und Jungen und Männer häufiger Aktivierungsquellen instrumentellen Selbstwissens ausgesetzt sind" (Hannover 1997: 62). Mädchen und Frauen sind somit durch die Anforderungen ihrer Tätigkeiten häufiger aufgefordert, eine expressive Haltung zu ihrer Umwelt einzunehmen, während dies für Jungen und Männer hinsichtlich instrumenteller Haltungen gilt.

Wir gehen nun im weiteren davon aus, *dass der Gebrauch expressiver und instrumenteller Attribute mit je spezifischen Beobachtungsstrukturen korreliert* (vgl. Kapitel 1), da *Expressivität und Instrumentalität als verschiedene Umgangsweisen des Bewusstseins mit der eigenen Systemkomplexität* verstanden werden können. Die in der Geschlechterforschung verwendete Unterscheidung von Expressivität und Instrumentalität ist der Systemtheorie Parsons entnommen, wo sie mit der Bestands- und der Zweckformel verknüpft und hinsichtlich der Geschlechterdifferenz auf die geschlechtliche Arbeitsteilung im Familiensystem bezogen wird. Die Kritik Luhmanns (1973: 143ff.) reformuliert den Parsonsschen Gegensatz von Bestandsformel und Zweckformel in einen „mehr graduellen Unterschied im Fassungsvermögen für Komplexität" (156). Das bedeutet, dass „[d]ie Zweckorientierung ... mithin stets voraussetzen [muss; CW], dass die durch sie nicht erfasste Komplexität der Welt außerhalb ihrer Reichweite des menschlichen Handelns – zum Beispiel in der Natur oder durch soziale Institutionen – schon geordnet ist. Demgegenüber ist die Bestandsformel eine Problemformel für im einzelnen nicht vorhersehbare System/Umwelt-Beziehungen, ist also auf äußerste Komplexität hin angelegt. [...] Sie setzt jedenfalls Komplexität nicht als schon reduziert voraus, sondern hält alles offen" (155f.). Anders ausgedrückt: Expressivität und Instrumentalität lassen sich als Bezeichnungen für unterschiedliche Umweltbeziehungen verstehen: *Expressivität lässt sich mit Erleben, Instrumentalität mit Handeln gleichsetzen*, wobei die *Bedingungen für den Gebrauch dieser Unterscheidung* durch das Bewusstseinssystem in Orientierung an der *Kontingenzformel Geschlechtsrollenidentität* zu finden sind.

Vor diesem Hintergrund lassen sich die in der Versuchsanordnung Hannovers von den Probanden eingenommenen Haltungen so interpretieren, dass durch sie vom Bewusstsein ein unterschiedlich asymmetrisierender Umgang mit der Einheit der Unterscheidung von Selbstreferenz/Fremdreferenz vorgenommen wird: Der instrumentelle ‚Haltungsstil' betont die *Selbstreferenz des Erlebens*, das System beobachtet sich also als handelnd, während der expressive ‚Haltungsstil' die *Fremdreferenz des Erlebens* betont und sich das System somit als erlebend beobachtet. Im ersten Fall erlebt das Bewusstseinssystem sein Erleben und nimmt dieses Selbsterleben als Motivation zu einer ‚handelnden Beobachtung', während es im zweiten Fall seine Umwelt erlebt und in dieser die Aufforderung zu einer ‚erlebenden Beobachtung' sieht. Es geht also letztlich um die Konstruktion von „Kausalannahmen" (Luhmann 1975a: 175): Sieht das System sich selbst als die Ursache seines Handelns oder verortet es diese in seiner Umwelt? Die Antwort auf diese Frage entscheidet das System selbst, da generell „[e]in Beobachter, der mit Hilfe diese Kausalschemas Kausalpläne ausarbeitet – sei es fürs Erleben, sei es fürs Handeln, sei es mit Bezug auf sich selbst, sei es mit Bezug auf andere -, ... dem Schema selbst keine Instruktion entnehmen" kann (Luhmann 2000: 22). Zwar geht es immer „um ein Zwei-Seiten-Verfahren – um die Wahl des Schemas (statt irgendwelcher anderer Unterscheidungen) und um die Spezifikation von bestimmten (und nicht anderen) Zusammenhängen" (Luhmann 2000: 23), doch auf welche Weise mit der Unterscheidung von Ursache/Wirkung umgegangen wird, d.h. was miteinander verknüpft wird und ob dieses oder jenes als Ursache bzw. Wirkung betrachtet wird, gibt das Schema nicht vor. Auch systemexterne Anhaltspunkte lassen sich dafür nicht finden: Die Welt selbst ist nicht kausal geordnet, egal in welcher Hinsicht, sie zeigt nicht an, ob etwas mit dem Ursache/Wirkung-Schema verknüpft wird und entweder instrumentelle oder expressive Verwendung findet. *Vielmehr handelt es sich um Konventionen.* Daher gilt: „Wenn man wissen will, wie Kausalpläne entworfen und gehandhabt werden, muss man Beobachter beobachten" (Luhmann 2000: 23). Beobachtet man also die Haltungen der Bewusstseinssystems zu ihrer Umwelt, lassen sich Rückschlüsse auf die Art der Ursache/Wirkungs-Verknüpfung ziehen. Es macht einen Unterschied, ob man Kausalpläne für das Erleben oder für das Handeln ausarbeitet: „Die Selbstreferenz ermöglicht eine Rückwendung zu vorherigen Ereignissen bzw. Handlungen und zeigt diese Möglichkeit laufend an ... Der endgültige Abschluss einer Handlung kann hingehalten werden ..." (Luhmann 1987a: 117). Für die fremdreferentielle Ausrichtung des Erlebens gilt dies in dem Maße nicht, hier findet die Handlung ihren Abschluss im Vollzug der Handlung selbst.

Vor dieser theoretischen Folie soll nun rekapituliert werden, wie die Probanden sich in der Versuchsanordnung in Hannovers Studie (1997) zu typisch männlichen und typisch weiblichen Tätigkeiten verhielten. Nach einer typisch männlichen Tätigkeit (Nagel einschlagen) beschrieben sie sich mit instrumentellen Eigenschaften, nach einer typisch weiblichen Tätigkeit (Baby wickeln) beschrieben sie sich mit expressiven Eigenschaften. Das lässt darauf schließen, dass die beiden Tätigkeiten von ihnen durch die gesellschaftliche Semantik hinsichtlich ihres Umgangs mit der Selbstreferenz/Fremdreferenz, nämlich handelnd und erlebend, unterschiedlich kategorisiert werden. Dabei drängt sich folgende Interpretation auf: Ob ich einen Nagel in Holz einschlage, hängt davon ab, was *ich* damit bezwecke – hier wird die Selbstreferenz des

Erlebens betont. Ob ich ein Baby wickele, hängt davon ab, ob *das Baby* saubere Windeln braucht oder nicht – hier wird die Fremdreferenz des Erlebens betont. Beim Nagel ins Holz Einschlagen ist die vollzogene Handlung lediglich Mittel zum Zweck – das Handeln bezieht sich auf das Erleben des Erlebens und eröffnet einen Horizont an Möglichkeiten, aus denen dann ein Mittel für den zu erreichenden Zweck ausgewählt wird. Beim Babywickeln hat sie ihren Zweck in sich selbst – das Handeln bezieht sich auf das Erleben der Umwelt, wobei das Erlebte als Faktum nicht zur Disposition steht. Der wesentliche Unterschied besteht somit im Umgang mit dem Kausalschema, da selbstreferentielles Erleben Mittel-Zweck-Beziehungen erst herstellt, während fremdreferentielles Erleben den Zweck schon vorgegeben findet.

Diese beiden Haltungsstile sind analog zu den beiden in der Sozialpsychologie unterschiedenen Erwartungstypen Handlungs-Ergebnis-Erwartung (expressiver Erwartungstyp) und Ergebnis-Folge-Erwartung (instrumenteller Erwartungstyp) gebaut: „Mit Handlungs-Ergebnis-Erwartungen werden subjektive Annahmen einer Person darüber bezeichnet, inwieweit sie glaubt, durch eine bestimmte Handlung in einer gegebenen Situation ein bestimmtes Ereignis (Verstärker) zu erreichen" (Krampen 1982: 24). Die Person ist also an einem Ereignis interessiert, das sich durch eine Handlung *direkt* herstellen lässt. Anders bei der Ergebnis-Folge-Erwartung: „Ergebnis-Folge-Erwartungen sind als Annahmen einer Person darüber definiert, dass als Folge des Handlungsergebnisses (S) weitere Ereignisse (Verstärker; S^+) auftreten" (Krampen 1982: 24). Dieser Erwartungstyp wird als „Instrumentalität" bezeichnet (Krampen 1982: 24). Der Person geht es *indirekt* um das zu erreichende Ziel (Verstärker), da ihm dieses als Mittel zur Erreichung eines darüber hinausweisenden Ziels dient – es spielt sozusagen, indem es bestimmte Kausalannahmen geltend macht, ‚über Bande'. Im Vergleich zeigt sich der zentrale Unterschied im Umgang mit der Einheit der Unterscheidung von Motiv und Zweck (vgl. Luhmann 1964: 100f.). Handlungs-Ergebnis-Erwartungen ziehen diese Unterscheidung zur Einheit zusammen, während Ergebnis-Folge-Erwartungen Motiv und Zweck entkoppeln.

Wenn Männer eher instrumentell (handelnd) und Frauen eher expressiv (erlebend) orientiert sind, weil sie mit eher instrumentell bzw. expressiv strukturierten Tätigkeitsbereichen konfrontiert sind, dann bedeutet das also auch einen Unterschied im Umgang mit Zweck und Mittel. Unterstützen lässt sich diese These z.B. in der signifikant unterschiedlichen, geschlechtstypischen Haltung Leistung gegenüber. Studien von Eccles und Sutherland/Veroff machen darauf aufmerksam (vgl. Alfermann 1996: 101f.), dass Männer und Frauen in leistungsorientierten Situationen trotz gleich hoher Leistungsmotivation dem selben

Leistungsbereich einen unterschiedlichen Bekräftigungswert einräumen. Frauen machen den Erfolg einer Handlung eher an dessen gewünschter Realisierung fest, während Männer das Ergebnis ihrer Handlung eher mit dem erzielten Ergebnis anderer vergleichen und sich mehr für den ,Wettkampf-Erfolg' und weniger für das Handlungsziel selbst interessieren. Das leistungsbezogene Handeln von Frauen ist somit eher *intrinsisch* motiviert, Mittel und Zweck fallen zusammen. Das Handeln von Männern folgt dagegen *extrinsischen* Motivationen, wobei Mittel und Zweck auseinanderfallen. Das führt dazu, „dass Frauen dazu neigen, die Qualität ihrer Leistung weniger als Männer am Wettkampferfolg und mehr als Männer an der Rückmeldung über die Güte der Leistung festzumachen" (Alfermann 1996: 100), während Männer ihre Leistung am indirekt erzielten Erfolg im Vergleich mit anderen messen. Weil dagegen bei Frauen eher der ,Weg das Ziel' ist, darum wählen sie „auch bei hoher Leistungsmotivation nicht leistungsorientierte Ziele ..., wenn dies ihren sozialen Bestrebungen (Geselligkeit, soziale Fürsorglichkeit) besser entspricht" (Alfermann 1996: 101).

Festhalten lässt sich also, dass *expressive Tätigkeiten mit erlebendem Umweltbezug und intrinsischer Motivation, instrumentelle Tätigkeiten mit handelndem Umweltbezug und extrinsischer Motivation* verknüpft sind. Anders ausgedrückt nehmen Männer idealtypischerweise ihre instrumentellen Handlungen auf der Basis des Erlebens ihres Erlebens vor – womit die Selbstreferenz des Erlebens (= Handeln) zentral ist. Frauen strukturieren ihr Erleben idealtypischerweise dagegen aufgrund des Erlebens ihrer Umwelt – womit die Fremdreferenz des Erlebens (= Erleben) zentral ist. Mit der von Rotter (1954; 1966) entwickelten Theorie der Kontrollüberzeugungen, die unter dem Namen „locus of control" berühmt wurde, lässt sich also sagen, dass Männer internal (Selbstreferenz des Erlebens), Frauen external (Fremdreferenz des Erlebens) orientiert sind bei dem, was sie zum Handeln motiviert. Rotters These lautet, „dass Bekräftigungen, die von externalen Ursachenfaktoren abhängig erscheinen, als nicht-kontrollierbar, Bekräftigungen dagegen, die von internalen Ursachenfaktoren abhängig erscheinen, als kontrollierbar erlebt werden" (Meyer 1982: 64f.). Ist, systemtheoretisch ausgedrückt, das Bewusstsein der Ansicht, den zum Handeln motivierenden Bekräftigungswert selbst selektiert zu haben (internal) oder geht es davon aus, dass er ihm durch Fremdselektion (external) vorgegeben ist (vgl. Luhmann 1981c: 72)? Rotter behauptet in seinem Konzept der Kontrollüberzeugungen, die Umwelt werde im Falle internaler Zurechnung als kontrollierbar, im Falle externalisierter Zurechnung als unkontrollierbar erlebt. Kritiker wandten jedoch ein, dass auch Ereignisse, die man in sich selbst verursacht sieht, als nichtkontrollierbar erlebt werden können, z.B. als Misserfolg bei einer Prüfung, Entbehrung von Freunden, körperliche Behinderung als Ursache, etc. (vgl. Meyer 1982: 66). Doch diese Kritik trifft unseres Erachtens nur indirekt den Kern im Schwachpunkt des Rotterschen Modells. Dieser selbst liegt vielmehr in der *undefinierten Einheit der Unterscheidung* von internal motiviertem und external motiviertem Erleben – also in einem fehlenden Kriterium, das angibt, *unter welchen Umständen* etwas internal oder external motivierend wirkt. Daraus ergeben sich *zwei Fragen*: 1. Durch was wird das Kreuzen der Grenze von Selbstreferenz/Fremdreferenz, d.h. die Asymmetrisierung von internal/external konditioniert? 2. Wird die Unterscheidung auf dem Selbstreferenzniveau, auf dem das Bewusstseinssystem anhand Selbstreferenz/Fremdreferenz zwischen sich und seiner Umwelt unterscheidet, lediglich verwendet oder wird auch auf sie reflektiert?

Diese zweite Frage scheint uns vor allem deshalb von Interesse zu sein, weil die Forschung zum „locus of control" hinsichtlich geschlechtstypischer Handhabungen empirisch ohne signifikantes Ergebnis ist (vgl. in Krampen 1982: 136f.; Nentwig/Heinen 1982: 192). Obwohl typisch weibliches, expressives Handeln external an der Umwelt orientiert ist und typisch männliches, instrumentelles Handeln internal an sich selbst orientiert ist, konnten die Forschungen zum „locus of control" keine signifikanten Unterschiede im geschlechtstypischen Verhalten beobachten.[45] Wir vermuten, dass die Ursache für diese Erstaunlichkeit in der *selbstbestimmten* Auswahl expressiver Tätigkeitsbereiche durch Mädchen und Frauen liegt – weshalb zwischen der Selbstreferenzebene unterschieden werden muss, auf der das Bewusstseinssystem einen Bewusstseinszustand lediglich beobachtet, und der, auf der das Bewusstseinssysteme auf die Einheit der Unterscheidung von Selbstreferenz/Fremdreferenz reflektiert.

Doch kommen wir zuerst zur *ersten Frage*, bei der es darum geht *unter welchen Umständen* etwas internal oder external motivierend wirkt. Hierbei lohnt sich ein Blick auf die Überlegungen von Heider (1958). Heider kombiniert die Rottersche Unterscheidung von internal/external mit dem Schematismus von konstant/variabel und fügt damit dem sachlichen einen zeitlichen Schematismus hinzu. Während der Schematismus internal/external lediglich angibt, ob die Motivation innerhalb oder außerhalb des eigenen Bewusstseins

---

45   Auf andere Personengruppen passt die Kategorisierung nach internal und external orientierten Kontrollüberzeugungen dagegen, denn es lässt sich bezogen auf Schichtunterschiede (und Rassenunterschiede in den USA) zeigen, dass Arbeiter (und Schwarze) eher external und Personen mit bürgerlichem Hintergrund (und Weiße) eher internal orientiert sind (vgl. z.B. Lefcourt/Ladwig 1965).

verortet wird, „fühlt sich [der Handelnde; CW] durch das, was er als konstant annimmt, konditioniert", und geht im Moment einer Erwartungsenttäuschung von nicht änderbaren Faktoren aus (Luhmann 1981d: 84). Damit werden vier Ursachenklassen für die Bezeichnung von Handlungserfolg unterscheidbar: 1. Fähigkeit (internal/konstant), 2. Anstrengung (internal/variabel), 3. Schwierigkeit (external/konstant), 4. Zufall (external/variabel). Erst die Ergänzung von internal/external mit konstant/variabel macht es dem Bewusstsein also möglich, seine Zurechnung auf etwas zurückzuführen: auf seine Fähigkeit, seine Anstrengung, die Schwierigkeit der Aufgabe oder den zufälligen Umständen.

Bezogen auf die Geschlechterdifferenz lässt sich leicht zeigen, dass sich Männer und Frauen am treffendsten durch die Attribute Durchsetzungsfähigkeit und Fürsorglichkeit charakterisiert sehen (vgl. Alfermann 1996: 165): Männern geben als Ursache ihres Handelns eher Durchsetzungsfähigkeit und Frauen eher Fürsorglichkeit an. Es handelt sich bei ihnen jedoch um Attribute, die der Einführung eines weiteren Schematismus bedürfen, da sie sich auf *soziale Beziehungen* beziehen. Dieser Schematismus ist Ego/Alter (vgl. auch Weiner 1980), womit nun der soziale Schematismus die bereits vorhandenen *sachlichen und zeitlichen Schematismen komplettiert.* Mit Hilfe von Ego/Alter kann das Bewusstseinssystem „dann gleichsam wechselweise Position als Ego/als Alter einnehmen, kann die Führung ... [seines; CW] Erlebens und Handelns je nach den Umständen mehr im Egosein oder mehr im Altersein finden, ohne bei diesem Hin und Her ... [seine; CW] Identität zu verlieren" (Luhmann 1975b: 97f). Bezogen auf die typische Selbstbeschreibung von männlichen und weiblichen Bewusstseinssystemen und den damit verbundenen Unterschieden lässt sich konstatieren: *Wer sich als durchsetzungsfähig beschreibt,* strukturiert seine Umweltbeziehung in Kombination der sachlichen, zeitlichen und sozialen Schematismen als Ego/internal/konstant. *Wer sich faktisch durchsetzt, gebraucht dieselbe Schematismenkombination.* In beiden Fällen – obwohl es sich um zwei verschiedene Selbstreferenzebenen handelt – gilt als Orientierung des Handelns das Erleben des eigenen Erlebens, das als Maßstab für das eigene und das Verhalten von Alter vorausgesetzt wird. Dagegen gilt: *Wer sich als fürsorglich beschreibt,* setzt sich unter Gebrauch der Schematismenkombination Ego/internal/variabel ins Verhältnis zu sich und seiner Umwelt. Dagegen gilt, dass, *wer faktisch fürsorglich ist,* sein Erleben mit der Schematismenkombination Alter/external/variabel strukturiert und an ihr sein Handeln ausrichtet. *Beim* Fürsorglich-sein wird also eine anderen Schematismenkombination *verwendet,* als wenn man sich als Fürsorglich *beschreibt.* Fazit: *Zwei verschiedene Selbstreferenzebenen gebrauchen jeweils verschiedene Schematismenkombinationen.*

Damit wird die oben gestellte *zweite Frage* nach dem Selbstreferenzniveau, d.h. der Beobachtungsebene, tangiert. Denn wie gezeigt, ist die Kontingenzformel Geschlechtsrollenidentität für die Selbstattribuierung in weit höherem Maße von Relevanz, während sie auf der Beobachtungsebene erster Ordnung von den faktisch durchgeführten Tätigkeiten abhängt. Das Kreuzen der Grenze von Selbstreferenz/Fremdreferenz durch eine internale oder externale Asymmetrisierung der Unterscheidung wird also durch die Selbstattribution in Orientierung an der Geschlechtsrollenidentität vorgenommen. Somit ist entscheidend auf welcher Selbstreferenzebene beobachtet wird: Der *Gebrauch* von Selbstreferenz/Fremdreferenz verwendet Alter/*external*/variabel, die *Reflexion* auf den Gebrauch und damit auf die Einheit der Unterscheidung von Selbstreferenz/Fremdreferenz verwendet Ego/*internal*/variabel. Das liegt daran, dass im Moment der Selbstattribuierung die Einheit der eigenen Selbstreferenz/Fremdreferenz ins Zentrum rückt und mit Hilfe von Attributen und mit Blick auf die eigene Identität (= Kontingenzformel Geschlechtsrollenidentität) bezeichnet wird. Das eigene ‚Ich' wird sichtbar und näher bezeichnet. Während der Tätigkeit jedoch befindet sich das fürsorgliche Bewusstseinssystem auf einer Beobachtungsebene, die nicht das eigene Erleben, sondern das Erleben der Umwelt hervorhebt:[46] Das Bewusstsein erlebt die Bedürfnisse von Alter und orientiert sein Handeln an diesem Erleben. Das Attribut Durchsetzungsfähigkeit dagegen basiert sowohl im Vollzug als auch in der Reflexion auf derselben Schematismenkombination Ego/internal/konstant.[47] Wer sich durchsetzen will, muss sich an seinen Zielen orientieren, das Erleben seines Erlebens konfrontiert ihn auch während der Tätigkeit mit selbsterzeugter und zu reduzierender Komplexität. Wer sich selbst als durchsetzungsfähig beschreibt, wählt ebenfalls eine Möglichkeit aus anderen Möglichkeiten aus – weshalb die Schematismenkombination gleich bleibt.

---

46 Was natürlich nicht heißen soll, dass es nicht auch zwischendurch beobachten kann, wie es beobachtet.

47 Berücksichtigt man das Ergebnis der vorgestellten Studie von Hannover (1997), dann passt dazu, dass Mädchen in ihr Denken stärker den Kontext einbeziehen als Jungen, die eher allgemeiner und abstrakter denken (vgl. Bettge 1992: 48). Vgl. auch die Studie von Gilligan, die zeigt, dass auch Moralvorstellungen geschlechtstypisch sind: Männer verwenden eher universelle Maßstabe, Frauen orientieren sich in ihrem Urteil eher an den Anforderungen des konkreten Falls (vgl. dazu Lugt-Tappeser/Jünger 1994). Hier wird bereits deutlich, dass das, was als männlich gilt, durch ein höheres Maß an 'mit-sich-identisch-sein' charakterisiert ist, als das, was als weiblich gilt. Gesa Lindemann (1993) spricht hierbei von einem höheren Maß an „Person-sein" (vgl. dazu Abschnitt 5.2).

Interessant ist in diesem Zusammenhang die Studie von Stäudel (1993), die implizit ebenfalls zwischen der Beobachtungsebene erster und zweiter Ordnung unterscheidet und damit zeigt, dass die zur Selbstattribution verwendeten Schematismenkombinationen mit der Selbstreferenzebene variieren können. Einmal untersucht sie, systemtheoretisch ausgedrückt, den Gebrauch von Selbstreferenz/Fremdreferenz von Männern und Frauen während einer *Aktionssituation*, dann untersucht sie deren Selbstbeschreibung, also die Reflexion auf Selbstreferenz/Fremdreferenz, in Hinblick auf ihre *Gesamtpersönlichkeit*. Bezogen auf die Aktionssituation zeigt die Studie, „dass Männer und Frauen sich als Problemlöser gleichartig verhalten" (Stäudel 1993: 289). Im Experimentverlauf sollten Männer und Frauen gleichen Alters und vergleichbaren Bildungsgrades die Aufgabenstellung eines durch einen Computer gesteuertes Strategiespiel bewältigen: Es ging darum, 40 Jahre lang das Überleben eines Stammes in der Sahelzone zu sichern. Das Spielergebnis zeigt, dass die Qualität der Leistungen von Männern und Frauen gleich ist: „Bei beiden Geschlechtern gibt es gute Planungen, Vorgehensweisen und auch Fehler. Kein Geschlecht macht typische Fehler oder ist aufgrund seines Verhaltens eher der Gruppe der erfolglosen Problemlöser zuzuordnen. Dies gilt nicht nur unter normalen Bedingungen, sondern auch unter emotional stark belastenden Situationen, die üblicherweise den Denkprozess stark verändern" (Stäudel 1993: 289). Neben der Frage nach den tatsächlichen Leistungen von Männern und Frauen interessierte sich Stäudel in dem zweiten Teil ihrer Studie für die *subjektive Leistungseinschätzung* der beiden Geschlechtergruppen. Dazu forderte man die TeilnehmerInnen *während des Spiels* durch kurze Fragebögen in regelmäßigen Abständen auf, ihre Kompetenz und ihren Spielerfolg subjektiv einzuschätzen. Daneben beobachtete man sie, indem man ihr nonverbales Verhalten mit Video und ihre spontanen lautlichen Reaktion mit Tonband aufzeichnete und auswertete (vgl. Stäudel 1993: 288). Das Ergebnis lautet: „In all diesen Selbsteinschätzungen in der aktuellen Situation empfinden sich Männer wie Frauen als gleich kompetent und erfolgreich, betrachten das Problem als gleich wichtig und schwierig, und empfinden sich selbst in ähnlicher Weise emotional belastet" (Stäudel 1993: 289). Die Studie Stäudels kommt bis hierher somit zum gleichen Ergebnis wie die oben vorgestellte Studie von Hannover (1997), in welcher der Zusammenhang von Tätigkeit und zur Selbstattribution verwendeter Schematismenkombination – unabhängig vom Geschlecht der Person – deutlich wurde. Wie sieht nun im Gegensatz dazu die *Selbsteinschätzung der Gesamtpersönlichkeit* aus? Man hatte die TeilnehmerInnen einige Tage vor Experimentbeginn aufgefordert, eine generelle Selbsteinschätzung der eigenen Persönlichkeit anhand eines Persönlichkeitsfragebogens abzugeben. Dieses Ergebnis unterscheidet sich diametral von dem der Befragung während des Spielverlaufs: „Wenn die Geschlechtsunterschiede auch nicht in allen eingesetzten Fragebögen auftreten und nicht mehr so extrem sind wie in früheren Untersuchungen, so ergeben sich doch klare Unterschiede. Frauen sehen sich selbst im kognitiven Bereich eher als weniger kompetent, glauben sich in problematischen Situationen stärker emotional belastet und nennen eher inadäquate Stressverarbeitungsmechanismen" (Stäudel 1993: 291).

Die Untersuchung von Bettge (1992) macht den geschlechtstypischen Unterschied zwischen faktischer Leistungsfähigkeit und der Selbstbeschreibung der eigenen Leistungsfähigkeit noch deutlicher. Sie zeigt, dass Mädchen sich bis zur ca. 7. Schulklasse trotz gleicher Leistungen (Noten) in Mathematik die Lösung einer Aufgabe weniger stark zutrauen, während Jungen eher zu Selbstüberschätzung neigen – was dazu führt, dass ihr Interesse an der Wahl eines naturwissenschaftlich-technischen Berufes insgesamt eher gering ausfällt. Die SchülerInnen waren in einem Fragebogen mit mathematischen Textaufgaben konfrontiert worden und sollten sich auf die Frage hin „Für wie wahrscheinlich hältst Du es, dass Du diese Aufgabe lösen könntest?" auf einer fünfstufigen Skala einschätzen (vgl. Bettge 1992: 48). Trotz faktisch gleicher Schulleistungen wie die Jungen gingen die Mädchen davon aus, dass sie den Anforderungen an der Mathematikaufgabe nicht unbedingt gewachsen sind. Insgesamt, so zeigen weitere Forschungsergebnisse, neigen weibliche Personen dazu, den Erfolg einer geplanten Handlung je niedriger einschätzen, als desto geschlechtsrollendiskrepanter die Handlung gilt (vgl. Sieverding 1990: 77). Interessanterweise tun männliche Personen dies *nicht*, sie schätzen den Erfolg einer Handlung bei rollenkonformen und rollendiskrepanten Handlungen vielmehr ähnlich hoch ein (vgl. Sieverding 1990: 77). Die Ursache dafür liegt vermutlich im abstrakter gefassten männlichen Selbstbild, das, unter Verwendung der Schematismenkombination internal/konstant, nicht kontextuell, also spezifisch umweltbezogen definiert ist, sondern vorgibt, dass qua reflexivem Erleben *jedes* Problem in seine Mittel-Zweck-Struktur zerlegt und rekombiniert wird, während im typisch weiblichen Selbstbild die eigenen Fähigkeiten eher durch Umweltvorgaben beschränkt gesehen werden. Insgesamt bestätigt die Attributionsforschung, „dass männliche Personen stärker als weibliche Personen dazu neigen, ihre Leistung, egal wie gut oder schlecht sie ausfällt, auf ihre Fähigkeit zurückzuführen; und dass sie umgekehrt weniger auf Zufall attribuieren, ebenfalls unabhängig vom Ergebnis" (Alfermann 1996: 108).

Die aufgezeigten Unterschiede zwischen der verwendeten Beobachtungsstruktur auf der Ebene der Selbstbeschreibung und im Zuge der Auseinandersetzung im Tätigkeitsfeld legen es nahe, *die Kontingenzformel als Identitäts-*

aufhänger des Bewusstseinssystems auf der Beobachtungsebene zweiter Ordnung zu verorten. Sie tritt immer dann in Erscheinung, wenn das Bewusstsein sich selbst von seiner Umwelt unterscheidet, um sich als ‚Ganzes' zu betrachten. Das kann in einer sozialen Situation der Fall sein oder auch im Entscheidungsfindungsprozess z.B. hinsichtlich veränderter Rollenübernahmen. In solchen Fällen ‚wirkt' die Geschlechtersemantik am stärksten, lenkt sie die Haltung des Bewusstseinssystems zu sich und seiner Umwelt je nach femininer oder maskuliner Selbstbeschreibung in eine eher instrumentelle, handelnde oder expressive, erlebende Richtung, und steuert das Kommunikationsverhalten oder die Rollenauswahl auf geschlechtstypische Weise. Entsprechend lässt sich der Unterschied zwischen der Kontingenzformel als männlicher und weiblicher Geschlechtsrollenidentität in Form geschlechtstypischer binärer Schematismenkombinationen definieren: Die Struktur der *Kontingenzformel ‚männliche Geschlechtsrollenidentität'* basiert auf dem Gebrauch der *Schematismenkombination Ego/internal/konstant*. Dagegen lässt sich die Struktur der Kontingenzformel *‚weibliche Geschlechtsrollenidentität'* mit der *Schematismenkombination Ego/internal/variabel* fassen, während die durch die Kontingenzformel angeleiteten Tätigkeiten auf der Beobachtungsebene zweiter Ordnung durch die Schematismenkombination *Alter/external/variabel* strukturiert sind.[48]

---

48   Leider liegen mir hierzu keine eindeutigen empirischen Ergebnisse vor, so dass diese durch die Plausibilität der Ausführungen ersetzt werden müssen. Alfermann (1992: 309) lehnt es ab, internal/variabel für die weibliche Selbstattribution von Leistungen zu verwenden, bietet jedoch kein alternatives Schema an.

61

3. Die Geschlechterdifferenz in der Kommunikation

Die Systemtheorie Luhmanns unterscheidet das Bewusstseinssystem vom Kommunikationssystem und unterstellt beiden autonome Reproduktionsmodalitäten und Perspektiven. Das befremdet schon allein deshalb, weil ,wir als Bewusstseinssysteme' es ,gewohnt' sind, die Welt nur aus der Perspektive des einen Systemtyps zu sehen. Eine eigenständige Perspektive der Kommunikation anzunehmen fällt uns schwer, und tatsächlich wird es uns nie gelingen, diese ,wirklich' nachzuvollziehen. Systemtheoretische Analysen der Kommunikation von Funktionssystemen konzentrieren sich daher auf die in Texten schriftlich fixierte Semantik des jeweiligen Funktionssystems. Will man die ,Funktion' der Geschlechterdifferenz für die Kommunikation untersuchen, dann bietet sich die Suche nach typischen Unterschieden im Verstehen von männlichen und weiblichen Personen durch die Interaktionskommunikation in Form mikrosoziologischer und soziolinguistischer Studien an.

Luhmann fasst die Person als Form, d.h. als Mechanismus der strukturellen Kopplung von Bewusstsein und Kommunikation. Für die Kommunikation, genauer: für Interaktionssysteme, lässt sich der Personenbegriff in zweifacher Hinsicht definieren – und ist damit zugleich auf zwei verschiedenen Beobachtungsebenen der Kommunikation angesiedelt: Auf der Beobachtungsebene erster Ordnung dient die Person dem *Interaktionskommunikationsprozess* als *Adresse für Mitteilungen*, indem das Verstehen einer mitgeteilten Information der mitteilenden Person eine spezifische Mitteilungsabsicht unterstellt. Auf der Beobachtungsebene zweiter Ordnung, da, wo sich die Interaktionskommunikation als *Interaktionssystem* beobachtet, dient die Person dem Interaktionssystem als *Erwartungsbündel* und Mittel der Grenzziehung zwischen Innen und Außen.

Während Abschnitt 3.1 die Funktion der Person für den Kommunikationsprozess behandelt, konzentrieren sich die Abschnitte 3.2 und 3.3 auf die Frage, inwieweit die Geschlechterdifferenz im Interaktionsprozess und Interaktionssystem einen strukturellen Unterschied macht. Dabei zeigt Abschnitt 3.2, wie bei männlichen Personen die ,gleichgeschlechtliche Interaktionskommunikation' im Verstehen an die mitgeteilte Information vornehmlich als Mitteilung anschließt (selbstreferentielle Beobachtung), und wie sie bei weiblichen Personen den Informationsaspekt bevorzugt (fremdreferentielle Beobachtung). Das hat Folgen für die Struktur der Kommunikation, die ihren Umweltbezug in Abhängigkeit vom Geschlecht der Person organisiert, und die daher verschiedene symbolisch generalisierte Kommunikationsmedien verwendet. In Abschnitt 3.3 wenden wir uns vom Interaktions*prozess* ab und dem Interaktions*system* zu, womit das Verhältnis von Person und sozialer Rolle in den Vordergrund rückt. Deutlich wird, dass das Erwartungsbündel Person die Interpretation der sozialen Rolle in der Interaktion nicht unberührt lässt, d.h. soziale Rollen wie Personenformen geschlechtsspezifische Erwartungen bündeln.

Abschnitt 3.4 schließlich nimmt die Unterscheidung von Person und Rolle bei seiner Suche nach einer zeitgemäßen Definition der Geschlechtsrolle wieder auf. Hierzu sind die Ergebnisse der Geschlechterstereotypenforschung hilfreich. Geschlechterstereotype markieren nämlich nicht nur die Person, durch sie werden zugleich die qua Person gebündelten Erwartungen definiert.

Abschnitt 3.5 setzt sich als Exkurs kritisch mit Stefan Hirschauers Konzept vom „undoing gender" auseinander. Dabei interessiert uns Hirschauers Versuch, die Übernahme von typisch männlichen Rollen durch weibliche Personen und umgekehrt theoretisch zu fassen, ohne dabei die Annahme von der Existenz der Geschlechterdifferenz aufzugeben.

3.1 Die Person im Kommunikationsprozess

Wenn sich die Bewusstseinssysteme wechselseitig wahrnehmen, dann tun sie das, indem sie sich als Ego von Alter unterscheiden und dabei berücksichtigen, dass Alter dies als ein alter Ego ebenfalls tut. Darum gebraucht das verstehende Bewusstseinssystem den binären Schematismus Ego und Alter in zweifacher Weise: Einmal muss es sich selbst als ein System mit eigener Umwelt von dem in seiner eigenen Umwelt verorteten Alter unterscheiden, um sich nicht mit ihm zu verwechseln (vgl. Luhmann 1986c: 80f). Zugleich schreibt es Alter einen eigenen System- und Umweltbezug zu. So kann das verstehende Bewusstseinssystem sich „selbst als Moment in der Umwelt des verstehenden Systems erfahren" (Luhmann 1986c: 81). „Es versteht in seiner Umwelt ein anderes System aus dessen Umweltbezügen heraus" (Luhmann 1986c: 80). Das Verstehen von Alter setzt also voraus, dass das wahrnehmende Bewusstsein die System/Umwelt-Unterscheidung einmal auf sich selbst und einmal auf Alter bezieht, und auf diese Weise oszillierend verwendet, wobei sowohl der eigene als auch der andere Standort in den Blick kommen (vgl. Luhmann 1986c: 80). Das wahrnehmende Bewusstsein muss sich nun entscheiden, ob es seine Beobachtungen an seiner oder der Perspektive von Alter orientieren möchte – was natürlich nicht heißt, dass es diese Orientierung nicht wieder ändern könnte.

Dennoch gilt: „Die interne Beobachtung des Gedankens des Beobachtetwerdens kann diesen als Vorstellung nehmen und dann entweder die fremde Beobachtung oder den Eindruck, den sie auf das eigene Bewusstsein macht, bezeichnen. Man kann sich daraufhin entweder mit dem beschäftigen, was der fremde Beobachter meint; oder mit dem, was man selbst fühlt und in der eigenen Autopoiesis tun kann, wenn man sich beobachtet weiß. Diese Differenz wird typisch als fremde Erwartung verarbeitet, die man erfüllen oder enttäuschen kann" (Luhmann 1995g: 86). Schließt das Bewusstsein an das an, von dem es meint, was Alter von der Situation erwartet, verwendet es die Schematismenkombination Alter/external, da es sich an seiner Umwelt orientiert. Schließt es an das an, was es selbst erwartet, dann verwendet es die Schematismenkombination Ego/internal. Die Schematismen Ego/Alter und internal/external strukturieren die immer sinnhafte Wahrnehmung des Bewusstseins in dieser Situation reflexiver Wahrnehmung in sozialer und sachlicher Hinsicht. Für die zeitliche Hinsicht bedarf es eines weiteren Schematismus, den von konstant und variabel, der definiert, ob sich der Anschluss des Bewusstseins auf etwas konstantes, z.B. auf eigene Eigenschaften oder Eigenschaften von Alter, oder auf etwas variables, z.B. auf eigene Gedanken oder Handlungen von Alter, bezieht. Zugleich muss das Bewusstsein unterstellen, dass Alter als alter Ego ebenfalls seine System/Umwelt-Unterscheidung mit Hilfe einer binären Schematismenkombination asymmetrisiert. Derselbe Vorgang vollzieht sich im anderen Bewusstseinssystem, auch dieses asymmetrisiert seine System/Umwelt-Unterscheidung und geht davon aus, dass sein alter Ego dies ebenfalls vornimmt. Daraus entsteht ein hohes Maß an sozialer Komplexität und an Verhaltensunsicherheit – Luhmann (1987a) nennt das „doppelte doppelte Kontingenz" – das jedoch durch die körperlich ausgedrückte Haltung der beiden Bewusstseinssysteme zueinander bereits soweit strukturiert ist, dass Erwartungserwartungen greifen können. Somit behalten die „Schematismen der Interaktion" (Luhmann 1981d) bei und verstärken, „was in der Doppelung der Horizonte bereits angelegt war: die Möglichkeit von Zuwendung und Abwendung, von Verweilen und Unterbrechen, von Reden und Zuhören. Erst damit konstituieren sich in der Welt Gegenstände, in der Interaktion Themen, die als unabhängig vom eigenen Sinnvollzug und seiner Sequenzierung erfahren werden können. Nur so können mehrere Partner die Möglichkeit gewinnen, ihre Beiträge zu Themen zu koordinieren, wechselweise zu sprechen, Erleben und Handeln ineinander zu flechten und dabei ein Minimum an Verständigung als Voraussetzung weiteren Verhaltens zu unterstellen" (Luhmann 1981d: 91). Aus dieser strukturierten wechselseitigen Wahrnehmung, die bereits als Interpenetrationsverhältnis von Bewusstsein und Kommunikation besteht, entsteht „präkommunikative Sozialität"

(Kieserling 1999: 118), die somit nichts anderes ist als das Resultat der „Definition der Situation" im Sinne des Symbolischen Interaktionismus. „Unbekannte signalisieren sich wechselseitig zumindest einmal Hinweise auf die wichtigsten Verhaltensgrundlagen: Situationsdefinition, sozialer Status, Intentionen" (Luhmann 1987a: 184). Dies ermöglicht aufeinander abgestimmtes Verhalten, das noch nicht Kommunikation sein muss. Goffman (1994) fasst dies in folgende Worte: „Befindet sich ein Individuum erst einmal in der Gegenwart eines anderen, zeigen beide eine bewundernswerte Fähigkeit, ihre Aufmerksamkeit auf ein und dieselbe Sache zu richten, gleichzeitig wahrzunehmen, was sie gerade tun und außerdem zu registrieren, dass sie es wahrnehmen. In Verbindung mit ihrer Fähigkeit, sich die Abläufe der eigenen Handlungen gegenseitig anzuzeigen und die Reaktionen auf solches Anzeigen anderer blitzartig zu übermitteln, ist damit eine wesentliche Vorbedingung für etwas sehr Wichtiges geschaffen: die anhaltende, eng synchronisierte Koordinierung von Handlungen, sei es als ein Mittel zur Bewältigung eines gemeinsamen Problems oder sei es als ein Mittel zur Koordinierung nacheinander zu verrichtender, aber einander ähnelnder Aufgaben" (59).

Insgesamt zentral ist für die Strukturierung der sozialen Komplexität und die bei Einsetzen von Kommunikation notwendige Strukturierung der kommunikativen Anschlüsse, dass es sich im Moment der wechselseitigen Wahrnehmung um zwei Bewusstseine handelt, die einander als *Personen* begegnen. Ihre wechselseitige Wahrnehmung ist bereits unauflöslich mit Erwartungserwartungen verknüpft, die auf der Grundlage der in die Personenformen ‚implementierten' Schematismenkombinationen strukturiert sind. Aus dieser präkommunikativen Sozialität entsteht kommunikative Sozialität dadurch, dass irgendein Körperverhalten der wahrgenommenen Person dem wahrnehmenden Bewusstsein zum Anlass wird, dieses unter Berücksichtigung seines eigenen Personseins als Mitteilung einer Information zu verstehen. „Am Körper wird ... die Differenz von Information und Mitteilung interaktiv relevant" (Loenhoff 1999: 5), die als wiedereingeführte Unterscheidung von Bewusstsein und Kommunikation in die Kommunikation in der Person als Einheit symbolisiert wird (vgl. Abschnitt 1.2.). Die mitteilende Person erscheint *aus der Perspektive der inkludierten Bewusstseine* als eine körperliche Person, die sich kommunikativer Mitteilungsformen bedient,[49] um einen eigenen Gedanken mitzuteilen. Indem an eine solche Mitteilung Alters eine Mitteilung Egos folgt, kommt Kommunikation als ein autopoietischer und selbstreferentieller Prozess

---

49   Diese Mitteilungsformen sind Sprache, Gestik, Mimik, Kleidung, Gegenstände, also das, was bei Hirschauer (1989) „Darstellungsmittel" genannt wird.

in Gang. Aus dem Anschluss von Mitteilung an Mitteilung emergiert sozialer Sinn, der sich von der Intention der qua Form Person inkludierten Bewusstseinssysteme ablöst, sich verselbständigt. Die beobachtete Mitteilung bekommt durch ihren Bezug auf die vorgängige Mitteilung eine Eigenständigkeit und Unabhängigkeit von der ‚eigentlichen' Mitteilungsabsicht, so dass durch den Anschluss einer Mitteilung an eine Mitteilung „emergenter Sinn [entsteht; CW], der keiner Einzelhandlung ganz zugerechnet werden kann, umgekehrt aber Zurechenbarkeit des Handelns voraussetzt" (Luhmann 1981: 23). Die Kommunikation transformiert ‚aneinander gehängten' Körperverhaltensweisen in kommunikative Mitteilungen und erzeugt somit eine kommunikative Realität sui generis: Je nach dem, ob sich die anschließende Mitteilung auf die Seite der Mitteilung oder der Information der beobachteten Mitteilung bezieht, beobachtet die Kommunikation entweder sich selbst oder ihre Umwelt.[50] Beobachtet sie sich selbst, dann beobachtet sie sich als Mitteilung und die Einheit der Unterscheidung von Mitteilung/Information rückt in den Blick – und damit die mitteilende Person. Dies geschieht in der Regel in Form von Metakommunikation. Beobachtet sie dagegen die Information, dann sieht sie nur die fremdreferentielle Seite der Mitteilung, ihre Umwelt, ohne zu sehen, dass diese Umwelt nur durch ihre eigenen Selektionsleistungen, durch Mitteilungsselektionen, existiert. Es geht also um den Umgang der Kommunikation mit ihrer Selbstreferenz/Fremdreferenz, der im Rahmen der drei Sinndimensionen in sachlicher (Erleben oder Handeln), sozialer (Ego und Alter) und zeitlicher (konstant und variabel) Hinsicht strukturiert ist. In jedem Fall, ganz gleich, ob sich die Kommunikation als erlebend oder handelnd beobachtet, ob Ego oder Alter beobachtet werden, ein Objekt oder Ereignis, oder ob es um eine Eigenschaft oder eine

---

50 Mitteilungen beobachten einander mit Hilfe der Unterscheidung von Selbstreferenz/Fremdreferenz in Form der Unterscheidung von Mitteilung/Information. Hier macht sich bereits ein wichtiger Unterschied zwischen der Struktur des Kommunikationssystems und der des Bewusstseinssystems bemerkbar. Das Kommunikationssystem beobachtet seine Irritationen im Gegensatz zum Bewusstseinssystem bereits auf der E-bene der Genese seiner Elemente, indem es sie entweder sich selbst (Selbstreferenz) oder seiner Umwelt (Fremdreferenz) zurechnet. Im Gegensatz zum Bewusstseinssystem, das auf dieser Ebene wahrnimmt, als gehörte alles Wahrgenommene zu *einer* Welt, in der es selbst nicht vorkommt (vgl. Abschnitt 2.1), steht dem Kommunikationssystem die Unterscheidung von Selbstreferenz und Fremdreferenz ‚von Beginn an' zur Selbst- und Fremdbezeichnung zur Verfügung. Es unterscheidet immer schon zwischen sich und seiner Umwelt, wenn es Irritationen beobachtet. Kommunikation ist also ohne das bereits vollzogene re-entry der *operativen* Unterscheidung von System/Umwelt in das System als nun *beobachtungsleitende* Unterscheidung von Selbstreferenz/Fremdreferenz konstitutiv unmöglich.

Handlung geht – die andere Seite des jeweils gebrauchten Schematismus geht konstitutiv in die Beobachtung mit ein: kein Erleben ohne Handeln, kein Ego ohne Alter, keine Konstanz ohne Variabilität, und umgekehrt.

Obwohl sich Kommunikation durch den Bezug einer Mitteilung auf eine Mitteilung als selbstreferentielles, autopoietisches System konstituiert und ganz eigene Sinnzusammenhänge erzeugt, muss eine Mitteilung einer mitteilenden Person zugerechnet werden können. Denn Kommunikation ist nur dann möglich, wenn sie unterstellt, dass ‚hinter' der beobachteten Mitteilung eine mitteilende Person mit einer Mitteilungsabsicht existiert – und zwar ganz gleich, ob die Kommunikation sich als erlebend oder handelnd beobachtet. Durch Bezug auf die Person weist sich Kommunikation darauf hin, dass sie von psychischen Leistungen abhängt, die ihr deshalb fremd bleiben (vgl. Luhmann 1993e: 304), da sie niemals das Bewusstsein, sondern immer nur sich selbst als durch eine Mitteilungsabsicht motivierte mitgeteilte Information (= als Einheit von Mitteilung/Information) beobachtet. Die Person *in der Selbstbeobachtung der Kommunikation* lässt sich daher folgendermaßen festhalten: „Personen sind für sich selbst immer schon hoch aggregierte Selbstreferenzen. [...] *Das ‚selbst', um das es hier geht und auf das rückverwiesen wird, ist also nichts weiter als die Handlung, die ihren Sinn festgelegt hat und dabei sozusagen ertappt wird und dies mitberücksichtigt*" (Luhmann 1987a: 182f.; Hervorheb. CW).[51] ‚Ertappt' sich die Kommunikation als Handlung, dann beobachtet sie sich selbst – und damit die Person. Beobachtet sie dagegen die Information, blendet sie die Mitteilung als Handeln aus und bezieht sich auf eine scheinbar von ihr unabhängig existierende Umwelt. Die Beobachtung einer mitgeteilten Information als Information findet auf der Beobachtungsebene erster Ordnung statt, wo die Kommunikation ihre Umwelt beobachtet, wo sie erlebt. Die Beobachtung einer mitgeteilten Information als Mitteilung dagegen rückt beide Seiten der Unterscheidung hervor – und zwar in Hinblick auf ihre Einheit, also in Hinblick auf das Mitteilungsmotiv, d.h. die mitteilende Person. Solche Metakommunikation, durch Nicht-Verstehen oder Dissens motiviert, sieht, was die Kommunikation auf der Beobachtungsebene erster Ordnung nicht sieht: sich selbst als Mitteilung einer kontingenten Information, die einer durch eine Mitteilungsabsicht motivierten Person zugerechnet wird. Durch den Hinweis auf die Person ist somit nichts anderes ausgedrückt, als „dass die Handlung sich selbst in der Perspektive des alter Ego kontrolliert" (Luhmann 1987a: 183).

---

51 Die ‚Figur' Person antwortet, anders ausgedrückt, auf die Frage, „wie Kommunikation es schafft, nicht alles Verhalten als Mitteilung einer Information zu behandeln" (Fuchs 1997: 59, Fn. 3).

3.2 Die Geschlechterdifferenz im Kommunikationsprozess

Kommunikationsstrukturen zu beobachten, die Perspektive der Kommunikation einzunehmen um ihren Verlauf zu studieren, gestaltet sich vor allem dann als schwierig, wenn die Kommunikation, wie dies bei Interaktionssystemen der Fall ist, keine Texte produziert.[52] Wir sind also neben der Beobachtung von Themen und Beiträgen im Interaktionsprozess auf Wahrnehmungsergebnisse verwiesen, die der Kommunikation als präkommunikative Ereignisse selbst nicht zugänglich sind, wie z.B. das Körperverhalten der sich wechselseitig als Personen beobachtenden Bewusstseinssysteme. Erst von dort aus können wir auf die Struktur der Kommunikation selbst, also ihren Umgang mit der Unterscheidung von Information und Mitteilung im Verstehen, schließen. In diesem Abschnitt soll untersucht werden, ob die Kommunikation im Zusammenhang mit dem Geschlecht der Personen spezifische binäre Schematismen verwendet. Es geht um die Beobachtung des durch die geschlechtliche Person strukturierten Kommunikationsprozesses. Ein wesentlicher Aspekt dabei ist die Regelung der doppelten Kontingenz durch die Verwendung von Schematismenkombinationen, die klären, ob sich der Gegenstand der Mitteilung in der Umwelt der Kommunikation befindet und die mitteilende Person als erlebende beobachtet wird, oder ob er in Abhängigkeit von der Kommunikation, und damit die mitteilende Person entsprechend als handelnde, beobachtet wird. Anders ausgedrückt geht es um die Frage, ob sich die Kommunikation fremdreferentiell oder selbstreferentiell beobachtet. Beobachtet sie eine mitgeteilte Information als Mitteilung (fremdreferentiell) oder als Information (selbstreferentiell)? Und welchen Bezug gibt es dabei zur Geschlechterdifferenz?

Die These dieses Abschnitts lautet entsprechend, dass Kommunikation männliche und weibliche Personen unterschiedlich versteht und sich dazu nicht nur je nach dem vermehrt fremd- bzw. selbstreferentiell beobachtet, sondern spezifische Schematismenkombinationen zur Beobachtung gebraucht. In Kapitel 2 haben wir die männliche Geschlechtsrollenidentität bzw. die weibliche Geschlechtsrollenidentität als Kontingenzformel des Bewusstseinssystems verstanden, die als Identitätsaufhänger des Bewusstseins für seine Selbstbeschreibung die Funktion hat, dessen Umgang mit seiner Selbstreferenz/Fremdreferenz durch verschiedene binäre Schematismenkombinationen zu regeln. Hier, wo wir uns mit der Struktur von Kommunikation befassen, geht es ebenfalls um die Analyse solcher Schematismenkombinationen, die den Um-

---

52   Die Analyse von Organisations- oder Funktionssystemen gestaltet sich in dieser Hinsicht leichter.

gang des Kommunikationssystems mit seiner Selbstreferenz/Fremdreferenz regeln helfen. Dabei stützen wir uns auf die empirischen Studien der Soziolinguistik. Die feministische Forschung der 70er Jahre hatte das geschlechtstypische Sprachverhalten von Männern und Frauen noch eher intuitiv untersucht (vgl. Gräßel 1990). Heute lässt sich trotz der damals in methodologischer Hinsicht eher unbekümmerten Herangehensweise der in erster Linie politisch motivierten ersten Analysen konstatieren: „Erstaunlich ist ... die Tatsache, dass die aufsehenerregenden Thesen und Untersuchungsergebnisse der früheren Jahre nicht gänzlich unumstritten blieben, im großen und ganzen von den vielen mit Akribie ausgeführten Arbeiten jedoch nicht widerlegt wurden" (Schneyder 1997: 14). Entsprechend gilt auch weiterhin die These, dass sich „Frauen und Männer ... offenbar in vergleichbaren Gesprächssituationen (tendenziell bis deutlich) nicht in derselben Weise an der Sprache [orientieren; CW], um in Gesprächen zum Erfolg zu kommen" (Schneyder 1997: 171). Das lässt darauf schließen, dass sich Kommunikation in Abhängigkeit vom Geschlecht der mitteilenden Person, und damit auf je unterschiedliche Weise, beobachtet.

Welche Unterschiede es gibt, wird in der folgenden Schilderung eines Experiments deutlich, das gleichgeschlechtliche Interaktionen untersucht. Ausgehend von der These, dass männliche und weibliche Kinder und Jugendliche in gleichgeschlechtlichen Peergroups geschlechtstypisches Verhalten erlernen (vgl. Kotthoff 1992), nehmen wir gleichgeschlechtliche Kommunikationssituationen als Ausgangspunkt unserer Analyse. In der vorliegenden Studie von Tannen (1997: 83ff.) handelt es sich um eine Versuchsanordnung, die jeweils zwei Jungen und Mädchen aus der zweiten, der sechsten, der zehnten Klasse, und jeweils zwei Männer und Frauen im Alter von 25 Jahren in Hinblick auf ihr Körperverhalten und ihre Themenwahl bei einem Gespräch beobachtet. Die Aufgabenstellung lautet, dass sich die GesprächspartnerInnen in einem für sie reservierten Zimmer angeregt und intim unterhalten sollen.

Bei den weiblichen Personen fällt auf, dass sie in allen Altersstufen dichter beieinander bzw. sich gegenüber sitzen, Blickkontakt halten und sich von Zeit zu Zeit berühren. Sie einigen sich leicht und schnell auf ein gemeinsames Gesprächsthema und behandeln dieses recht ausführlich, indem ihr Beitrag stets auf den der Vorrednerin Bezug nimmt und ihn unterstützt. Ihr Sprachstil ist insgesamt engagiert, es kommt zu häufigen Überlappungen im Sinne bestätigender Unterbrechungen in Form emotionaler Äußerungen, Kommentaren oder Fragen.[53] So erzählen sich die Mädchen der zweiten Klasse gegenseitig Ge-

---

53   Beim Überlappen „werden Teile der Gesprächsbeiträge gleichzeitig gesprochen: Teile des endenden Beitrages überlappen mit Teilen des beginnenden Beitrages. Diese Situation kommt häufig vor und sie wird in der Regel nicht als störend empfunden, weil das

schichten, wobei sie ihr Anschlussverhalten am Beitrag ihrer Vorrednerin ausrichten. „Die Mädchen orientieren sich mit ihren Geschichten auch aneinander, indem sie häufig mit ‚Weißt du noch?' beginnen und sich gegenseitig an vorher gemeinsame Erlebnisse und Gespräche erinnern" (Tannen 1997: 103). Die Mädchen der sechsten und zehnten Klasse beginnen ihr Gespräch mit gemeinsamem Kichern, Witzen und Lachen. Während ihres Redebeitrages kommentieren sie dessen Inhalt emotional, indem sie Worte oder Passagen durch übertriebene Betonung herausheben: „Die Konturen in der Intonation sind übertrieben, und die zentralen Ereignisse sind die Beziehungen zwischen Menschen und die Gefühle, welche die Sprecherin von ihnen hat" (Tannen 1997: 113). Das Gespräch unter den 25jährigen Frauen hat zum Thema, dass jede der beiden sich selbst in ihren Fähigkeiten herabsetzt: „Das ganze Gespräch hindurch scheinen die Frauen einen Konkurrenzkampf um die Anerkennung ihres geringen Selbstbewusstseins, ihrer nicht so guten Noten, ihrer mangelnden Fähigkeit und ihrer geringen Kommunikationsfertigkeiten auszufechten; wenn sie sich tatsächlich positive Eigenschaften gestatten, machen sie sie klein" (Tannen 1997: 126).

Insgesamt wird deutlich, dass die Mädchen und Frauen ihr Mitteilungsverhalten auf die mitgeteilte Information ihrer Vorrednerin beziehen, indem sie diese bestätigen und durch eine eigene mitgeteilte Information unterstützen, ohne sich selbst als Person mit einer eigenen, der Perspektive von Alter divergierenden Perspektive auf die Welt hervorzuheben. Vielmehr geht es ihnen um die Herstellung eines Konsenses, entsteht eine kommunikative Umwelt, auf die sich beide beziehen und die ihnen ein übereinstimmendes Erleben ermöglicht. Das zeigt sich in ihrem einander zugewandten Körperverhalten und spiegelt sich in ihrer Themenwahl wider, die meist persönliche Dinge und Probleme anspricht, also das generelle Erleben von Welt oder spezieller Lebensbereiche außerhalb der Gesprächssituation thematisiert. „Über Vertraulichkeiten grenzen sich Mädchen auch von anderen Mädchen ab, denen sie dann die Exklusivinformationen nicht mehr zukommen lassen. Gespräche über Persönliches stellen oft den Kern der Mädchenfreundschaft dar und auch der Frauenfreundschaft" (Kotthoff 1992: 260). Dass sie schnell ein Thema finden und auch recht ausführlich besprechen, zeigt, dass die wechselseitige Orientierung an der variablen (weil sich auf den aktuellen Moment beziehenden) mitgeteilten Information eine konstante Umwelt erzeugt, die ein gemeinsames und stabiles

---

Übermitteln von Inhalten nicht erschwert wird" (Schneyder 1997: 57). Bei diesen Überlappungen handelt es sich Schneyer zufolge um ein Charakteristikum des weiblichen Sprachstils.

Erleben ermöglicht. Die Situation der doppelten Kontingenz wird von den weiblichen Personen einheitlich durch eine Orientierung am Erleben von Alter gerahmt. Die Kommunikation ist also unter Betonung der mitgeteilten Information eindeutig fremdreferentiell auf ihre Umwelt hin ausgerichtet und versteht sich im Prinzip als erlebend.

Die Kommunikation unter männlichen Personen gibt ein davon völlig verschiedenes Bild ab. Insgesamt nehmen sie eine Körperhaltung ein, die den Eindruck von Desinteresse und Distanz vermittelt, da sie sich parallel zueinander setzen, sich kaum anschauen und dazu, aufgrund dieser Körperhaltung, den Kopf zueinander drehen müssen. Das tun sie aber selten, dafür schauen sie insgesamt eher in den Raum hinein oder richten ihren Blick auf Dinge im Raum. Es fällt ihnen ganz offensichtlich schwer, „in einem Raum zu sitzen, ohne etwas anders zu tun zu haben als zu reden" (Tannen 1997: 99). Das deutet darauf hin, dass diese Situation für sie viel ungewohnter ist als für die Mädchen und Frauen.[54] Die Jungen der zweiten Klasse „schauen im Zimmer herum, sehen an die Decke, winden sich auf ihren Stühlen, stehen auf und setzen sich wieder hin, trommeln auf den Armlehnen ihres Stuhls ..., klopfen einen gleichmäßigen Takt mit den Füßen, schneiden Grimassen, zeigen auf Gegenstände im Zimmer, blödeln in die Video-Kamera" (Tannen 1997: 89). Sie ziehen sich gegenseitig auf und reagieren auf solches Aufgezogenwerden mit aggressiven Äußerungen. Die Jungen der sechsten Klassen sind nicht ganz so unruhig, doch der „Mangel an direktem Blickkontakt wird noch dadurch verstärkt, dass Walt sich häufig die Augen reibt und mit seinen Fingern auf dem Schoß spielt, dabei ist sein Blick starr auf seine Finger gerichtet" (Tannen 1997: 91). Sie tippen insgesamt fünfundfünfzig Themen an und führen keines wirklich weiter aus. Ihre Bemerkungen sind unvollständig und kurz. Die Jungen der zehnten Klasse sitzen ebenfalls so zueinander, dass sie sich nicht direkt ansehen können. Zwar reden sie ausführlich über jedes Thema, das sogar von persönlichem Inhalt ist. Doch jeder Junge bringt „sein eigenes Thema ... unmittelbar dann zur Sprache, wenn der

---

54 Mit Kotthoff (1992) lässt sich an dieser Stelle auf die unterschiedlichen geschlechtstypischen Sozialisationsbedingungen verweisen: „Jungen und Mädchen lernen durch den unterschiedlichen Umgang, den ihre Eltern mit ihnen pflegen und später durch das Sprachverhalten in ihren meist gleichgeschlechtlichen Cliquen andere Kommunikationskonventionen und dementsprechende Interpretationsweisen" (Kotthoff 1992: 259). Während Mädchen eher in kleinen Gruppen spielen und sich nicht besonders weit von der vertrauten häuslichen Atmosphäre entfernen, bewegen sich Jungen in größeren Gruppen außerhalb des häuslichen Bereichs. Zugleich sind diese Orientierungen mit unterschiedlichen Interaktionsformen verknüpft. „Während Jungen relativ deutlich um die dominante Rolle in der Clique konkurrieren, betreiben Mädchen komplizierte Allianzenbildungen unter Gleichrangigen gegen andere" (Kotthoff 1992: 259).

andere Junge gerade sein Thema zum Ausdruck gebracht hat. Darüber hinaus spielen beide Jungen das vom anderen geäußerte Anliegen häufig runter oder sie tun es ab" (Tannen 1997: 116). Die 25jährigen Männern sitzen im Winkel zueinander und müssen, um sich anzusehen, den Kopf drehen. Das tun sie mehrmals, vor allem beim Zuhören, wenn auch nicht oft und nur kurz. Sie sprechen allgemein und verhältnismäßig abstrakt über persönliche Ansichten zu den Themen Beruf und Ehe. „Kennzeichnend für die Unterhaltung der Männer ist das langsame Tempo (es gibt keine Überlappungen), gehobene Formulierungen (‚Zwietracht', ‚erhalten' statt ‚kriegen') und häufiges Zögern, zahlreiche Füllwörter und floskelartige Ausdrücke (‚mal im Ernst', ‚weißt du meiner Meinung nach', ‚mal ehrlich')" (Tannen 1997: 122).

Der Unterschied zu den weiblichen Personen sticht sofort ins Auge: Die männlichen Personen schließen nicht an den Informationsgehalt der Mitteilung ihres Vorredners an, sondern nehmen scheinbar lediglich zur Kenntnis, dass Alter eine Mitteilung vornahm (= Handeln) – um im Anschluss die eigene Mitteilung vorzubringen (= um zu handeln). Statt einer *gemeinsamen* Umwelt wird die *unterschiedliche* Perspektive von Ego und Alter betont, so dass, wenn der eine dieses mitteilt, der andere jenes mitteilt. Obwohl sie so eher aneinander vorbeizureden scheinen, jeder versucht, sein Thema durchzusetzen und auf das des anderen nur ungenügend eingeht, scheint das die Gesprächspartner nicht sonderlich zu stören, kommt es nicht zum Konflikt. „Das Bestreiten der Grundlage für die Klage eines anderen scheint kein Mangel an Einfühlungsvermögen zu sein (wie Frauen das vielleicht wahrnehmen), sondern vielmehr ein Mittel der Bestätigung" (Tannen 1997: 119). Was sie sich wechselseitig bestätigen, ist ihre jeweils individuelle Perspektive auf der Grundlage unterschiedlichen, und damit kontingenten, Selektionsverhaltens. Während es den weiblichen Personen um eine Bestätigung der mitgeteilten Information geht und durch die variable Orientierung am Erleben von Alter eine stabile gemeinsame kommunikative Umwelt entsteht, betonen die männlichen Personen ihr an ihrer jeweils eigenen Umwelt orientiertes Anschlussverhalten – was eine variable kommunikative Umwelt zur Folge hat, da sich die Kommunikation als handelnd beobachtet und daher zugleich auf mehr Selektionsmöglichkeiten hinweist, als sie dann faktisch realisieren kann. Daher ist es bei männlicher Kommunikation sogar möglich, „dass ein Streit eine Freundschaft einleiten kann, anstatt sie zu verhindern" (Tannen 1997: 50). Während z.B. männliche Politiker es für eine wichtige Fähigkeit halten, „sich nach ‚harten Auseinandersetzungen in der Sache' durchaus noch zu einem gemeinsamen Bier mit dem politischen Gegner verabreden zu können" (Schöler-Macher 1992: 408), verurteilen weibliche Politikerinnen dieses Verhalten als abstoßend und „heuchlerisch" (Schöler-Macher 1992: 410).

Diese Ergebnisse werden unter anderem durch eine Studie von Schmidt (1992) eindrucksvoll bestätigt. Die von ihr untersuchten Studenten einer studentischen *Lern*gruppe haben es in erster Linie auf das Präsentieren des eigenen Wissens abgesehen, wodurch ihre Redeweise schnell monologisch wird. „Jeder Teilnehmer setzt, ohne größere Rücksicht auf vorangegangene Beiträge zu nehmen, seine spezifischen Themenakzente" (Schmidt 1992: 84). Auch hiervon hebt sich das Anschlussverhalten in der Studentinnenlerngruppe deutlich ab. Die Studentinnen verhalten sich responsiv. „Antwortbezüge responsiv zu vollziehen heißt, die Themenausrichtungen des vorhergehenden Sprechers und der vorhergehenden Sprecherin zu beachten und sie weiter zu entwickeln. *Die weiblichen Kommunikationsteilnehmer tun dies signifikant häufiger als die männlichen Teilnehmer*" (Schmidt 1992: 78). Responsivität zeigt sich jedoch nicht nur im an der Information orientierten Anschlussverhalten, sondern ebenso durch ein aktives Zuhören. Wie bei Tannen gezeigt, teilt sich das Körperverhalten von Frauen von Seiten des Ego als Orientierung am Erleben von Alter mit. Das weibliche Gesprächsmuster zeichnet sich insgesamt durch eine aktiv ausgefüllte Hörerrolle und eine die Inhalte der Mitteilungen von Alter berücksichtigenden Sprecherrolle aus. Es zielt darauf ab, sowohl im Verstehen als auch in der Anschlussmitteilung das Erleben von Alter zu berücksichtigen. Das männliche Gesprächsmuster lässt die Hörerrolle dagegen so gut wie unberücksichtigt und konzentriert sich mehr auf die Sprecherrolle. Es betont den kontingenten Charakter der mitgeteilten Information, also deren Selektion als Handlung. Männliche Personen spiegeln der mitteilenden Person ihr Verstehen nicht wider, vielmehr setzen sie ihren Körper in Distanz von Alter vorzugsweise zum Sprechen ein. „Ein Vergleich des weiblichen und des männlichen Gesprächsmusters ergibt, einfach formuliert, dass das Muster des weiblichen Sprachverhaltens offenbar durch eine zweifache Aufmerksamkeit, nämlich diejenige gegenüber der Rolle als Sprecherin sowie der Rolle als Hörerin, geprägt ist, wobei das Muster des männlichen Gesprächsverhaltens deutlicher bestimmt wird durch das Interesse an der Sprecherrolle" (Schneyder 1997: 172). Und auch wenn sich empirisch nachweisen lässt, dass Männer nicht signifikant häufiger unterbrechen als Frauen, so ist wohl die Funktion des männlichen Unterbrechens die Ursache für die Langlebigkeit des Stereotyps ,Männer unterbrechen öfter als Frauen' (vgl. Schneyder 1997: 173). Denn wenn Frauen den Redebeitrag eines anderen unterbrechen, hat die Unterbrechung in der Regel mit dem Redebeitrag zu tun, während wenn Männer unterbrechen, dies in der Regel der Darstellung der eigenen Meinung dient. „Frauen gehen also nicht nur als zuhörende sondern auch als unterbrechende Gesprächspartnerinnen eher auf die Information der und des Sprechenden ein" (Schneyder 1997: 171).

Wie lassen sich nun die gezeigten Unterschiede im Mitteilungs- und Verstehensverhalten männlicher und weiblicher Personen zusammenfassen? Lassen sich auch hier die in Kapitel 2 vorgestellten und zur Analyse verwendeten dreidimensionalen binären Schematismenkombinationen heranziehen? Zusammengefasst zeigt sich: Männliche Personen beobachten die mitgeteilte Information einer männlichen Person als Handeln, sie betonen also den Mitteilungsaspekt der mitgeteilten Information, und wollen sich selbst ebenfalls in diesem Sinne verstanden wissen. Sie verwenden, die eigene Perspektive und die von Alter berücksichtigend, für sich selbst die *Schematismenkombination Ego/internal/konstant*, und unterstellen Alter die Verwendung der selben Schematismenkombination. Als variabel erscheint daher die selegierte Mitteilung, die immer auch hätte anders ausfallen können – und nicht die Selektionsperspektive der Person selbst. Weibliche Personen dagegen beobachten umgekehrt die Mitteilung einer weiblichen Person als Erleben und möchten sich selbst dabei ebenfalls als erlebend verstanden wissen. Sie verwenden entsprechend die Schematismenkombination *Alter/external/variabel*. Als konstant erscheint nun die gemeinsam erlebte Umwelt. Interessant ist, dass diese Schematismenkombinationen mit der Schematisierung der Kontingenzformel Geschlechtsrollenidentität, so wie sie in Kapitel 2 entwickelt wurde, übereinstimmt: Dort wurde u.a. gezeigt, dass männliche und weibliche Personen sich dann geschlechtstypisch beschreiben, wenn sie zuvor geschlechtstypische Tätigkeiten ausgeführt haben. Die Teilnahme an Kommunikation mit gleichgeschlechtlichen Personen kann, da in ihr Kinder und Jugendliche geschlechtstypisches Verhalten erlernen (vgl. Kotthoff 1992), durchaus als geschlechtstypische Tätigkeit bezeichnet werden. Ein Zusammenhang von geschlechtstypischer Tätigkeit und Kommunikationsverhalten als Person ist somit unübersehbar.

Da es sich bei Personen um Erwartungsbündel der Kommunikation handelt, lässt sich das geschlechtstypisch unterschiedliche Mitteilungs- und Verstehensverhalten der männlichen und weiblichen Personen als *Ausdruck eines unterschiedlich strukturierten Kommunikationsverlaufs* begreifen: In der ‚männlichen Kommunikation' treten die mitteilenden Personen *hervor*, ihre *divergierenden Perspektiven* auf die kommunikative Umwelt werden sichtbar und die Kommunikation weist sich darauf hin, dass ihre Umwelt von ihren *Selektionen* abhängt. Sie versteht sich *selbstreferentiell als handelnd*. In der ‚weiblichen Kommunikation' ist das umgekehrt. Die mitteilenden Personen treten *in den Hintergrund*, die *gemeinsame Umwelt*, auf die sich die Personen beziehen, tritt hervor. Die Kommunikation beobachtet sich *fremdreferentiell als erlebend*. Die Kommunikation orientiert sich in ihrer Beobachtung am Geschlecht der Person. Es lassen sich unterschiedliche Formen der Konditionierung des Mitteilungsverhaltens Alters und des Verstehens Egos feststellen, so dass die so entstehenden ‚Kommunikationssorten' sich *qualitativ voneinander unterscheiden*: Die Strukturierung der präkommunikativen Situation in Orientierung am Geschlecht der Personen führt in der Kommunikation unter gleichgeschlechtlichen Personen zur Herstellung und dem Gebrauch unterschiedlicher symbolisch generalisierter Kommunikationsmedien.

Ein symbolisch generalisiertes Kommunikationsmedium bringt Ego und Alter durch seinen symbolischen Charakter in eine Art ‚prästabilierte Lage' zueinander. Ausgangspunkt des Problems, auf das symbolisch generalisierte Kommunikationsmedien reagieren, ist die Möglichkeit, dass Ego eine Mitteilung von Alter unter Gebrauch der Binarität von Sprache ablehnt und Kommunikation damit an ihr Ende gelangt. Das Grundproblem ist also das der doppelten Kontingenz. Symbolisch generalisierte Kommunikationsmedien stellen Ego und Alter aufeinander ein, so dass „beide Partner sich wechselseitig als selektiv erlebend und handelnd erfahren können und dies bei eigenen Selektionen in Rechnung stellen können" (Luhmann 1975a: 174). Beide Partner begegnen sich als Personen, deren füreinander zuvor nicht einschätzbares Mitteilungsverhalten nun antizipierbar geworden ist. „Das kombinatorische Problem wird durch Auflösung des zirkulären Verhältnisses von Selektion und Motivation (jede bedingt die andere) gelöst, und zwar dadurch, dass die Konditionierung der Selektion zum Motivationsfaktor gemacht wird. Man kann eine zugemutete Kommunikation annehmen, wenn man weiß, dass ihre Auswahl bestimmten Bedingungen gehorcht; und zugleich kann derjenige, der eine Zumutung mitteilt, durch Beachtung dieser Bedingungen die Annahmewahrscheinlichkeit erhöhen und sich selbst damit zur Kommunikation ermutigen" (Luhmann 1997: 321).

Die folgenden Überlegungen wollen zeigen, dass das Geschlecht der Person der Konditionierung von Selektion und Motivation dient und damit zur Genese spezifischer symbolisch generalisierter Kommunikationsmedien führt. Doch welcher Art sind die Mitteilungen, die der Kommunikation als Medium zur strikten Kopplung, zur Herstellung des Kommunikationsprozesses, zur Verfügung stehen? Was ist, anders ausgedrückt, das symbolisch generalisierte Kommunikationsmedium, das in der Kommunikation mit männlichen bzw. weiblichen Personen die Kommunikationsanschlüsse strukturiert?

Einen ersten Hinweis gibt eine Untersuchung zum geschlechtstypischen Lachverhalten (vgl. Groth 1992). Aufgrund der Beobachtung einer reinen Jungenklassen lassen sich drei Sorten männlichen Lachens unterscheiden: 1. Das „Dissens-Lachen" wird eingesetzt, wenn eine abweichende Meinung manifestiert werden soll, indem es das Mitteilungsverhalten von Alter als inkompetentes Selektionsverhalten abwertet; 2. das „Topping-Lachen" hilft, eine Hackordnung in der Gruppe mit Hilfe von Scherzduellen auszuhandeln: gewonnen hat, wer durch Witze auf Kosten von Alter dessen Mitteilungsverhalten desavouiert und seines bewahrt; 3. das „Normverstoß-Lachen" der gesamten Gruppe gilt dem, der gegen eine Gruppennorm verstößt. Ein „Wir-Lachen" dagegen, das für Mädchenklassen typisch ist und Übereinstimmung herstellt, gibt es in Jungenklassen nur dann, wenn sich die Gruppe als Gruppe von einer anderen Gruppe absondern will und es daher auf deren Image abgesehen hat. In den Mädchenklassen dagegen ist 1. das „Wir-Lachen" ein Gruppenlachen, das Gemeinsamkeit und Solidarität herstellt. Es wird vor allem eingesetzt, um sprachliche Wir-Formulierungen zu verstärken. Auch 2. das „Beziehungs-Lachen" und 3. das „Puffer-Lachen" haben die Funktion, den Gruppenkonsens zu schützen. Beim „Beziehungs-Lachen" geht es um den Schutz der Beziehungsebene im Moment eines Dissenses. Ebenso hat der Lacheinsatz der Gruppe beim Puffer-Lachen die Aufgabe, einen latenten Konflikt abzumildern und eine Beschädigung des Images der Abweichlerin zu verhindern.

Bezüglich der Jungengruppe macht diese Studie deutlich, dass es dort um die Unterscheidung akzeptabler und unakzeptabler Mitteilungen geht, die die Kontingenz des Mitteilungshandelns herausstellen: Eine Mitteilungshandlung wird als Selektion beobachtet und als *richtig oder falsch* bewertet. Die Kommunikation befindet sich auf der Beobachtungsebene zweiter Ordnung, weil sich die Personen hinsichtlich ihres Mitteilungsverhaltens beobachten. Es wird ein Kampf ausgetragen um die ‚bessere', die ‚kompetentere' Selektion (= Handlung), mit dem Ziel, eine Hierarchie von mehr oder weniger selektionskompetenten Personen herzustellen. Eine solche Etablierung einer Hackordnung stellt eine kontingente Umwelt her und führt sie zugleich auf einen gemeinsamen Nenner, die hierarchische Ordnung, zurück. Dagegen geht es in der Mädchengruppe darum, jede Form des offenen Dissenses durch Konsensstrategien zu unterbinden. Die Folge ist ein gemeinsamer und stabiler Umweltbezug auf der Beobachtungsebene erster Ordnung, in dem es um die Gleichwertigkeit der Perspektiven geht – und diese auch zugelassen werden können, weil sie als Erleben und nicht als Handeln beobachtet werden. Nach Tannen (1997) sind diese männlichen und weiblichen Gesprächsstile Ausdruck von auf Macht und Solidarität bezogene Mitteilungsabsichten. Die Systemtheorie kann hier mit der Theorie der symbolisch generalisierten Kommunikationsmedien anschließen und erreicht damit eine größere Tiefenschärfe in der Analyse.

Männliche Personen beobachten einander als handelnde Personen, als solche, die sich aufgrund ihrer individuellen Perspektive in ein kontingentes

Verhältnis zu ihrer Umwelt gesetzt haben, das auch anders sein könnte. Betont wird das Selektionsmoment, also die Mitteilung. Das bedeutet für die Kommunikation ein Anschlussverhalten, das sich an dem Mitteilungsaspekt der Mitteilung orientiert, d.h. die Selbstreferenz der Kommunikation ist durch ihren Handlungsbezug strukturiert. Auf diese Weise stehen mindestens zwei konkurrierende Zugriffe auf die Umwelt ,nebeneinander', die Kommunikation ist auf eine mehrdeutige Umwelt verwiesen. Solches kommunikative Sichtbarwerden von Alternativen in der Sachdimension führt zum Dissens zwischen Ego und Alter, rückt also die Sozialdimension der Mitteilung hervor. Die Kommunikation muss, will sie weiterhin stabil bleiben, eine Möglichkeit finden, um mit diesen widersprüchlichen Umweltbezügen umzugehen, sie muss weiterhin das gemeinsame Erleben von Ego und Alter sichern: Die Kommunikation muss ein Selektionskriterium finden, das es ihr erlaubt, entweder an dieses oder an anderes anzuschließen, wenn sie sich nicht aufgrund des Widerspruchs, dass beides gleichermaßen möglich wäre, selbst außer Gefecht setzen will. Es geht also nicht darum, ein Kommunikationsangebot entweder anzunehmen oder abzulehnen. Hier geschieht sozusagen beides – es wird angenommen, da die eigene Mitteilung sich an ihm ausrichtet, und es wird abgelehnt, weil die eigene Mitteilung die vorherige desavouieren will. Die Kommunikation löst im Falle der Kommunikation unter männlichen Personen ihr Problem also durch die Einführung von Konkurrenz um die ,beste' Selektionsleistung. Doch: „Nicht alles, was in die Sozialdimension hineinverweist und auf das andere Erleben und Handeln anderer aufmerksam macht, ist schon gleich Konkurrenz. In Konkurrenz treten die verschiedenartigen Möglichkeiten nur unter der mitgesehenen Bedingung eines Zwangs zur Einheit" (Luhmann 1987a: 521). Darum gibt es eine „Semantik der Einheit ..., die das Verschiedene als Konkurrenz verbindet" (Luhmann 1987a: 524). Diese Semantik findet sich in der Führung des Kommunikationsverlaufs und kann ganz unterschiedliche Formen annehmen: Es kann darum gehen, wer bestimmt, welche Richtung der Kommunikationsverlauf inhaltlich (sachlich) nimmt, oder indem z.B. Redezeiten (sozial) festgelegt werden, oder indem beides miteinander gekoppelt und von einer Person in Anspruch genommen wird. Daher geht es der Kommunikation nicht einfach nur um die Verteilung von Redezeit, wobei z.B. Unterbrechungen als „Rudimentärformen eines Verteilungskampfes" fungieren (Kieserling 1999: 42). Vielmehr geht es um die Sicherung der Autopoiesis dieser Kommunikation mit ihren vielfältigen Perspektiven, weil das situative Erleben nicht mehr ausreicht, die kommunikativen Anschlüsse zu konditionieren. In diesem Sinne ist Konkurrenz als ein spezifischer Umgang der Kommunikation im Moment des ,Aufscheinens' der doppelten Kontingenz zu lesen: Konkurrenzkommunikation schließt die Kluft der doppelten Kontingenz, indem sie die Anschluss-möglichkeiten reduziert und den Möglichkeitsüberschuss zugleich offen hält. Mitteilungen geraten in ein Konkurrenzverhältnis und regeln so den Umgang mit Widersprüchen. Damit übernimmt die Konkurrenz zugleich eine Immunfunktion für die Autopoiesis der Kommunikation.[55] Konkurrenz entparadoxiert einen Widerspruch in der Sachdimension, indem sie ihn als Konkurrenz zweier Personen um die Steuerung des Kommunikationsverlaufes deutlich macht. Wer orientiert sich an wem, wenn es wie weitergeht? Entsprechend besteht die Mitteilungsabsicht einer männlichen Person darin, einer anderen männlichen Person zu zeigen, dass ihre Mitteilungsselektion, ihre Perspektive auf die Welt, kompetenter ist, mit dem Ziel, diese auch für den anderen verbindlich werden zu lassen – und zwar als Machtverhältnis. „Eine wesentliche Rolle spielen dabei körperliche Auseinandersetzungen, etwa in Form von Wegschubsen oder den anderen brachial vertreiben, sowie verbaler Disput. Ein besonderer Stellenwert kommt aber Verhaltensweisen zu, die sich als Imponierverhalten kennzeichnen lassen. Hierzu gehören Versuche, das Gespräch zu dominieren, sich aufzuspielen, durch lautes Auftreten auf sich aufmerksam zu machen, den anderen zu bedrohen" (Bischof-Köhler 1993: 268; vgl. dazu auch Kersten 1993). Das Resultat ist eine Hackordnung, ein mehr oder weniger stabiles Machtverhältnis, die festlegt, wer den Verlauf der Kommunikation bestimmt und dafür wessen Mitteilungsselektionen in Gebrauch nehmen oder desavouieren darf. Ein Machtverhältnis existiert dann, wenn sowohl Alter (Machthaber) als auch Ego (Machtunterworfener) etwas vermeiden wollen, Ego daran aber ein größeres Interesse hat als Alter, und Ego darum vorzieht zu tun, was Alter von ihm erwartet. „Bei dieser Voraussetzung entsteht die Möglichkeit einer konditionalen Verknüpfung der Kombination von Vermeidungsalternativen mit einer weniger negativ bewerteten Kombination von anderen Alternativen" (Luhmann 1975c: 22; im Original hervorgehoben, CW). Sowohl Ego als auch Alter haben also letztlich die Wahl: *beide Handeln*. Darum wird nicht nur der Machthaber, sondern auch der Machtunterworfene als jemand gedacht, „der sein eigenes Handeln wählt und darin die Möglichkeit der Selbstbestimmung hat; nur deshalb werden Machtmittel, etwa Drohungen, gegen ihn eingesetzt, um ihn in dieser selbstvollzogenen Wahl zu steuern" (Luhmann 1975c: 21). Genauso viel oder genauso wenig hat der Machthaber die Wahl, sich zur Ausübung seiner Macht zu motivieren oder es sein zu lassen. Es werden ihm auf jeden Fall, „ob er will oder nicht, auf Grund seiner Macht Erfolge und Misserfolge zugerechnet

---

55 Weitere Techniken, mit Widersprüchen umzugehen sind Konflikte, Zeit, Kosten (vgl. Luhmann 1987a: 520).

und dazu passende Motive oktroyiert" (Luhmann 1975c: 21). Letztlich führt das Machtverhältnis in männlichen Kommunikationen dazu, die Kommunikationsteilnehmer mit ihren verschiedenen Perspektiven zu akzeptieren, und zugleich ein gemeinsames, d.h. ein hierarchisch geordnetes Kommunikation/Umwelt-Gefälle, eine gemeinsame System/Umwelt-Grenze, herzustellen. Denn, „[s]o sehr auch die Wettbewerbsorientiertheit als vorherrschendes männliches Merkmal hervorzuheben ist, so darf darüber nicht die ebenfalls typische Unterordnungsbereitschaft in Vergessenheit geraten. Sie bietet die Basis für die Kooperation, und zwar auch dann, wenn die Beteiligten zuvor miteinander konkurriert haben und dies bei Gelegenheit wieder tun werden: Sie tragen sich nichts nach" (Bischof-Köhler 1993: 271).

Im Unterschied zur Kommunikation unter männlichen Personen konkurrieren weibliche Personen nicht um die Durchsetzung einer individuellen Perspektive, sondern bemühen sich um die Herstellung und Aufrechterhaltung eines Gruppenkonsenses. Es entsteht eine stabile und daher gemeinsame kommunikationsinterne Umwelt, die durch allerlei Techniken geschützt wird, wie z.B. die aufgeführten weiblichen Weisen des Lachens – die dann als am Erleben von Alter orientiertes Handeln beobachtet werden. Das Reflexivwerden der Kommunikation verhindert, indem diese Techniken als kommunikative ‚Stoppregel' wirken, als „Thematisierungsschwelle" (Luhmann 1981: 55; Luhmann 1987a: 214; Kieserling 1998: 397), die dann aktiviert wird, wenn „man beim Akzeptieren des Themas mit zu vielen zu negierenden Beiträgen zu rechnen hätte" (Luhmann 1987a: 214). Das Ergebnis ist ein weibliches Gruppenverhalten, das Geym (1987) mit einem „crab basket" vergleicht, also einem Korb voller Krabben, den man ruhig geöffnet und unbeobachtet für sich stehen lassen kann, da es keinem der Tiere gelingen wird, ihn zu verlassen. In der Tat ist Ungleichheit unter Frauen, sei sie privater oder, in weiblichen Arbeitszusammenhängen,[56] institutionalisierter Art, häufig eine zentrale Quelle von Konflikten (vgl. auch Weigand 1992). Denn alle, die „Frauen in einer herausgehobenen Position und die anderen", scheinen sich einig zu sein, „dass ein solches Heraustreten aus der Gruppe der vermeintlich Gleichen unerlaubt ist – so als sei es unter Frauen verboten, als Einzelne mit spezifischen Qualitäten, Qualifikationen und Erfolgen sichtbar zu werden" (Flaake 1997: 70; vgl. auch Flohr-Stein 1992). Was hier verpflichtend wirkt, sind für alle verbindliche Werte, an denen sich das Erleben orientiert. „Das impliziert, dass Werte nicht als handlungsabhängig, sondern umgekehrt Handlungen als wertabhängig gedacht werden" (Luhmann 1997: 241). So zeigt z.B. ein Blick auf die Semantik der neuen

---

56   Ein männlicher Chef wird dagegen akzeptiert (vgl. Bischof-Köhler 1993: 270).

Frauenbewegung, dass diese sich auf einen unterstellten Konsens genau aufgrund des mit dem Frausein verknüpften Erlebens und darum Festhalten an bestimmten Werten stützte („wir Frauen"). „Werte sind das Medium für eine Gemeinsamkeitsunterstellung, die einschränkt, was gesagt und was verlangt werden kann, ohne zu determinieren, was getan werden soll" (Luhmann 1997: 343). Wer dazugehört, weil sie den Gruppenkonsens teilt, ist auch hinsichtlich ihres individuellen Erlebens (das genau durch die den Gruppenkonsens begründenden, eventuell sogar unausgesprochenen Werte eingeschränkt wird) und darauf bezogenen Handelns akzeptiert. Diese Form der ‚Anbindung' von Mitteilungen an die Person „ist an das Bewusstwerden des eigenen Selbst gebunden, das als Wert erlebt wird", es geht darum, „[v]on der Gruppe aufgrund bestimmter Eigenschaften geschätzt zu werden und ein Ansehen zu haben" (Bischof-Köhler 1993: 270). Im Falle von Abweichungen durch einen als handelnde Person hervorstechenden Kommunikationsstil bezieht Moral ihren Code Achtung und Missachtung auf die gesamte Person und nicht auf deren (kontingente) Mitteilungsselektion. Hier geht es „nicht um Anerkennung von besonderen Fertigkeiten oder Leistungen von Spezialisten ..., sondern um Inklusion von Personen schlechthin" (Luhmann 1997: 397).

Kommunikation beobachtet sich selbst also in Abhängigkeit vom Geschlecht der beteiligten Personen völlig verschieden. Nicht nur, dass durch die *Präferenz im Verstehen einer mitgeteilten Information eher die Mitteilung bzw. die Information markiert und damit ein spezifisches Umweltverhältnis der Kommunikation* konstituiert wird. Auch die *Selbstbeobachtungsebene* variiert: indem die männliche Kommunikation die Beobachtungsebene zweiter Ordnung als Konkurrieren um die führende Selektionsposition ständig hervorhebt und damit als verbindliche, durch Macht abgesicherte Perspektive durchsetzt, während die weibliche Kommunikation nach Möglichkeit auf der Beobachtungsebene erster Ordnung verbleibt und ihr Reflexivwerden durch Anbindung an gemeinsame Werte zu vermeiden sucht – und sich notfalls durch Missachtung von (handelnden) Personen mit hervorgehobener Position davor schützt.

3.3 Die Geschlechterdifferenz im Interaktionssystem

Bisher haben wir Kommunikation nur als Prozess und nicht als Interaktionssystem behandelt. Wir haben uns das Mitteilungs- und Verstehensverhalten von Personen angesehen und von dort aus auf die Struktur der Selbstbeobachtungsweise der Kommunikation geschlossen. Wir haben dabei nicht explizit berücksichtigt, dass es sich bei den beobachteten Kommunikationssequenzen um Kommunikation im Kommunikationssystem Interaktion handelte. Wir konnten zwar zeigen, dass die Geschlechterdifferenz in Form geschlechtlicher Personen in der Kommunikation deshalb eine Rolle spielt, weil sie ihre Selbstbeobachtungen im Umgang mit der Unterscheidung von Information und Mitteilung im Verstehen strukturieren hilft. Doch weil die Person konstitutiver Bestandteil in der Architektur des Interaktionssystems ist, ist die vollständige Definition des Personenbegriffs erst im Rahmen einer näheren Definition des Kommunikationssystemtyps Interaktion möglich.

Eine zentrale Voraussetzung für das Entstehen von Interaktionskommunikation ist die wechselseitige Wahrnehmung von Bewusstseinssystemen als Personen innerhalb einer Situation doppelter Kontingenz (vgl. Abschnitt 3.1). Anwesenheit ist somit die Bedingung der Möglichkeit von Interaktionskommunikation (vgl. Luhmann 1975d: 10ff). Mit ihr ist nicht lediglich die rein physische Anwesenheit gemeint, vielmehr müssen die anwesenden Personen von der Kommunikation als Adressen berücksichtigt werden: Es „muss nicht jeder wahrnehmbare Anwesende für die Inklusion in die Interaktion in Betracht kommen, zum Beispiel nicht Sklaven oder Diener oder die, die im Restaurant an anderen Tischen sitzen" (Luhmann 1997: 814). Diese Unterscheidung von Anwesenheit/Abwesenheit als Prinzip ihrer Grenzziehung zwischen sich und ihrer Umwelt kann die Interaktionskommunikation qua re-entry in dreidimensionaler Weise wieder in sich einführen (vgl. Luhmann 1997: 817ff.): *sachlich*, indem von der Interaktion Anwesendes und Abwesendes thematisiert wird, *zeitlich*, indem vorherige Interaktionsepisoden und zukünftig mögliche thematisiert werden, und *sozial*, indem die Personen auch hinsichtlich ihrer interaktionsexternen Erwartungen beobachtet werden. Dieser letzte Punkt soll hier für die nähere Definition der Person des Interaktionssystems weiter interessieren. Luhmann schreibt vertiefend dazu: „In der Sozialdimension schließlich kann unter diesen Bedingungen der Sachordnung und der Zeitlichkeit (und von ihnen zunächst wohl kaum zu unterscheiden) Rücksicht auf das entstehen, was von den Teilnehmern in je verschiedenen anderen Interaktionssystemen erwartet wird. *Die Teilnehmer individualisieren sich für die einzelne Interaktion durch das, was sie in anderen Interaktionen an Ressourcen mobilisieren können, an Pflichten zu erfüllen und an Zeit aufzuwenden haben"* (Luhmann 1997: 819; Hervorheb. CW).

Vor diesem Hintergrund verstehen wir die Person des Interaktionssystems als Einheit der Unterscheidung interner (anwesender) und externer (abwesender) Rollenverpflichtungen. Wichtig ist dabei, dass sowohl die Zuschreibung interner als auch externer Rollenverpflichtungen von der Interaktion vorgenommen wird! Sie definiert die Person, indem sie ihr neben ihren interaktionsinternen Rollenverpflichtungen weitere, externe Rollenverpflichtungen *unter-*

stellt. Ob sich das inkludierte Bewusstseinssystem damit angemessen berücksichtigt findet, ist irrelevant. Vielmehr muss die *Person als ein aus interaktionsinternen und -externe Rollenverpflichtungen bestehendes Erwartungsbündel* verstanden werden, das interaktionskommunikative Anschlussfähigkeit unter Rekurs auf *Personenstereotype* ermöglicht. Denn erst mit Hilfe von Personenstereotypen wird die Person als Einheit interner und externer Rollenverpflichtungen interaktionsintern beobachtbar. *Geschlechterstereotype* sind somit nicht lediglich, wie die Sozialpsychologie meint, „definiert als strukturierte Muster von Einstellungen zu persönlichen Attributen von Männern und Frauen" (Sieverding 1990: 54). Vielmehr symbolisieren sie darüber hinaus die Einheit interner und externer Rollenverpflichtungen zum Zwecke der Herstellung kommunikativer Erwartungssicherheit. Durch sie wird der Interaktion eine jeweils spezifische Anschlusssemantik zur Verfügung gestellt.

In diesem Abschnitt wollen wir zeigen, dass mit der geschlechtlichen Zugehörigkeit der Person nicht nur ein jeweils spezifisch strukturierter Kommunikationsverlauf verbunden ist. Vielmehr soll vorgeführt werden, dass nicht nur die internen, sondern ebenso externen Rollenverpflichtungen, also die Bedeutung der Person, diesen Kommunikationsverlauf bestimmen. Dabei wird deutlich werden, dass die unterstellten externen Rollenverpflichtungen die interne Interaktionsrolle zu subvertieren vermögen: *Indem externe Rollenverpflichtungen in Orientierung am Geschlecht der Person unterstellt werden, versteht die Interaktionskommunikation männliche und weibliche Personen trotz gleicher interner Rollenverpflichtungen auf unterschiedliche Weise.*

Grundlage unserer Überlegungen bildet eine Studie von Helga Kotthoff (1992), in der sie zwei Fernsehdiskussionen analysiert hat. An der Diskussion I zum Thema „Muttersöhne" nahmen fünf männliche Personen (zwei Experten, drei Betroffene), zwei weibliche Personen (eine Expertin, eine Betroffene) und die Moderatorin teil. Die Diskussion II zum Thema „Väter als Täter", war außer der Moderatorin mit vier Frauen (drei Expertinnen, eine Betroffene), und in der ersten Gesprächsrunde mit zwei Männern, in der zweiten mit drei Männern (ein Experte, zwei Betroffene) besetzt. Die Analyse macht *Unterschiede in der Art der Themenrezeption* deutlich. Darüber hinaus zeigt sie, dass die Diskussion, an der mehrheitlich männliche Personen teilnehmen, als *Expertengespräch* geführt wird, während sie dort, wo weibliche Personen überwiegen, als eine Art *Erfahrungsaustausch unter Betroffenen* verläuft.

So führt die Moderatorin am Anfang der Diskussion I, an der hauptsächlich Männer beteiligt sind, in diese als Thesendebatte ein, wobei die Thesen auf das Buch eines der anwesenden Männer (Experte) zurückgeführt werden. Zwar bemüht sie sich dann darum, „einen Erfahrungsaustausch in die schon ablaufende Thesendebatte einzublenden, der aber recht schnell auf den Modus der Thesendebatte von ihr selbst wieder zurückgesteuert wird" (Kotthoff 1992: 263). Insgesamt verteilt sie die Rollen der Betroffenen und der Experten ziemlich genau auf die Frauen als Betroffene und Männer als Experten. Die Bemühungen des thesenrelevanten Autors, selbst persönlich zu werden und über seine eigene Betroffenheit zu sprechen, werden von ihr und den anderen nicht bestätigt. „Angelegt wird diese Rolle hingegen für die zwei Frauen [obwohl eine davon Expertin ist; CW] und die relativ statusniedrigen Männer, die darauf aber [im Gegensatz zur betroffenen Frau; CW] kaum reagieren" (Kotthoff 1992: 263). Dagegen sind die Bemühungen der Expertin, sich in die Fachdiskussion einzubringen, eher erfolglos, weil sie von den anderen Experten, die sich konkurrierend aufeinander und nicht auf sie beziehen, nicht erwidert werden. Fazit: Die Kommunikation verläuft unter sich wechselseitig als handelnd beobachtenden Personen; diejenigen, die entsprechend als inkompetent erachtet werden (weibliche Betroffene, Expertin und männliche Betroffene), bleiben außen vor.

Der erste Teil der Diskussion II verläuft zwischen vier Frauen (drei Expertinnen, einem Betroffenen), zwei Männern (ein Experte, ein Betroffener) und der Moderatorin. Es entsteht eine Diskussion, in der es, anders als in Diskussion I, zwischen den (männlichen) Experten, *kein* Beteiligungsgefälle gibt. Das liegt u.a. daran, dass die drei Expertinnen von der Moderatorin eher als Betroffene angesprochen werden, und diese sich selbst ebenfalls als Betroffene an die anderen TeilnehmerInnen wenden, so dass das Gespräch insgesamt den Charakter eines Gesprächs unter Betroffenen erhält, die bestimmte Erlebnisse miteinander teilen. Der Experte fällt dabei erst einmal heraus, da er von der Moderatorin aufgefordert wird, ein psychologisches Theorem zu erklären, was er auch ausführlich tut. Doch seine Versuche, die persönliche Ebene des Gesprächsverlaufs zu verlassen und zu verallgemeinern, wird von den anderen nicht aufgegriffen. Das Gespräch bleibt eines, in dem der Erfahrungsaustausch dominiert: Die weiblichen Personen beobachten sich als Erlebende, die männliche Person, die sich darum bemüht, als Handelnder verstanden zu werden, bleibt außen vor. In der zweiten Halbzeit ändert sich dies jedoch ab dem Moment, in dem eine dritte männliche Person, ein Betroffener, hinzukommt. Auf die Aufforderung der Moderatorin, seine Erfahrungen mitzuteilen, reagiert er nicht als Erlebender, der mit dieser Problematik seine eigenen Erfahrungen gemacht hat und darum in die Sendung als Betroffener eingeladen wurde, sondern als Handelnder: „Im Unterschied zu den betroffenen Frauen hat H seine Erfahrungen ‚weggesteckt' und er ist damit ‚allein fertig geworden'. H bagatellisiert seine Betroffenheit weitgehend. Er lässt beinahe beiläufig einfließen, dass

der Vater insgesamt sehr gewalttätig war und die Kinder brutal verprügelt hat"
(Kotthoff 1992: 277). Die als Betroffener eingeladene männliche Person gibt
sich somit handelnd – und ab diesem Moment setzt interessanterweise die
Wandlung der Gesprächsstruktur ein: Von da ab handelt es sich nicht mehr um
ein Gespräch unter Betroffenen. Plötzlich dominieren die männlichen Personen
das Gespräch, während es zu keinem Dialog mehr zwischen den weiblichen
Personen kommt. Obwohl also die weiblichen Personen weiterhin in der Mehrzahl sind, hat allein die Relativierung ihres deutlichen Übergewichts durch das
Hinzutreten einer weiteren männlichen Person zum ,Umkippen' der Gesprächs-
kultur geführt.[57] Die Kommunikation ändert ihr Anschlussverhalten.

Die Studie macht deutlich, dass die Rollen der Experten und der Betroffenen gezielt, und das auch *kontrafaktisch*, auf die männlichen und weiblichen Personen verteilt werden. Anscheinend ,eignen' sich männliche Personen
eher als Experten und weibliche Personen eher als Betroffene. Zugleich sind
alle Merkmale einer typisch durch männliche bzw. weibliche Personen strukturierten Kommunikation zu finden (wie in Abschnitt 3.2 gezeigt): In der Diskussion I stellen die konkurrierenden Perspektiven der Experten das Handeln der
Kommunikation heraus. In der ersten Hälfte der Diskussion II dagegen werden
alle Personen, unabhängig von ihrer Interaktionsrolle, als Betroffene beobachtet
und das gemeinsame Erleben betont. In Abhängigkeit von der jeweiligen
Kommunikationsstruktur variiert auch die *Rezeptionsweise des Themas*: In der
,männlich' strukturierten Kommunikation wird das Thema in einem Expertengespräch behandelt: Personen mit Selektionskompetenz bemühen sich darum,
andere Personen bei der Beurteilung der thematisierten Problematik ,auszuste-
chen'. Die Kommunikation beobachtet das Thema in Hinblick darauf, unter
welchen Aspekten es beobachtet werden könnte und welcher Aspekt sich
letztlich als der beste durchsetzt. In der ,weiblich' strukturierten Kommunikation dagegen wird das Thema zu einem Betroffenengespräch, in dem die Personen ihr Erleben mitteilen und jede mitgeteilte Information ihre subjektive
Berechtigung erhält, da sich keine Person vordrängt und ihre Perspektive

---

57   In der Regel genügt weniger als die Hälfte der männlichen Personen für eine Durchset-
      zung des männlichen Kommunikationsstils, während mehr als die Hälfte der weiblichen
      Personen erst für die Durchsetzung des weiblichen Kommunikationsstils führt (vgl.
      Zumbühl 1984: 244). Entsteht eine männliche oder weibliche Gesprächsstruktur und o-
      rientiert sich die Kommunikation darum an einer Selektionskompetenzhierarchie oder
      am gemeinsamen Erleben durch bestimmte Werte, dann verhalten sich die geschlechtli-
      chen Personen der Minderheit „fremdkulturell" (Kotthoff 1992: 280). So lässt sich bei-
      spielsweise zeigen, „dass Höreraktivitäten der Männer in den gemischten Gesprächs-
      runden eher häufiger vorkommen als in den Männerrunden" (Schneyder 1997: 167).

durchgesetzt wissen möchte. Das gilt auch in Hinblick auf die Expertinnen, deren auf Expertenwissen basierenden Perspektiven nicht hierarchisch behandelt, nicht als kompetenteres, ,wahreres' Wissen herausgestellt werden. Insgesamt werden die sozialen Rollen, die die Personen formal übernehmen, gleichsam *ins Gegenteil verkehrt*: Die Expertinnen werden zu Betroffenen, die männlichen Betroffenen ziehen sich zurück, um die für sie vorgesehenen Rollen nicht ausfüllen zu müssen. Die formale Rollenverteilung wird weitgehend außer Kraft gesetzt. Stattdessen wird eine traditionelle Geschlechterordnung hergestellt, die zugleich eine Rangordnung ist: Die männlichen Personen werden tendenziell mit der statushöheren Rolle Experte identifiziert, die weiblichen Personen tendenziell mit der statusniederen Rolle als Betroffene.

Dass männliche und weibliche Personen in Statuspositionen innerhalb von asymmetrischen Rollenverhältnissen, in denen Reziprozität weitgehend ausgeschaltet ist, einen unterschiedlichen Mitteilungsstil pflegen, zeigen auch andere Studien. Zwar gilt generell hinsichtlich stark formalisierter Interaktionsstrukturen: „Im Schutze ihres Programms können Lehrer Schüler und Ärzte Patienten nach anderen Rollen fragen, nicht aber Patienten Ärzte oder Schüler Lehrer" (Kieserling 1999: 250f.). Dennoch kann gezeigt werden, dass die Kommunikation diese Asymmetrie, je nachdem, ob männliche oder weibliche Personen TrägerInnen der Leistungsrolle sind, unterschiedlich handhabt. Candance West (1992) macht darauf aufmerksam, dass Ärzte und Ärztinnen im Umgang mit ihren PatientInnen ihre Direktiven verschieden performieren. Ärztinnen bemühen sich signifikant eher um eine Abschwächung der situationsspezifischen Asymmetrie, indem sie sich auf das Erleben ihrer PatientInnen einstellen, Ärzte dagegen geben Anweisungen, ohne die Perspektive der PatientInnen besonders zu berücksichtigen: „Der sprechende Arzt nimmt sich die Autorität, Befehle zu erteilen. Unter den Ärzten verwendeten die Männer in dieser Sammlung direkte Formen, und damit kreierten sie auch eher hierarchische Beziehungen. Die Frauen äußerten eher höflichere Vorschläge, welche die Statusdifferenzen minimieren und die soziale Verbindung betonen" (West 1992: 173). Ganz ähnlich sieht der Mitteilungsstil von Universitätsprofessorinnen gegenüber ihren Studierenden im Unterschied zu ihren männlichen Kollegen aus (vgl. Kuhn 1992). Um ihre Studierenden zur Mitarbeit zu motivieren, formulieren sie ihre Leistungsanforderungen eher, indem sie sich auf die Ansprüche der Institution Universität beziehen. Mit dem Hinweis auf von ihnen unabhängige, vorgegebene Maßstäbe beziehen sie sich auf Umweltanforderungen, denen nicht nur die Studierenden, sondern auch sie selbst unterworfen sind (gemeinsames Erleben). Die Professoren dagegen stellen ihre Anforderungen eher als eigene Entscheidungen (selektives Handeln) dar. „Die meisten der

Institutionserwähnungen der Männer bezogen sich nur auf eine bestimmte Anforderung und wurden im übrigen oft gleich wieder insofern zurückgenommen, als dass die Sprecher klarmachten, dass sie selbst für die Anforderungen verantwortlich waren" (Kuhn 1992: 70).

Natürlich gibt es auch Kommunikationssysteme, in denen das Geschlecht der Person nicht bloß eine spezifische kommunikative Anschluss- und Erwartungsstruktur neben der formalen Rollenerwartung mit sich bringt. Hier wird auf die Besetzung einer Rolle mit dem ‚falschen' Geschlecht vielmehr mit Exklusionstendenzen oder gar faktischer Exklusion reagiert. Ein schönes Beispiel für ersteren Fall sind häufige Reaktionen im Deutschen Bundestag auf weibliche Referentinnen (vgl. Burkhardt 1992). „Schon ein kurzer Blick in ältere und neuere stenographische Protokolle deutscher Parlamente legt die Annahme nahe, dass weibliche Abgeordnete bei der Wahrnehmung ihres Rederechts mit größeren Schwierigkeiten zu kämpfen haben als ihre männlichen Kollegen, weil sie besonders häufig durch ‚Unruhe', ‚Lachen', ‚Heiterkeit' usw. sowie durch die recht hohe Zahl von dazu nicht selten aggressiver, manchmal anzüglicher bis beleidigender Zwischenrufe gestört werden" (Burkhardt 1992: 287f.). Der längere Blick zeigt: „Typisch sind die nicht seltenen Unterstellungen, die Rede sei von jemand anders geschrieben worden. Auch werden Zurufe gemacht, die etwas Spielerisches, Unernstes haben und den Eindruck vermitteln, dass die Rednerinnen nicht ernst genommen werden" (Burkhardt 1992: 304; vgl. dazu auch Schöler-Macher 1992: 417).[58] Trotz solcher ‚Aussetzer' kommt es nicht zur Exklusion auf der Grundlage der Geschlechtszugehörigkeit, ist der Kommunikationsanschluss im Prinzip gesichert. Vermutlich liegt der Grund dafür darin, dass die formalen Inklusionsbedingungen auf einem komplexen Entscheidungszusammenhang basieren, wie z.B. auf dem Grundrecht, den Entscheidung der Parteien, dem Wählerverhalten, der sich nicht so leicht ändern lässt. Wesentlich empfindlicher reagieren Kommunikationen, die über ihre Inklusionsbedingungen auf andere Weise verfügen, bis heute: „Die geringen Chancen, die sich Frauen in den Topetagen großer deutscher Unternehmen bisher bieten, hängen u.a. auch mit den Kriterien zusammen, die die Persönlichkeit betreffen. Wie einige Personalberater anmerkten, taugen

---

58   Sicherlich lassen sich unzählige weitere Beispiele anführen. Aktuellere werden in der
      Frankfurter Rundschau vom 12.02.2000 erwähnt: „'Zieh deinen Slip aus', musste sich
      Frankreichs Umweltministerin Dominique Voynet Anfang März 1999 von aufgebrach-
      ten Bauern anhören; und Arbeitsministerin Martine Aubry gab ein Arbeitgeber im Streit
      über die 35-Stunden-Woche in rüden Worten zu verstehen, sie brauche wohl mal wieder
      einen Mann im Bett."

bestimmte Bewertungsmaßstäbe in puncto Auftreten, äußeres Erscheinungsbild, Verhalten etc. für Frauen nur sehr bedingt, weil sie in bezug auf Männer entwickelt worden sind bzw. sich entwickelt haben. Wenn die Maßstäbe aber unklar sind, steigt das Risiko von ‚Fehlbesetzungen'. Man versucht deshalb in der Regel, auf ‚Nummer Sicher' zu gehen und wählt anhand der gewohnten Kriterien dann doch lieber einen Mann" (Hartmann 1995: 464, Fn. 32). Unruhe kann sich diese Kommunikation nicht leisten.

Fazit: Auch wenn männliche und weibliche Personen die gleichen sozialen Rollen übernehmen, werden durch sie unterschiedliche kommunikative Erwartungen gebündelt, werden sie von der Kommunikation unterschiedlich verstanden. Das kann soweit gehen, dass die formal und geschlechtsneutral definierte Rolle durch das Geschlecht der Person sogar, wie in der Studie von Kotthoff, *subvertiert* wird! Wie ist das möglich?

Unser Erklärungsvorschlag basiert auf der Definition der Person des Interaktionssystems: Eine Person ist die Einheit der Unterscheidung interaktionsinterner und -externer Rollenverpflichtungen. Wenn also die Experten und Expertinnen trotz vergleichbarer interner Rollenverpflichtungen unterschiedlich beobachtet werden, dann muss es einen geschlechtsspezifischen Unterschied hinsichtlich der unterstellten externen Rollenverpflichtungen geben. Einschlägige Forschungsergebnisse bestätigen unsere Vermutung. Sie zeigen, dass Männern und Frauen, auch wenn sie in der Interaktion die selben Rollen einnehmen, *unterschiedliche externe Rollenverpflichtungen* unterstellt werden. So werden weiblichen Personen im Unterschied zu männlichen Personen stets *auf Haus und Familie bezogene externe Rollenverpflichtungen* unterstellt – was übrigens, wie die Stereotypenforschung zeigt, auch für die sogenannten ‚modernen' Frauen gilt (vgl. Eckes 1996: 101). *Diese geschlechtstypisch unterstellten externen Rollenverpflichtungen färben die Definition der aktuell übernommenen Rolle auf geschlechtstypische Weise ein.* Vor dem Hintergrund der vorgestellten Studien lässt sich also vermuten, dass die unterschiedliche Kontextualisierung der formalen Rolle durch geschlechtstypisch unterstellte, externe Rollenerwartungen zu den geschilderten Unterschieden in der Beobachtung männlicher und weiblicher Personen führte.

Was bedeutet dieses Ergebnis für den Begriff der Geschlechtsrolle? Die Geschlechtsrolle ist klassischerweise definiert als „die Summe der von einem Individuum erwarteten Verhaltensweisen als Frau bzw. als Mann ... und damit ein überindividuelles, relativ stabiles und insofern vorhersagbares geschlechtsspezifisches Verhaltensmuster" (Kroll 2002: 158). Mitgedacht ist dabei stets die Vorstellung von einer Gesellschaft, die ihre Individuen auf ihre verschiedenen Gesellschaftsbereiche verteilt und ihnen entsprechende Rollenbündel zuweist.

Der Geschlechtsrollenbegriff, definiert als Summe geschlechtstypischer Verhaltenserwartungen, basiert damit auf einer relativ strikten Verteilung sozialer Rollen in Orientierung an der Geschlechterdifferenz. In der funktional differenzierten Gesellschaft ist solchen Rollenbündel jedoch ihre gesellschaftsstrukturelle Grundlage entzogen worden (siehe dazu Weinbach/Stichweh 2001). Funktionale Kommunikationssysteme richten ihre Inklusionsbedingungen nicht länger an zugeschriebenen Personenmerkmalen aus. Entsprechend können männliche und weibliche Personen heute soziale Rollen übernehmen, die für sie vor einiger Zeit noch als unpassend betrachtet worden wären. Es macht so gesehen also keinen Sinn, die Geschlechtsrolle weiterhin als Summe spezifischer Verhaltensweisen auf der Grundlage eines geschlechtstypischen Rollenbündels zu verstehen. Vor dem Hintergrund jedoch, dass die Erwartungen an eine rollentragende Person in Abhängigkeit von ihrem Geschlecht gebündelt werden, macht es sehr wohl Sinn, am Begriff der Geschlechtsrolle festzuhalten. Deshalb wollen wir im nächsten Abschnitt vorschlagen, den Geschlechtsrollenbegriff *abstrakter* zu fassen, um ihn der Tatsache anzupassen, dass männliche und weibliche Personen nicht notwendig (ehemals) geschlechtstypische Rollen übernehmen müssen, sie dennoch weiterhin als männliche oder weibliche Person beobachtet und verstanden werden. Die Grundlage für eine solche Abstraktion sehen wir in der Definition der Person als Einheit interner und (geschlechtstypisch zugeschriebener) externer Rollenverpflichtungen gegeben, die semantisch mit Hilfe von Personenstereotypen gefasst ist. Daher bedarf es der Analyse männlicher und weiblicher Geschlechterstereotype. Mit Hilfe welcher binären Schematismen sind sie strukturiert? Welche geschlechtstypischen Unterschiede lassen sich feststellen?

3.4 Die Geschlechtsrolle

Männliche und weibliche Personen werden vom Interaktionssystem unterschiedlich beobachtet, weil sie die Unterscheidung von internen/externen Rollenverpflichtungen auf verschiedene Weise symbolisieren: Weibliche Personen werden von der Interaktion generell in Hinblick auf Haus und Familie als externe Rollenverpflichtungen beobachtet, ganz gleich, welche interne Rolle sie übernehmen (vgl. Eckes 1997: 101). Das gilt auch für die sogenannte ‚moderne Frau', die in der Interaktion keineswegs typisch weibliche interne Rollenverpflichtungen übernimmt. Die externen Rollenverpflichtungen von männlichen Personen dagegen werden nicht durch ihr Geschlecht ‚mitgegeben', sie gelten vielmehr als selbst selegiert. Dieser Unterschied – weiblichen Personen werden gleichsam qua Natur zugewiesene externe Rollenverpflichtungen unterstellt, während die männlicher Personen als kontingent, weil selbst ausgewählt, gelten – schlägt sich semantisch in den Geschlechterstereotypen nieder. Darum definieren wir männliche und weibliche Geschlechterstereotype als hochgeneralisierte Personenformensemantiken, die kommunikative Erwartungen auf unterschiedliche Weise bündeln. *Die Struktur, die im Kern zwischen männlichen und weiblichen Personenstereotypen zu unterscheiden erlaubt, nennen wir die Geschlechtsrolle.* Diese Definition orientiert sich also nicht an typischen, *material* spezifizierten Verhaltensweisen, sondern zielt auf eine *formale* Struktur ab. Dazu werden die Ergebnisse der Stereotypenforschung einerseits anhand der Unterscheidung interaktionsinterner und -externer Rollenverpflichtungen und andererseits anhand der binären Schematismen internal/external, konstant/variabel und Ego/Alter reformuliert. Gefragt wird, welche Unterscheidungskombinationen die verschiedenen männlichen und weiblichen Substereotype am besten fassen und welche Rückschlüsse daraus für das Verständnis der männlichen und weiblichen Geschlechtsrolle gezogen werden können.

Frauenstereotype können Eckes zufolge „auf der allgemeinsten Ebene entsprechend ihrer bereitwilligen Übernahme tradierter sozialer Rollen bzw. entsprechend ihrer Zurückweisung dieser Rollen und ihrer Suche nach alternativen Rollen unterschieden werden" (1997: 101). Er unterscheidet vier Frauensubtypen-Cluster:[59] a. Tussiecluster, b. Hausfrauencluster, c. Karrierefrauencluster, d. Emanzencluster. Diese weiblichen Personenstereotype sieht er durch die Dimensionen Stärke, Modebewusstsein, Progressivität und Instrumentalität näher spezifiziert.[60]

Mit *Stärke* sind die Eigenschaften Unabhängigkeit, Dominanz und Selbstbewusstsein gemeint. Hohe Werte weisen hier die Cluster Karrierefrau und Emanze auf, während niedrige Werte bei der Hausfrau und der Tussie zu finden sind.

Wer *modebewusst* ist, ist nicht unmodisch gekleidet, weist ein gepflegtes Äußeres auf und gilt als das Gegenteil von idealistisch. Hohe Werte haben hier Karrierefrau und Tussie, niedrige finden sich bei Hausfrau und Emanze.

---

59   Die verschiedenen Cluster bündeln jeweils mehrere gleichartige Stereotype.

60   Diese Dimensionen strukturieren einen Raum, in dem die verschiedenen Stereotype verortet und ins Verhältnis zueinander gesetzt werden (vgl. Eckes 1997: 105ff.)

Progressivität meint eine gesellschaftskritische und politisch engagierte Haltung. Diese findet sich bei der Emanze, während die Tussie als angepasst und desinteressiert gilt.

Die Dimension *Instrumentalität* wird auch mit Egoismus gleichgesetzt: Die Karrierefrau gilt als egoistisch und damit instrumentell, während das gegenteilige Cluster, die Hausfrau, als gemeinschaftsorientiert und damit expressiv gilt.

Überhaupt gilt die Hausfrau, und das ist das Besondere an ihr, als ein Substereotypencluster, das mit dem „Globalstereotypus" ‚typische Frau' gleichsam identisch ist (vgl. Eckes 1997: 108). Auch die anderen Stereotype werden Eckes zufolge durch ihre Bereitschaft hinsichtlich der Übernahme der traditionellen weiblichen Geschlechtsrolle unterschieden. Dennoch zeigt die Zuordnung der Dimensionen hier ein differenzierteres Bild: Die Karrierefrau gilt zwar als stark und instrumentell, ihre Charakterisierung weist aber zwei weitere Dimensionen auf: Modebewusstsein und Nicht-Progressivität. Diese Dimensionen teilt sie interessanterweise mit der Tussie. Ganz ähnliche Gemeinsamkeiten finden sich zwischen Emanze und Hausfrau: Die Emanze gilt zwar als stark und progressiv, sie teilt sich jedoch mit der Hausfrau Nicht-Modebewusstsein und Progressivität in Form eines wertbezogenen Idealismus. Auf der anderen Seite weisen die Karrierefrau und die Emanze Gemeinsamkeiten bezüglich ihrer Stärke aus, unterscheiden sich aber in Richtung Modebewusstsein und Progressivität. Wie lässt sich in diesen Befund ein Maß an Ordnung hineinbringen, das zugleich die oben vorgestellten binären Schematismen einbezieht?

Als Ausgangspunkt soll die Unterscheidung interner/externer Rollenverpflichtungen dienen. Entsprechend kann für die Hausfrau, folgt man Eckes Behauptung, die Frau werde bezüglich ihrer externen Rollenverpflichtungen stets auf Haus und Familie bezogen, die *Identität* interner und externer Rollenverpflichtungen angenommen werden: Die Hausfrau ist immer ‚im Dienst', sie identifiziert sich auf idealistische Weise mit ihrer Aufgabe, sie gilt darum als schwach und weder modebewusst noch egoistisch-instrumentell. Ihre Ähnlichkeit mit der Emanze lässt sich – was auf den ersten Blick wohl eher erstaunlich ist, schließlich handelt es sich bei letzterer um einen instrumentellen Typus – durch eine vergleichbare Identifizierung von internen und externen Rollenverpflichtungen begründen: Auch die Emanze identifiziert sich auf idealistische (hier progressiv-politische) Weise mit ihren Rollenverpflichtungen und ist nicht modebewusst. Geht man davon aus, dass die Emanze familienbezogene externe Rollenverpflichtung von sich weist, so lässt sich ihre Bereitschaft hinsichtlich externer Rollenverpflichtungen in Bezug auf diese Ablehnung verstehen: Die

Emanze ist eine Protestfigur.[61] Sie lehnt ab, was sie ‚von Natur aus' ist – diese Aggressivität zeichnet sie als starke Person aus – und übernimmt nur solche Rollenverpflichtungen, die auf diese Ablehnung verweisen. Damit sind sowohl die Hausfrau als auch die Emanze *intrinsisch motivierte* Typen (vgl. Abschnitt 2.3). Dass sich beide Frauenstereotypen durch ein negatives Modebewusstsein auszeichnen, ist vermutlich ein Merkmal ihrer intrinsischen Motiviertheit. Als Schematismenkombination, mit der das Stereotyp *Hausfrau* näher zu bestimmen wäre, bietet sich vor diesem Hintergrund *external/variabel* an: Die Hausfrau orientiert sich an den Bedürfnissen anderer, stellt sich in dieser Hinsicht flexibel auf ihre Umwelt ein und sieht ihr Handeln durch andere motiviert. Die Schematismenkombination des Stereotyps *Emanze* könnte dagegen *internal/variabel* sein, weil sich die Emanze als Protestfigur an einer von ihr selbst gesetzten Norm, nämlich: keine typischen Frauenrollen zu übernehmen, identifiziert, und ihr Handeln ebenfalls aufgrund dieser Protesthaltung ebenfalls an ihrer Umwelt orientiert.

Die Cluster Tussie und Karrierefrau dagegen besitzen beide Modebewusstsein; wobei die Karrierefrau als stark, die Tussie als schwach gilt. Als schwach zu gelten scheint, da auch als Merkmal der Hausfrau zu finden, als typisch weiblich zu gelten und die fremdreferentielle, externale Orientierung auszudrücken. Obwohl die Karrierefrau als stark, die Tussie als schwach gilt, wird bei beiden zwischen internen und externen Rollenverpflichtungen unterschieden: Auch die Tussie übernimmt durch ihre Berufstätigkeit soziale Rollen,[62] die sich nicht auf ihre Tätigkeiten innerhalb des Hauses beziehen. Ihre Modeorientierung verweist jedoch darauf, dass diese sozialen Rollen typisch weibliche Rollen sind, d.h. solche, die, ebenso wie die Hausfrauenrolle, das Handeln am Erleben der Umwelt ausgerichtet sehen.[63] Entsprechend ist das Cluster der *Tussie* durch die binäre Schematismenkombination *external/variabel* charakterisiert. Sie ist damit auf dieselbe Weise strukturiert wie die Hausfrau. Der Unterschied besteht im Umgang mit der Unterscheidung interner/externer Rollenverpflichtungen: Dieser führt bei der Hausfrau aufgrund ihres Idealismus zur intrinsischen Motiviertheit, bei der Tussie dagegen zur *extrinsischen* Motiviertheit. Die Tussie kennt, auch wenn die durch sie übernommenen Rollen alle

---

61   Vgl. dazu die Form „Protest" bei Luhmann (1991c).

62   Sie ist eng verwandt mit dem Sekretärinnenstereotyp (vgl. Eckes 1997: 108).

63   Das wird in Abschnitt 4.2, wo es um die Geschlechterdifferenz in Organisationen geht, deutlicher werden.

gleich (external/variabel) strukturiert sind, Rollendistanz. Im Unterschied zur Tussie verweigert die Karrierefrau die Hausfrauenrolle zugunsten des beruflichen Erfolges. Ihr werden Unterschiede zwischen kommunikationsinternen und -externen Interessen zugewiesen. Sie kann taktieren, ihre ,wahren' Interessen hinter aktuell bekundeten Motiven verbergen und sich entsprechend instrumentell verhalten. Dass sie zugleich als modebewusst gilt, ist kein Zufall. Eckes weist an verschiedenen Stellen darauf hin (vgl. Eckes 1997: z.B. 150; 177), dass die physische Attraktivität von Frauen einen höheren Grad an wahrgenommener Feminität (= Expressivität) impliziert – was sich nachteilig auf sie auswirkt, wenn sie einen maskulin typisierten Beruf haben, und sich positiv auswirkt, wenn sie einen feminin typisierten Beruf haben. Am Beispiel der Tussie konnte gezeigt werden, dass sie zwar als expressiver Typ gilt, ihr zugleich jedoch extrinsische Motiviertheit unterstellt wird – und sie sich genau deshalb vom Globalstereotypus Frau, der mit der Hausfrau gleichsam identisch ist, unterscheidet. Für das Stereotyp Karrierefrau erklärt der Tatbestand, dass es sowohl durch Instrumentalität als auch durch eine extravagante physische Erscheinung definiert ist, warum selbst die erfolgreiche Managerin als weniger kompetent wahrgenommen wird als ihr männlicher Kollege. Zwar gilt: „Ihre Zielstrebigkeit und ihr Egoismus stellen sie in große Nähe zum traditionellen Männerstereotyp" (Eckes 1997: 116). Doch wird ihr als Managerin im Unterschied zum Manager „das für Managementfunktionen zentrale Merkmal der Führungsfähigkeit abgesprochen" (Eckes 1997: 72). Führung gilt als männlich, was zwar nicht heißt, dass Frauen nicht führen können, es liegt nur nicht – und deshalb sind sie Frauen (*worauf ihre physische Attraktivität verweist*) – in ihrer ,Natur' und ist daher statt auf konstante Eigenschaften (wie Fähigkeit) auf variable Eigenschaften (wie Anstrengung) zurückzuführen (vgl. dazu Kirchler et al. 1996).[64] Anders ausgedrückt: Wenn Frauen sich anstrengen, d.h. wenn sie sich gegen ,ihre Natur' stemmen, dann können sie auch erfolgreich sein in einem typischen Männerberuf, in dem es vor allem auf Durchsetzungsfähigkeit ankommt. Insgesamt jedoch gelten sie dabei im Vergleich mit ihren männlichen Kollegen als nur mäßig kompetent, denn ihre Anstrengung lässt das Maß an Erwartungssicherheit vermissen, das Männer, die nicht aufgrund variabler Anstrengung, sondern konstanter Fähigkeit erfolgreich sind, zu garantieren scheinen. Als binäre Schematismenkombination, die die *Karrierefrau* charakterisiert, ist daher *internal/variabel* plausibel. Sie ist damit auf dieselbe Weise strukturiert wie die Emanze, mit dem Unterschied, dass sie als *extrinsisch* motiviert gilt. Auf letzteres verweist ihr attraktives Äußeres. Die Emanze kann,

---

64   Wir kommen in Abschnitt 4.2 darauf zurück.

da sie als intrinsisch motiviert und auf diese Weise als weiblich gilt, darauf verzichten. Fehlt der Karrierefrau das attraktive Äußere als Indiz für ihre variable Umweltbeziehung, das sie erst mit dieser typisch weiblichen Anstrengung als Bedingung ihres Erfolges versieht, verliert sie das Maß an Feminität, das ihr Akzeptiertwerden in einer typischen Männerrolle erst ermöglicht. Sie verliert ihre Legitimität. Damit werden die Möglichkeiten und Grenzen der Integration von Frauen in statushohe männliche Positionen deutlich: Wird sie als attraktive Frau beobachtet, wirkt sie weiblich – und damit nur eingeschränkt kompetent. Wird sie als erfolgreiche Trägerin einer hochdotierten Organisationsrolle beobachtet, wirkt sie unweiblich und aggressiv. Ist letzteres der Fall, dann ist die Grenze dessen erreicht, was das Stereotyp zu leisten vermag, nämlich die Gefahr der Ablehnung einer ihr zugerechneten Kommunikationszumutung. Eckes (1997: 10ff.) schildert in diesem Zusammenhang den Fall einer weit über das Maß ihrer meisten männlichen Kollegen hinaus erfolgreichen Managerin in einer großen Firma, die im Bilanzierungs- und Rechnungswesen der USA tätig war und sich als einzige Frau von achtundachtzig Bewerbern auf die ranghöchste Angestelltenstelle bewarb. Doch: „Anstatt befördert zu werden, wurde ihre Bewerbung zurückgestellt – ganz im Unterschied zur Mehrzahl ihrer männlichen Mitbewerber. Im darauffolgenden Jahr wurde Hopkins gar nicht mehr für die Position eines Partners vorgeschlagen. Als Begründung wurde u.a. angeführt, sie habe ‚Probleme im zwischenmenschlichen Bereich'. Einige Gutachter meinten, sie würde ‚überkompensieren' und sich wie ein ‚Macho' aufführen. Auch sei ihr der Besuch eines ‚Kurses für weiblichen Charme' dringend zu empfehlen. Ein Kollege riet ihr (aus seiner Sicht) wohlmeinend, sie könne ihre Aufstiegschancen erhöhen, wenn sie femininer ginge und redete, sich schminkte und sich femininer kleidete" (Eckes 1997: 10). Dieser Fall macht noch deutlich, dass die Kommunikation ihr ‚Immunsystem' aktiviert, sobald Personen drohen zu Unpersonen zu werden, weil sie sich außerhalb etablierter Personenstereotype zu bewegen beginnen.

Zusammengefasst sind nun näher definiert: 1. Hausfrau: external/variabel + intrinsisch, 2. Tussie: external/variabel + extrinsisch, 3. Emanze: internal/variabel + intrinsisch, und schließlich 4. Karrierefrau: internal/variabel + extrinsisch. Nimmt man die Unterscheidung internal/external, wie dies in der Unterscheidung von Instrumentalität und Expressivität klassischerweise geschieht, als Unterscheidungskriterium, dann kann man die Karrierefrau und die Emanze als *eher unweibliche Frauen*, die Tussie als weibliche Frau und die Hausfrau als *sehr weibliche Frau*, die mit dem Globalstereotypus ‚typische Frau' gleichsam identisch ist, beschreiben. Die Struktur der ‚typischen Frau' ist also external/variabel + intrinsisch. Insgesamt lassen sich somit zwei Frauenstereotypenkategorien unterscheiden: Das Stereotyp der unweiblichen Frauen ist internal/variabel strukturiert, das der sehr weiblichen Frau dagegen external/variabel. *Das allen Frauenstereotypen gemeinsame Merkmal ist der variable Umweltbezug.*

Die *Männerstereotype* lassen sich in sechs (bzw. acht) Cluster unterteilen, womit sofort die höhere Reichhaltigkeit des männlichen Geschlechterstereotyps – und damit ein höheres Maß an Varietät bezüglich interaktionsexterner Rollenverpflichtungen – ins Auge fällt (vgl. Eckes 1997: 101f.; dazu auch Altstötter-Gleich 1999): a. Alternativencluster, b. Professorencluster, c. Punkercluster, d. Yuppiecluster, e. Machocluster, f. Spießercluster; daneben stehen noch: typischer Mann und Rentner als eigenständige Cluster (vgl. Eckes 1997: 102). Es gibt hier, anders als bei den weiblichen Stereotypen, kein Cluster, das mit dem typischen Mann identisch wäre.

Zur näheren Charakterisierung der Typen gibt Eckes nur zwei Dimensionen an: Extraversion, womit Geselligkeit und Spaß am Sex gemeint ist,[65] und Instrumentalität, die durch die Attribute materialistisch, egoistisch und modisch-gekleidet-sein gekennzeichnet ist (vgl. Eckes 1997: 113ff.). Die Cluster lassen sich dahingehend unterscheiden, ob sie beide Dimensionen aufweisen, also extravertiert *und* instrumentell sind, und damit in die direkte Nähe zum ‚typischen Mann' rücken: Bei den Clustern Macho und Yuppie sind Extraversion und Instrumentalität in hohem Maße zu finden, wobei der Macho als besonders extravertiert, der Yuppie als besonders instrumentell gilt.

Dagegen werden die Cluster Professor und Alternativer in beiden Hinsichten als besonders niedrig beschrieben. Hier bildet der Professor mit seiner besonders niedrigen Extraversion den Antityp des Macho, der Alternative wegen der besonders niedrigen Instrumentalität den des Yuppie. Als hoch extravertiert und niedrig instrumentell gilt der Punker, im Gegenteil dazu, niedrig extravertiert und hoch instrumentell, gilt der Spießer. Auf welche Weise nun lassen sich diese Typen anhand der binären Schematismenkombinationen näher definieren?

Die Identität und Differenz von internen und externen Rollenverpflichtungen, gefasst als Unterscheidung von intrinsischer und extrinsischer Motiviertheit, ist auch hier, wie bei den Frauenstereotypen, ein richtungsweisender Ansatzpunkt. So können der Alternative mit geringer Instrumentalität

---

65 „Das Urteil der (weiblichen und männlichen) Vpn, ca. 61% der Männer sähen Frauen als Lustobjekte, unterstreicht die in den strukturellen Analysen aufgezeigte Bedeutung der sexuellen Komponente in der Wahrnehmung und Kategorisierung von Männern" (Eckes 1997: 141).

und der Professor mit geringer Extraversion als eher intrinsisch motivierte Typen beschrieben werden,[66] da sie sich mit ihren übernommenen Rollenverpflichtungen stärker identifizieren, als dies bei Yuppie oder Macho der Fall ist. Entsprechend gelten sie als weniger männlich als letztere.

Männlichkeit bzw. der ‚typische Mann' wird durch ein hohes Maß an Instrumentalität und Extraversion definiert. Yuppie und Macho weisen beide hohe Werte in beiden Dimensionen auf, dennoch gibt es Gewichtungsunterschiede: Das Schwergewicht liegt beim Yuppie auf der Instrumentalität, beim Macho auf der Extraversion. Was lässt sich daraus schlussfolgern? Hier ist ein Blick auf die, rein räumlich gesehen,[67] direkten Nachbarn hilfreich, das sind, aufgrund der verschiedenen Schwerpunkte, beim Yuppie der Spießer, bei Macho der Punker (vgl. Eckes 1997: 112). Das Spießercluster setzt sich aus den Stereotypen Bürokrat, Streber, Egoist und Spießer zusammen, während das Punkercluster aus den Stereotypen Penner, Prolo, Rocker und Punker besteht. Was jetzt deutlich ins Auge fällt, ist, dass die Unterscheidung der Dimensionen Extraversion und Instrumentalität auf *soziale Klassen- bzw. Schichtunterschiede* als entscheidendes Merkmal bei der Kategorisierung der Männerstereotype verweist. Damit wird zugleich ein zentraler Punkt bezüglich der Verschiedenheit von Frauen- und Männerstereotypen deutlich: Soziale Klassen- bzw. Schichtunterschiede spielen bei der Definition der Frauenstereotype *keine* Rolle. Das ist natürlich auf die traditionelle Statusabhängigkeit der Frau vom (Ehe)Mann zurückzuführen. Kein Wunder also, dass das Stereotyp von der typischen Frau als Hausfrau die Unterscheidung von Person und Rolle nivelliert. Bei den Männerstereotypen ist dagegen, durch den Hinweis auf den sozialen Status, die Markierung der Unterscheidung interner und externer Rollenverpflichtungen in jedem Fall sichtbar. Dabei sind *extravertierte Männer* eher in *unteren sozialen Schichten, instrumentelle Männer* dagegen eher in *oberen sozialen Schichten* zu finden. Das ‚Anticluster' zum Macho mit geringem sozialen Status, der Professor, zeichnet sich entsprechend durch hohen sozialen Status aus, und der Alternative ist im Gegensatz zum Yuppie mit hohem sozialen Status einer, der sich für beruflichen Erfolg nicht interessiert. Zu den Männerstereotypen tritt somit neben Schematismenkombination und intrinsi-

---

66   Ein Hinweis darauf ist auch die ‚räumliche Nähe' des Professors zum Rentner (vgl. Eckes 1997: 112).

67   Die beiden Dimensionen Instrumentalität und Extraversion fungieren ja als Koordinaten eines Raumes (Eckes 1997: 105ff.).

scher/extrinsischer Motiviertheit das Merkmal hoher/niedriger sozialer Status hinzu. Wie lässt sich dieses Ergebnis weiter zusammenfassen?

Die beiden Stereotypencluster *Macho und Yuppie*, die sich beide durch hohe Extraversion und Instrumentalität auszeichnen, lassen sich sicherlich mit der Schematismenkombination *internal/konstant* bei extrinsischer Motiviertheit am treffendsten charakterisieren. Die internale Orientierung bei stabilem Umweltbezug, die es erlaubt, die Dinge der Umwelt als Mittel zum Zweck zu verwenden, wird durch ein hohes Maß an Umweltkontrolle und materiellem Erfolg ausgedrückt. Unterschiede lassen sich, wie gesagt, beim sozialen Status feststellen. Der Yuppie weist einen hohen sozialen Status auf, der des Macho ist im Vergleich dazu eher niedrig, was vermutlich, da das Yuppiecluster auch die Stereotypen Karrieremann und Manager enthält (vgl. Eckes 1997: 112), auf das Maß an beruflicher Entscheidungskompetenz zurückzuführen ist.[68]

Die Stereotypencluster *Professor und Alternativer* sind die Antitypen von Macho und Yuppie, da sie sich durch niedrige Extraversion und Instrumentalität auszeichnen. Für sie kann die Schematismenkombination *external/konstant* mit intrinsischer Motiviertheit angenommen werden, denn beide gelten eher als lernbereit (daher die externale Umweltausrichtung) und problemlösungsorientiert (was die zugleich konstante Umweltbeziehung erläutert), und entsprechend ,an der Sache selbst' (intrinsisch) interessiert. Die Unterschiede liegen hier vermutlich ebenfalls im Statusbereich, diesmal wahrscheinlich auf den sozialen Einfluss bei Problemlösungsintentionen bezogen: Dem Professor wird ein höherer Status zugewiesen, weil seinen Problemlösungsanalysen ein weniger subjektiver Charakter unterstellt wird als denen des Alternativen, und weil sich die Möglichkeiten der Einflussnahme unterscheiden.

Übrig sind noch die Stereotypencluster Punker und Spießer, die beide durch jeweils eines der Merkmale Extraversion und Instrumentalität spezifiziert werden. Der *Punker*, dem ein hohes Maß an Extraversion und ein niedriges Maß an Instrumentalität zugeschrieben wird, zeichnet sich vermutlich durch geringe Umweltkontrolle (hohe Umweltbezogenheit) bei geringer Selbstkontrolle (Extraversion) aus und besitzt daher einen nur niedrigen sozialen Status. Als Schematismenkombination bietet sich *external/konstant* bei extrinsischer Motiviertheit an. Der *Spießer* gilt dagegen als in hohem Maße instrumentell bei niedriger Extraversion, d.h. er besitzt geringe Umweltkontrolle (ebenfalls hohe

---

68   In diesem Sinne lässt sich ein Zitat von Connell lesen: „Wenn die Arbeit immer mehr zu Hilfs- und Gelegenheitsarbeit wird, bleibt den Männern aus der Arbeiterklasse am Ende nur noch ihre Kraft. [...] Im Gegensatz dazu werden Mittelschichts-Männer zunehmend zu den Repräsentanten beruflicher Fertigkeiten" (Connell 1999: 75f.).

Umweltbezogenheit) bei hoher Selbstkontrolle (Instrumentalität) und damit einen *höheren* sozialen Status. Er ist vermutlich ebenfalls am ehesten mit der Schematismenkombination *external/konstant* und extrinsischer Motiviertheit fassbar. Beide Typen legen es (durch ihre extrinsische Motiviertheit) ausdrücklich darauf an, nach außen einen erwartungsgemäßen Eindruck zu erwecken. Ihre Umweltbezogenheit ist daher, im Unterschied zu Professor und Alternativem, die ebenfalls mit external/konstant schematisiert sind, nicht lernorientierter, sondern normativer Art.

Die vergleichende Betrachtung der Unterschiede zwischen den verschiedenen Männerstereotypenclustern erlaubt es, von drei Männerstereotypentypen-Kategorien auszugehen: dem *sehr männlichen* Mann (Macho mit niedrigem Status, Yuppie mit hohem Status), dem *sehr unmännlichen* (Alternativer mit niedrigem Status, Professor mit hohem Status) und dem *mäßig männlichen* Mann (Punker mit niedrigem Status, Spießer mit hohem Status). Der sehr männliche Mann ist hoch instrumentell und hoch extravertiert, was seine Struktur als *internal/konstant + extrinsisch* begründet. Der sehr unmännliche Mann dagegen ist niedrig instrumentell und niedrig extravertiert, er ist *external/konstant + intrinsisch* strukturiert. Er besitzt durch seine intrinsische Motiviertheit eine Eigenschaft, die im Vergleich als typisch weiblich gilt; wenn auch die Konstanz seiner externalen Umweltorientierung wiederum typisch männlich ist. Der mäßig männliche Mann ist entweder hoch instrumentell oder hoch extravertiert, seine Motivation ist extrinsisch. Hier gilt die Kombination *external/konstant + extrinsisch. Alle diese männlichen Geschlechterstereotypen weisen eine konstante Umweltbeziehung auf.*

Soll auf dem Hintergrund dieser Ergebnisse ein formalisierter Geschlechtsrollenbegriff definiert werden, dann müssen erst einmal die strukturellen Unterschiede zwischen den weiblichen und männlichen Geschlechterstereotypen herausgestellt werden: Auffällig ist, dass für alle weiblichen Stereotypen der *variable*, und für alle männlichen Stereotypen der *konstante* Umweltbezug charakteristisch ist. Darüber hinaus lassen sich alle nur denkbaren Kombinationen finden. Denn ob auf internale oder externale Motivation attribuiert wird, hängt vom jeweiligen Stereotyp ab und gibt zugleich an, ob es sich um einen männlichen oder unmännlichen Mann, eine weibliche oder unweibliche Frau handelt. Dabei gilt die interne Motivation als besonders männlich, die externe als besonders weiblich. *Das bedeutet, dass Expressivität (external/variabel) und Instrumentalität (internal/konstant) nicht länger als Distinktionskriterien für die Definition der Geschlechterdifferenz verwendet werden können.* Vielmehr lassen sich bestimmte weibliche Stereotype durch instrumentelle und männliche Stereotype durch expressive Eigenschaften charakterisieren – was auf eine verstärkte Übernahme sozialer Rollen, die zuvor typischerweise mit dem anderen Geschlecht besetzt waren, schließen lässt. Dennoch, und hier liegt der zentrale Unterschied, *bedeuten Instrumentalität und Expressivität bezüglich männlicher und weiblicher Personen nicht dasselbe*: Bei männlichen Personen bleibt auch im Falle einer externalen Umweltorientierung der konstante Umweltbezug bestehen und bei weiblichen Personen gilt dies in umgekehrtem Sinne. Diese geschlechtstypische Art der Umweltorientierung führt, wie wir im nächsten Kapitel sehen werden, zu Beschränkungen bei der Übernahme von sozialen Rollen, die typischerweise dem anderen Geschlecht zugewiesen werden.

Ein weiteres Unterscheidungsmerkmal männlicher und weiblicher Geschlechterstereotype, das letztlich auf Konstanz und Variabilität in den Umweltbeziehungen zurückgeführt werden kann, findet sich in der *Unterscheidung von internen und externen Rollenverpflichtungen*. Es betont, ob die externen Rollenverpflichtungen durch den gleichsam natürlichen Bezug auf Haus und Familie oder durch eigene Entscheidung hergestellt wurden. Bei der weiblichsten Frau, der Hausfrau, werden die internen und externen Rollenverpflichtungen identisch gesetzt, alle anderen ‚modernen' Frauentypen werden dagegen stets (positiv oder negativ) hinsichtlich ihrer auf Haus und Familie bezogenen externen Rollenverpflichtungen betrachtet. Die Rollenverpflichtungen der Männer gelten insgesamt als selbstgewählt, weshalb der soziale Status ein ausschließlich männliches Merkmal ist.

Damit haben wir eine Geschlechtsrolle definiert, die zwar einerseits aufgrund der geschlechtstypischen Färbung interaktionsexterner Rollenverpflichtungen noch an der geschlechtlichen Arbeitsteilung orientiert ist, die sich jedoch zugleich wegen der geschlechtsneutral definierten interaktionsinternen Rollenverpflichtungen von einer solchen geschlechtlichen Arbeitsteilung ablöst. Sie vermag damit Veränderungen im Geschlechterverhältnis auf angemessene Weise zu erfassen, weil sie die Rollenvielfalt berücksichtigt, durch die die funktional differenzierte Gesellschaft ihre männlichen und weiblichen Personen in ihre Funktionsbereiche inkludiert, ohne gleichzeitig die ‚Kategorie Geschlecht' über Bord zu werfen.

Im nächsten Kapitel wollen wir herausfinden, wo die Grenzen liegen, die männlichen und weiblichen Personen bei der Übernahme sozialer Rollen durch die Geschlechtsrolle vorgegeben werden. Dazu werden wir uns die Struktur der Kommunikationssysteme Familie und Organisation näher ansehen – und damit die Orte, an denen die Reproduktion der geschlechtlichen Arbeitsteilung stattfindet. Zuvor soll jedoch im nächsten Abschnitt, zur Profilierung unseres systemtheoretisch gebauten Konzepts, eine kurze Auseinandersetzung mit einem akteurszentrierten Theorieansatz geführt werden: des „Doing Gender". Da uns in erster Linie interessiert, wie Geschlechtsidentität und Rollenvielfalt zusammengedacht werden können, führen wir diese Auseinandersetzung mit Stefan Hirschauers Vorschlag vom „undoing gender".

3.5 Exkurs: Kritik des „Undoing Gender"

Stefan Hirschauer (1994) hat sich mit seiner Erweiterung des doing-gender-Konzepts durch das „undoing gender" ebenfalls darum bemüht, die zeitgleiche Existenz von Relevanz und Irrelevanz der Geschlechterdifferenz in der modernen Gesellschaft theoretisch einzufangen. Daher befasst er sich mit Darstellungsproblemen von Männern und Frauen, die andersgeschlechtlich sexuierte Berufsrollen übernehmen. In diesem Zusammenhang rückt er die Schwäche der Omnirelevanz des „doing gender" hinsichtlich der „Ausblendung der Frage ins Zentrum, wann, wie und wo die Hintergrunderwartung [dass die Teilnehmer ein Geschlecht haben; CW] in den Vordergrund sozialer Situationen tritt, also zu ihrem Thema wird" (Hirschauer 1994: 677). Nicht zuletzt die Übernahme einer gegengeschlechtlich sexuierten Berufsrolle zwingt die Interagierenden in eine soziale Situation, in der ihr Geschlecht im Hintergrund verbleiben muss, weil es darauf nicht ankommen soll und darf. Hirschauer will damit nicht bestreiten, dass Geschlecht „in einem elementaren Sinn ... in allen Interaktionen produziert" wird und sich „überall zu einer signifikanten sozialen Tatsache" macht – schließlich hat man es in Interaktionen immer mit geschlechtlichen Menschen zu tun (Hirschauer 1994: 679). Doch kann er, aus seiner ethnomethodologisch-interaktionistischen Perspektive heraus, die Existenz geschlechtlicher Menschen nur unter der Bedingung annehmen, dass diese sich als Männer oder Frauen darstellen; wenn also in jeder sozialen Situation „doing gender" stattfindet – auch in solchen, in denen das Geschlecht der Person unwichtig ist. Hirschauer sieht sich daher mit dem Problem konfrontiert, die Omnirelevanz von Geschlecht einerseits zu kritisieren und andererseits an ihr festzuhalten. Er löst es, indem er dem „doing gender" ein „undoing gender" zur Seite stellt, das die aktive Neutralisierung der eigenen, selbst hergestellten Geschlechtlichkeit ermöglichen soll. Hirschauer ist sich bei der Wahl seiner Terminologie über die Problematik des negativ definierten Begriffs „undoing gender" sehr wohl im klaren: „[E]s gibt keine Position der Unterlassung ... Es ist daher ein Bezugspunkt anzugeben, auf den sich das ,ungeschehen machen' von Geschlecht bezieht" (Hirschauer 1994: 678). Darum gibt er zwei ,Situationstypen' an, die die notwendigen Bezugspunkte für die neutralisierende Selbstdarstellung als ein Geschlecht liefern:

1. Einmal gibt es Situationen, in denen „doing gender" und „undoing gender" in einer *zeitlichen* Abfolge praktiziert werden. Ein Beispiel hierfür ist „die Erfahrung von Frauen, die in männlich konnotierte und von Männern dominierte Berufe vordringen, dass ihnen eine Geschlechtsneutralität verweigert wird, die ihre Kollegen zu genießen scheinen ..." (Hirschauer 1994: 678). Sie haben das Problem, durch ihre geschlechtliche Darstellung das erwartete Erscheinungsbild der von ihnen eingenommenen Berufsrolle zu stören. Daher bedienen sie sich bestimmter Verhaltensstrategien, die diese Diskrepanz zwischen eigener Geschlechtszugehörigkeit und geschlechtlich habitualisierter Rolle nach Möglichkeit auffangen soll. Solche Strategien sind Strategien des „undoing gender", die dann eingesetzt werden, wenn man sich z.B. *zuvor* als Frau zu erkennen gegeben hat: „frau versichert es [ihr soziales Umfeld; CW] ihrer normalen Geschlechtszugehörigkeit, bevor sie auf deren Irrelevanz bestehen kann" (Hirschauer 1994: 679).

2. Dann gibt es Situationen, die durch ihr „genderism" (Goffman), durch ihren *räumlichen* Kontext, ein „undoing gender" erlauben. Ein Beispiel sind geschlechterseparierende Toiletten: Die Tatsache, dass der Ort bereits klärt, um welches Geschlecht es sich handelt, vermag einen „Neutralisierungseffekt ‚nach innen', nämlich in bezug auf die geschlechtliche Entspannung dieser Situationen selbst" bewirken (Hirschauer 1994: 679). „Doing gender" ruht, weil der eindeutig sexuierte Raum die Darstellung von Geschlecht quasi ‚übernimmt'.

In einem Satz zusammengefasst: „Aktualisierung [doing gender; CW] oder Neutralisierung [undoing gender; CW] der Geschlechterdifferenz meint ... das Aufgreifen oder ‚Ruhen lassen' von (routinemäßigen) Geschlechterunterscheidungen zu *anderen Zeitpunkten* (etwa zu Beginn der Interaktion) und an *anderen Orten* (z.B. einem Kreißsaal, oder – bei sexuellen Anspielungen – intimen Situationen)" (Hirschauer 1994: 678). Einmal neutralisiert man durch sein Tun das Geschlecht, das man zuvor dargestellt hat, um so etwas wie ‚Normalität' zu bezeugen, indem man mit Hilfe von Zeit erst dieses und danach jenes tut. Zum Zweiten ist es möglich, seine Geschlechtsdarstellung ruhen zu lassen, etwas nicht zu tun, weil der Ort, an dem man sich befindet, diese Leistung für einen quasi übernimmt. Sieht man jedoch genauer hin, dann fällt auf, dass es sich im Falle des Ruhen lassens der Geschlechtsdarstellung gar nicht um ein „undoing gender" handelt, da der Begriff keine neutralisierende *Aktivität*, sondern ein „Ruhen lassen" der Geschlechtsdarstellung (mit übrigens unexplizierten Folgen) beschreibt. Damit scheint nur das zeitlich gefasste „undoing gender" der Definition des „undoing gender" gerecht zu werden. Doch auch der zeitlich gefasste

Begriff ist nicht unproblematisch. Er beinhaltet bei näherer Betrachtung eine logische Unmöglichkeit. Stellt man sich zuerst als ein Geschlecht dar, um sich als normale, sozial akzeptable Person auszuweisen, und neutralisiert man dann sein zuvor dargestelltes Geschlecht, so ergeben sich nämlich zwei Explikationsvarianten dieses Vorgangs, die jeweils zu nichtintendierten Folgen führen:

1. Man stellt sich als ein Geschlecht dar, um Normalität und personale Existenz vorzuweisen. Dann neutralisiert man diese Darstellung im nächsten Moment, um zum, von der eigenen Geschlechtszugehörigkeit unabhängigen, ungeschlechtlichen Thema der Interaktion überzugehen. Damit ist jedoch die vorherige Darstellung als ein Geschlecht sinnlos geworden, denn der Betrachter hat im Moment der Neutralisierung ein geschlechtsloses Wesen vor sich, das über keinerlei soziale Existenz verfügt.

2. Verfügte der Betrachter dagegen im Moment der Neutralisierung über die Erinnerung an die vorausgegangene Darstellung, würde die Neutralisierung scheitern, weil das Geschlecht der Person auch im Moment der Neutralisierung noch auf ihn wirkte und also nicht neutralisiert wäre.

Hirschauers Begriff vom „undoing gender" ist also nicht wirklich weiterführend. Er kann nicht erklären, wie es möglich ist, dass eine Person eine Rolle übernimmt, die traditionell dem anderen Geschlecht zugeschrieben ist, und dennoch in dieser Rolle akzeptiert wird. Der Grund liegt darin, dass sein akteurszentrierter Ansatz die ‚Last der Konstruktion' den Akteuren alleine aufbürdet. Er verlangt von ihnen das Paradox, etwas im selben Moment zu tun und zu neutralisieren.

In einem späteren Aufsatz greift Hirschauer (2001: 216 ff.) seine Überlegungen zum undoing gender mit Schwerpunkt auf der Neutralisierung der Geschlechterdifferenz noch einmal auf, indem er die Unterscheidung zwischen der Wahrnehmung der Interagierenden einerseits und den sozialen Erwartungen andererseits einführt.[69] In dieser Differenz sieht er jetzt die Bedingung der Möglichkeit der Thematisierung und Nicht-Thematisierung von Geschlecht als Etwas, das als Wahrnehmbares für die Interagierenden unhintergehbar ist, als Thema der Kommunikation dagegen sehr wohl neutralisiert werden kann; letzteres mit der Folge der sozialen Relevanz oder Irrelevanz der Geschlechter-

---

69   „ ... die Wahrnehmungs- und Erinnerungsleistungen von Personen [können; CW] aber auch einen Überschuss an Informationen speichern, der sozial gar nicht weiterverarbeitet wird" (Hirschauer 2001: 216). Vgl. dazu bezogen auf die Geschlechterdifferenz bereits Pasero (1999).

differenz. Hirschauer verfolgt damit ein völlig anders gebautes Theoriekonzept, eines, das die Eigenständigkeit sozialer Strukturen als Erwartungen betont und ihnen neben dem ‚Individuum' einen eigenen Platz einräumt: Er nähert sich damit der systemtheoretischen Annahme von der Autonomie der beiden Systemtypen Bewusstsein und Kommunikation an. War zuvor im ethnomethodologisch-interaktionistischen Konzept die Sozialstruktur als Ergebnis des Handelns der Individuen gedacht worden und die Differenz zwischen individueller Wahrnehmung und sozialen Erwartungen kein konstitutives Moment seiner Überlegungen gewesen, so sieht er nun die Bedingung der Möglichkeit der Irrelevantsetzung der Geschlechtszugehörigkeit einer Person genau in dieser Unterscheidung: „Männer und Frauen entstehen, indem sich Interaktionsteilnehmer in ‚Geschlechterverhältnisse, setzen. Erst einmal angestoßen und auf den ‚Zahnrädern' ... der Interaktion wird die Geschlechtszugehörigkeit ihrer Teilnehmer zu einem *Effekt* des Interaktionsverlaufs. Die *Trägerschaft* für die Geschlechterdifferenz geht von den Akteuren auf Interaktionsskripte über" (Hirschauer 2001: 221). Und diese Skripte – und nicht das ‚freiwillige' Interaktionshandeln der Individuen – legen eben das Herausstellen oder Neutralisieren der Geschlechtszughörigkeit der eigenen und/oder anderen Personen nahe: „Dieser Einbau in die Interaktionsstruktur sorgt für eine höherstufige Verwendung der Geschlechtskategorie, die über ihren perzeptiven oder subjektivierenden Einsatz hinausgeht" (Hirschauer 2001: 220). Damit nähert er sich im Prinzip der hier vertretenen Perspektive an.

4. Geschlechtliche Arbeitsteilung

Nachdem wir nun einen Geschlechtsrollenbegriff entwickelt haben, der sich durch die Merkmale konstante/variable Umweltbeziehung und an der geschlechtlichen Arbeitsteilung ausgerichtete interaktionsexterne Rollenverpflichtungen auszeichnet, wenden wir uns männlichen und weiblichen Personen der Interaktionen in Familie und Organisation zu. Dabei interessiert uns der Zusammenhang von Geschlechtsrolle und der Struktur derjenigen Sozialsysteme, in denen die geschlechtliche Arbeitsteilung reproduziert wird. Wo liegen die Grenzen, die männlichen und weiblichen Personen bei der Übernahme sozialer Rollen durch die Geschlechtsrolle vorgegeben werden? Gezeigt werden kann, soweit ist bereits vorwegzunehmen, dass die geschlechtstypische Rollenverteilung trotz aller beobachtbaren Veränderungen im Kern stabil bleibt. Dabei soll natürlich nicht übersehen werden, dass der Toleranzbereich der Organisationsinteraktionskommunikation heute wesentlich größer ist als noch vor einigen Jahrzehnten. Dennoch lassen sich nach wie vor Grenzen ausmachen, die in den stagnierenden Zahlen von weiblichen Personen in statushohen Organisationsrollen deutlich werden. Im Familiensystem ist die Geschlechterdifferenz auch heute noch konstitutiver Bestandteil der Definition von Familienrollen − ,wirkliche' Abweichungen davon sind echte Ausnahmen.

Warum gibt es diese Hartnäckigkeit der geschlechtlichen Arbeitsteilung in Familie und Organisation? Wir meinen, sie im Verhältnis von Geschlechtsrolle und interaktiv vollzogener Familiensystem- und Organisationssystemstruktur ausmachen zu können. Das bedeutet aber in aller Konsequenz, dass der Ort der Produktion und Reproduktion des traditionellen Geschlechterverhältnisses keineswegs die Interaktion *allein* ist. Vielmehr bedarf es bestimmter sozialer Bereiche, in denen die Interaktionsstruktur auf so spezifische Weise ,gerahmt' ist, dass sich eine geschlechtstypische und folgenreiche Verteilung von männlichen und weiblichen Personen auf geschlechtstypische Rollen gleichsam wie von selbst regelt.

4.1 Geschlechtliche Arbeitsteilung in der Familie

Die Kommunikation des Familiensystems in der modernen Gesellschaft ist durch das symbolisch generalisierte Kommunikationsmedium Liebe strukturiert. Sie „hat in einem ganz wörtlichen Sinne ihre Originalität, ihren ‚Ursprung', in Systemen der Intimität und genau das spezifiziert ihre Form im Unterschied zu dem, was in anderen Epochen unter der Beschreibung der Familie firmierte" (Fuchs 1999: 87). Damit sind zugleich Hinweise auf die interne Differenzierung des Familiensystems gegeben: Grundlage ist „die Ausdifferenzierung eines Sondersystems der Eltern zueinander als desjenigen Teilsystems, in dem die Perfektion des re-entry erreicht – oder auch verfehlt werden kann" (Luhmann 1993d: 212). Dieses Sondersystem konstituiert ein (in der Regel heterosexuelles) Liebesverhältnis, das sich durch die Konditionierung der Mitteilung von Alter und deren Verstehen durch Ego auszeichnet, da „Ego, wenn es liebt, sich in seinem Handeln darauf einstellt, was Alter erlebt; und insbesondere natürlich: wie Alter Ego erlebt" (Luhmann 1997a: 344). Ego muss sein Kommunikationsverhalten in seinem Bezug auf das Erleben Alters explizit als handelnd kennzeichnen und umgekehrt. In der Beziehung zu den Kindern gelingt das natürlich erst einmal nur einseitig, da diese zu Anfang kaum in der Lage sind, ihr Handeln am Erleben ihrer Eltern auszurichten. Dennoch zerfällt die durch das symbolisch generalisierte Kommunikationsmedium Liebe zusammengehaltene Familie nicht, wird ihre Einheit durch die Elternliebe garantiert. Das „WIR-ZWEI" der Liebesbeziehung wird zum „WIR", sobald Kinder dazu kommen und als Adressaten der Familienkommunikation gelten (vgl. Fuchs 1999: 87).

Dass die Familienkommunikation im symbolisch generalisierte Kommunikationsmedium der Liebe verläuft, da Ego sich in seinem Handeln durch das Erleben Alters motiviert sieht, zeichnet sie als modernes Familiensystem in der funktional-differenzierten Gesellschaft aus. Dagegen kam die vormoderne Familie noch ganz ohne Liebe im vorgestellten Sinne aus. Sie war als ‚Haus' in eine der einander hierarchisch zugeordneten sozialen Schichten hineinplatziert. So bündelte und bediente sie unterschiedliche gesellschaftliche Funktionen und übernahm die gesellschaftsadäquate Sozialisation der Individuen. Heute ist Sozialisation mit der Ausdifferenzierung der Funktionen in verschiedene Funktionsbereiche gleichsam ‚ausgelagert'. Sie vollzieht sich „überall, geschieht in jedem sozialen Kontakt, sofern die Beteiligten in der wechselseitigen Beobachtung oder in der Reaktion auf Zumutungen lernen. Wir gehen deshalb umgekehrt vor: Die Familie ist nicht durch die Funktion der Sozialisation bestimmt, sondern der familialen Sozialisation kommt eine besondere Bedeutung zu, weil sie von einem System gelöst wird, das darauf eingestellt ist, die *gesellschafli-*

che Inklusion ganzer Personen zu ermöglichen" (Luhmann1993d: 211; Hervorheb. CW).

Zu Beginn der Moderne, mit der Umstellung der Gesellschaft von Stratifizierung auf funktionale Differenzierung, wandelte sich die Funktion der Familie in Richtung „Vollinklusion". Eine Familie ist nun nicht mehr notwendig einer spezifischen sozialen Schicht zugeordnet, sondern sie wird zu einem sich selbst regulierenden autonomen Gesellschaftssystem, dessen Funktion darin besteht, die Personen ,vollständig' zu inkludieren. Interessanterweise führte diese Entwicklung einerseits zur Auflösung und andererseits zur Anthropologisierung der Geschlechterdifferenz. Zur Auflösung führte sie deshalb, weil das moderne Liebesverhältnis als Inklusion in ein solches Intimsystem bedeutet, „von ein und derselben Person im Wechsel oder gleichzeitig die Übernahme beider Rollen [Leistungs- und Publikumsrolle; CW] zu verlangen" (Stichweh 1988: 272) – da es in der Liebe um ein am Erleben des anderen orientiertes Handeln zur Bestätigung des eigenen Erlebens geht (vgl. Luhmann 1982b). „Es ist deshalb nicht zufällig, dass überall, wo in der Moderne ernsthaft über romantische Liebe nachgedacht wird ..., auch *Androgynie* ein mögliches Leitthema wird: als der Versuch, auch die Geschlechtsrollendifferenz als die letzte irreduzible Asymmetrie in Liebesbeziehungen in die Form des Rollenwechsels zu überführen" (Stichweh 1988: 274). Weil die Orientierung am Erleben des anderen zu einer symmetrischen Geschlechterbeziehung führt, darum wird die Rollenverteilung als *partnerschaftliche* Entscheidung sichtbar und somit disponibel. Die *Transformation des Liebesverhältnisses ins Eheverhältnis* führte dagegen zur Anthropologisierung und also zur Betonung der Geschlechterdifferenz, indem nicht die Unterscheidung, sondern die Einheit von Person und Rolle betont wurde. Unter diesen mit der geschlechtlichen Arbeitsteilung verknüpften sexuierten Inklusionsbedingungen wurde die Differenz von Mann und Frau zuerst „ins Extrem ... getrieben" (Luhmann 1982b: 195). Die Oszillation zwischen Männlichkeit und Weiblichkeit als zwei Seiten desselben ließ sich durch die Annahme von der natürlichen Verschiedenheit der beiden Geschlechter asymmetrisieren und „hielt die Kommunikation davon ab, das Problem der Inklusion vorbehaltlos und unvorstrukturiert aufzugreifen" (Luhmann 1993d: 209f.). Plötzlich als System in eine stabile gesellschaftliche Umwelt eingebettet, sieht sich das in Ehe und Familie verwandelte romantische Liebesverhältnis mit einem zuvor nicht existierenden Maß an Komplexität konfrontiert. Die bisher noch wenig strukturierte Beziehung der Liebenden wird nun den Anforderungen der gesellschaftlichen Umwelt entsprechend durch eine ontologisierende „Rollendifferenzierung aufgefangen oder doch abgeschwächt ... Die Rolle der Frau hatte, so die Norm, ihren Schwerpunkt familienintern, die Rolle des Mannes dagegen extern" (Luhmann 1993d: 209f.).[70] Solche Asymmetrisierung verhilft der in Familienkommunikation ‚verwandelten' Liebeskommunikation, die Vollinklusion zum Preis einer Ontologisierung der Geschlechterdifferenz aufrechtzuerhalten, was für die männliche und die weibliche Person mit völlig verschiedenen Konsequenzen verbunden ist. Fichte z.B. denkt die Ehe für die Frau als „die völlige Hingabe der Persönlichkeit und konsequenterweise auch die Abtretung allen Vermögens und aller Rechte an den einen und einzigen Mann, der seinerseits durch die völlige Auslieferung der Frau zur Großmut und ehelichen Zärtlichkeit moralisch in die Pflicht genommen" wird (Hausen 1986: 373). Ihren gesellschaftlichen Bezugspunkt findet diese Logik in der ‚bürgerlichen' Trennung von Haus- und Erwerbsarbeit, und der damit verknüpften geschlechtlichen Arbeitsteilung, die sich vermutlich auf bereits bestehende Zuständigkeitsbereiche der Geschlechter stützte, denn „die Gewohnheit, die Geschlechterdifferenz so zu sehen, trägt noch eine Weile. Man konnte also annehmen, dass die Frau primär für das Häusliche, der Mann dagegen primär für das Gesellschaftliche (was im 19. Jahrhundert dann hieß: das Geschäftliche) zuständig sei. Darin lagen vor allem Vorteile zeitlicher Elastizität. Die Geschlechterdifferenz diente nicht zuletzt der Trennung der Zeitbudgets von Haushalt und Beruf. Die Frau war immer im Hause und der Mann folglich im Beruf nach Bedarf einsetzbar" (Luhmann 1993d: 209).

Die Versuche dieser Zeit, die anthropologisch verstandene geschlechtliche Arbeitsteilung naturwissenschaftlich zu begründen, bemühten sich entsprechend darum, die mit der romantischen Liebe sichtbar gewordene Unterscheidung von Person und Rolle zu einer unauflösbaren Einheit zusammenzuziehen.[71] 1837 heißt es beispielsweise bei Karl Friedrich Burdach in seiner „Anthropologie für das gebildete Publicum": „Im weiblichen Organismus ist die Beziehung zur Fortpflanzung, zur Erhaltung der *Gattung*, im männlichen die *Individualität* und deren Erhaltung vorherrschend. [...] Das zweite Moment, nach welchem in dem Weibe das innerliche Leben, Bilden und Erhalten, im Manne dagegen das Schaffen und Wirken im Aeußern vorwaltet, ist schon darin angedeutet, dass die Eierstöcke im Innern des Beckens, die Hoden hingegen außerhalb der Rumpfhöhle, wie kein plastisches Organ von gleich hoher Bedeutung, liegen" (zit. nach Honegger 19996: 198f.).[72] Die geschlechtliche

---

70   Diese Norm war zudem, das soll nicht unterschlagen werden, rechtlich reguliert.

71   Heute spinnt die Genforschung diesen Faden weiter (vgl. z.B. Schröder 1999).

72   Ganz ähnlich argumentiert die Psychologie noch 1950, indem sie „den unterschiedlichen Umgang mit Mensch und Welt ... bereits in der Tektonik des Leibes angelegt

familiäre Arbeitsteilung sieht hier die Konzentration des weiblichen Arbeitsbereiches auf den familiären Aktionsradius vor, womit die Frau der Vollinklusion als ganze Person in die Familie ‚näher' kommt als die männliche Person. Dies drückt sich in der Semantik als Betonung der weiblichen Natur im Unterschied zur Individualität der männlichen Person aus. Noch bei Simmel heißt es: „Unzählige Male scheint der Mann rein Sachliches zu denken, ohne dass seine Männlichkeit gleichzeitig irgendeinen Platz in seiner Empfindung einnähme, dagegen scheint es, als würde die Frau niemals von einem deutlicheren oder dunkleren Gefühle, dass sie Frau ist, verlassen; dieses bildet den niemals ganz verschwindenden Untergrund, auf dem alle Inhalte ihres Lebens sich abspielen" (Simmel zit. nach Meuser 1998: 33). Doch auch in diese eheliche Geschlechterbeziehung ist bereits im Kern das Moment der Partnerschaft eingelassen. Die Semantik dieser Zeit nennt dieses explizit asymmetrisch konzipierte Geschlechterverhältnis *Freundschaft*, genauer: „companion", und bezeichnet damit „die Rolle einer Person in Hinsicht auf eine andere, die keine reziproke Funktion dieser zweiten Person impliziert ... Die jetzt als begleitend gedachte Stellung der Frau wird zuerst dadurch motiviert, dass sie am religiösen Leben des Mannes verständnisvoll partizipieren soll" (Leupold 1983: 311). Ab dem 20. Jahrhundert lässt sich eine Entwicklung hin zur Resymmetrisierung beobachten, die semantisch mit dem Terminus „Partnerschaft", gefasst wird. Von ihr ist „typischerweise dort die Rede ..., wo asymmetrische Sozialbeziehungen in symmetrische Konstellationen umgeformt werden sollen" (Leupold 1983: 298). Hat sich zuvor die Frau am Mann orientiert, orientiert sich in der Partnerschaft jeder an sich selbst; das Thema ist die individuelle Selbstverwirklichung: „[D]as Risiko, das man bejaht, ist die Bereitschaft, um des Telos der Selbstverwirklichung willen alle Bindungen auch wieder aufzulösen" (Leupold 1983: 317). Die Folge ist eine „Dekomposition der Ehe in zwei autonome Individuen, die als Individuen zunächst abstrakt bestimmt werden, d.h. über Gleichheit der Rechte, Gleichheit des Anspruchs auf Selbstverwirklichung" (Leupold 1983: 315).

Letztlich also lässt sich ein auf den ersten Blick widersprüchlicher Befund konstatieren: Einerseits führt die moderne Familie die Anthropologisierung und Verschärfung der Geschlechterdifferenz ein, andererseits liefert ihre in das Kommunikationsmedium Liebe eingelassene symmetrische ‚Beziehungsstruktur' die Bedingungen der Möglichkeit für die Gleichberechtigung der Geschlechter. Zwar zeigt ein Blick auf die heutige Familienstruktur, dass die

---

[sieht; CW], wobei die Frau ein feinnerviges, aufnahmefähiges und aufnahmebereites Wesen, der Mann dagegen ein robustes, eindringendes, prägendes Wesen ist" (Pfrang 1987: 69).

geschlechtliche Arbeitsteilung den Partnern auch heute noch weitgehend als selbstverständlich gilt (vgl. Hollstein 1993; Künzler 1995) und oftmals unreflektiert bleibt. Dennoch hat sich das Verhältnis zwischen den (Ehe)Partnern und zwischen Vater und Kindern dahingehend verändern, dass der ‚Mann der Familie' nicht mehr die Rolle des Haushaltsvorstandes einnimmt, dessen Entscheidungen sich Frau und Kinder einfach zu fügen haben.[73] Der Grund dafür hängt unmittelbar mit der Inklusion der Frau in die gesellschaftlichen Funktionsbereiche und ihren Aufstieg zur Rechtsperson zusammen. Die Unterwerfung von Ehefrau und Kindern unter die Autorität des Ehemanns und Vaters, wie sie unter anderem bei Fichte gedacht war, lässt sich nicht weiter aufrechterhalten. Daher kann man, auch wenn die familiäre geschlechtliche Rollenverteilung weitgehend traditionell bleibt, beobachten, dass der autoritäre Kommunikationsstil des Ehemanns und Vaters mehr und mehr zurücktritt, und sich dem fürsorglichen und am Erleben der anderen orientierten Kommunikationsstil der Ehefrau und Mutter angleicht. Entsprechend hat sich das Bild des Mannes in der Familie verändert: Auch wenn der überwiegende Teil der Männer der Mutterrolle für die Entwicklung des Kindes ein größeres Gewicht zuschreibt als der Vaterrolle, ist er der Ansicht, dass der Ehemann und Vater ebenfalls eher Eigenschaften, die als typisch weiblich gelten, besitzen sollte. Er „soll verständnisvoll, zärtlich, liebevoll und warmherzig sein und in deutlich geringerem Ausmaß überlegen, mutig, unabhängig, erfolgreich und durchsetzungsfähig" (Pfrang 1987: 79). Insgesamt soll er, so finden männliche und weibliche Personen, sein Eigenschaften-Repertoire *erweitern*, indem er sich in der Familie eher expressiv verhält – daneben jedoch weiterhin der Ernährer bleibt. Damit kehren sich „[i]n der Ehe ... die Erwartungen, die der Mann an sich selbst und die die Frau an ihn stellt, im Vergleich zum Berufsleben vollständig um" (Pfrang 1987: 79). Viele Väter erleben heute daher „eine erhebliche Spannung zwischen ihrer Arbeit und Familie" (Pfrang 1987: 97). Sie erwarten von sich selbst eher typisch weibliche Eigenschaften, wenn es um ihre Teilnahme an Liebes- oder Familienkommunikation geht.

---

73   Die Folgen werden nicht nur begrüßt, sondern auch beklagt: „Väterliche Autorität reduziert sich damit zur hohlen, sinnentleerten Kategorie, tauglich nur noch als Versatzstück für amerikanische Film-Komödien oder Comic-Strips, in Wirklichkeit genauso irrational wie die verwendeten Requisiten" (Stryz 1978: 104). Der Vater sinkt Dieter Lenzen zufolge solange zum bloßen ‚Bezahler' herab, „wie das Nähren den Müttern zugeschrieben und das Schützen dem Gewaltmonopol des Staates unterworfen bleibt, für die Bezahlung von dessen Agenten der Vater lediglich Steuern durch den Preis seiner Lebenszeitopferung in Gestalt von Arbeit beiliefern darf" (Lenzen 1997: 113).

Untersuchungen von Sieverding (1988) und Hassebrauck (1990) zeigen, dass „sich die gegenseitigen Erwartungen tatsächlich sehr stark aneinander angeglichen haben, was die instrumentellen und expressiven Funktionen angeht. Männer wie Frauen wünschen sich von ihrem Idealpartner in hohem Maße expressive Eigenschaften und Fähigkeiten wie ‚zärtlich', ‚einfühlsam', ‚liebevoll', ‚verständnisvoll'. Frauen legen auf diese Eigenschaften bei ihrem Idealpartner teilweise noch mehr Wert als Männer ... Eigenschaften, die eher der sogenannten instrumentellen Funktion zuzuordnen sind, haben bei der Beschreibung des Idealpartners deutlich weniger Gewicht; ein Ergebnis, das damit zusammenhängen kann, dass für das Gelingen einer Partnerschaft expressive Funktionen für wichtiger angesehen werden als instrumentelle, die mehr auf den Bereich Leistung, Aktivität abzielen" (Sieverding 1988: 12). Doch gilt weiterhin, dass „Männer ... nach wie vor einen ungleich höheren Wert auf das – schöne – Aussehen ihrer Partnerin legen als umgekehrt" (Sieverding 1988: 13), was laut Stereotypenforschung (vgl. Abschnitt 3.4.) als Bezugnahme auf die weibliche Geschlechtsrolle gelesen werden kann. Umgekehrt findet sich die Eigenschaft ‚emanzipiert' bei den „Frauenwünschen an ihre Partner mit an vorderer Stelle" (Sieverding 1988: 13). Zugleich jedoch, so betont die Studie von Hassebrauck (vgl. 1990: 111), suchen weibliche Personen eher männliche Personen, die über statusbezogene Merkmale verfügen – was ebenfalls als Bezugsnahme auf die männliche Geschlechtsrolle gelesen werden kann. Entsprechend nennen männliche Personen in einer Heirats- oder Bekanntschaftsanzeige „mehr Bildungs- und Statusmerkmale als Frauen ... und Frauen wünschen diese Merkmale mehr als Männer" (Hassebrauck 1990: 110). Es finden sich also neben einer Orientierung an einem veränderten Rollenbild auch weiterhin Wünsche, die sich auf ganz traditionelle Merkmale beziehen und darauf hinweisen, dass eine Auflösung der Geschlechtsrollen trotz aller ‚Angleichung' nicht in Sicht ist.

Eine Entwicklung hin zur partnerschaftlichen Beziehung zwischen den Eheleuten ist dennoch unübersehbar: „So freuen sich moderne Männer über ihre Frau als Person, wünschen den Austausch von Ideen und erwarten, voneinander zu lernen, während traditionelle Männer eher die Rollenerfüllung, die Serviceleistungen, wie Kochen, Waschen und Kinderpflege schätzen" (Pfrang 1987: 77). Mit zunehmender Selbststeuerung der Kommunikation fügt sich der Ehemann und Vater zunehmend in die ‚expressive Kommunikationskultur' der Familie ein. Sein Kommunikationsstil legt es nun weniger darauf an, sich als instrumentell Handelnder gegenüber den Kindern und seiner Frau zu profilieren, vielmehr bemüht er sich, eine Orientierung am Erleben der anderen zu entwickeln. Erwünscht sind „Konsens und Vertrauen" (Hahn 1983). *Nur „zwi-*

schen der ‚weiblichen' Eigenschaft der Einfühlung und dem Eheglück [existiert; CW] ein deutlicher Zusammenhang, während für die ‚männliche' Eigenschaft Durchsetzungsfähigkeit kein Zusammenhang vorliegt" (Pfrang 1987: 86; Hervorheb. CW).

Deutlich werden strukturelle Übereinstimmungen *von weiblicher Geschlechtsrolle und Familienkommunikationsstruktur* im Medium Liebe vor allem dann, wenn man an die binäre Schematismenkombination external/variabel + intrinsisch der weiblichen Frau im Stereotyp der Hausfrau denkt: Das Medium Liebe wird reproduziert, indem Ego sich in seinem Handeln durch das Erleben Alters motiviert sieht. Ego orientiert sich (external) an den (variablen) Bedürfnisses der geliebten Person, was ihm als Bedürfnis der Zweck des Handelns ist (intrinsisch) ist. Mit dem Allgemeinplatz, dass Frauen lieben, Männer daneben auch noch etwas anderes zu tun haben, kommt zum Ausdruck, dass die Rolle der Hausfrau und Mutter nach wie vor das Zentrum der Familie abgibt.

Die männliche Geschlechtsrolle, die sich unter anderem durch die explizite Unterscheidung interaktionsinterner und -externer Rollenverpflichtungen und durch den Hinweis auf den sozialen Status auszeichnet, scheint mit den Erwartungen, die durch die Familienrolle des Ernährers gebündelt werden, gut zusammenzupassen: „Im Normalfall sind Väter ‚Freizeitväter'. Wenn sie Pech haben, beginnt die Freizeit erst, wenn ihr Kind abends schon wieder schläft. Der Beruf gibt den Takt an, es bleiben Wochenende und Urlaub, um das eigene Kind kennen zu lernen" (Prenzel 1990: 99).[74] Doch auch dann, wenn die männliche Ernährerrolle sowohl von der männlichen als auch der weiblichen Person übernommen wird, bleibt die Verteilung der Hausarbeit und Kinderpflege weiterhin geschlechtstypisch verteilt. Zwar lassen sich gewisse Auflösungserscheinungen beobachten. Doch gilt auch heute noch: „Nach der Geburt des ersten Kindes übernimmt der Mann häufig allein die materielle Versorgung der Familie, während die Frau die Familienarbeit zum größten Teil zu erledigen hat" (Pfrang 1987: 97). Wie eine Studie zu Vätern in Schweden zeigte, sehen so die ‚neuen Väter' vielfach aus: „Väter, die vor der Geburt ihres ersten Kindes eine große Bereitschaft zu ‚aktiver Vaterschaft' signalisiert hatten und für die ‚Elternschaft' wichtiger als ‚Beruf' war, verhielten sich nach der Geburt nicht anders als traditionell votierende Väter. Jeweils fand sich die konventionelle Aufgabenverteilung: Die Väter spielten mit den Kindern, während Füttern und Wickeln weitgehend den Müttern überlassen wurde" (Prenzel 1990: 104). Die

---

74 Entsprechend wird der Vater wird von den Kindern nicht in dem Maße als vollinkludiert erlebt wie die Mutter (vgl. Tyrell 1982: 181; Kamarovsky 1962).

geschlechtliche Arbeitsteilung bleibt also stabil (vgl. z.B. Hollstein 1993): „Die Frauen erledigen den Großteil der Hausarbeit; während ihr Aufwand jedoch sinkt, wenn sie erwerbstätig sind, investieren ihre Partner auch unter diesen Umständen kaum zusätzlich Zeit" (Künzler 1995: 121). Auch wenn die Zahl der berufstätigen Frauen stetig zugenommen hat, ändert dies nur wenig daran, dass diese Berufstätigkeit – anders als beim berufstätigen Mann – mit ihren familiären Aufgaben abgestimmt werden muss (vgl. z.B. Prenzel/Strümpel 1990).[75]

Natürlich existieren mittlerweile auch alternative Modelle zur geschlechtlichen Arbeitsteilung. Möglich ist das, weil der modernen Familie aufgrund der partnerschaftlichen Beziehungsstruktur zwischen den Eheleuten heute grundsätzlich die Unterscheidung von Person und Rolle zur Selbstbeobachtung zur Verfügung steht. Die zwischenmenschliche Interpenetration hat sich gegen die soziale Interpenetration zunehmend soweit ausdifferenziert,[76] dass die Differenz von Person und Rolle zunehmend in Form von Metakommunikation thematisiert werden kann.[77] Das bedeutet, *dass die geschlechtstypisch gefasste Einheit von Person und Rolle aufgelöst und rekombiniert werden kann.* Dies gelingt jedoch, wie wir zeigen werden, nur soweit, wie die Geschlechtsrollen, die wir in Abschnitt 3.4 definiert haben, erhalten bleiben.

Zu diesem Zwecke sollen hier zwei verschiedene Modell familiärer Arbeitsteilung diskutiert werden: a. das Modell ‚Teilzeit für beide' und b. das Modell ‚Hausmann und vollberufstätige Ehefrau'. Es handelt sich hier wohlgemerkt um Ausnahmen: 1982 schätzte man für Deutschland ca. 80.000 freiwillige Teilzeitmänner und wesentlich weniger Hausmänner (vgl. Strümpel et al. 1989: 42); angesichts der Tatsache, dass Ende der 90er Jahre nur ca. 2% aller Elternschaftsurlaube von Vätern beantragt wurden (vgl. Bundesministerium 1998), kann eine bedeutsame Veränderung ausgeschlossen werden.

Um welchen ‚Typ Mann' handelt es sich beim typischen Hausmann oder Teilzeitmann? Er verfügt über ein hohes Bildungsniveau, dasselbe gilt für seine Partnerin (deren Bildungsniveau, wenn sie mit einem Hausmann liiert ist, in der Regel höher ist als seins) (vgl. Strümpel et al. 1989: 46). Er zeichnet sich

---

75   Darauf ist der Begriff von der „doppelten Vergesellschaftung" der Frau (Becker-Schmidt 1987) bezogen.

76   Zu dieser Unterscheidung siehe Luhmann (1987: 303ff.).

77   Luhmann drückt das polemisch aus: „Es mag dann durchaus, feministisch angeregt, um die Frage gehen, ob nicht heute einmal der Mann das Geschirr abwaschen oder wenigstens beim Abtrocknen helfen sollte" (Luhmann 1993d: 217).

in hohem Maße durch nicht-traditionelle Einstellungen aus, stellt also den Beruf nicht über die Familie, während seine Partnerin die Familie nicht über den Beruf stellt. Ein Drittel der Teilzeitmänner sind im Bereich Wissenschaft, Kunst und Publizistik beschäftigt, die Partnerinnen von Haus- und Teilzeitmännern sind zu ca. 80% Beamtinnen oder leitende Angestellte (vgl. Strümpel et al. 1989: 50). Als Motive für ihren ungewöhnlichen Lebensentwurf geben die Teilzeitmänner in erster Linie die Präferenzen ‚aktive Kinderbetreuung' und ‚mehr persönliche Zeit' an, sie wollen nicht nur für den Beruf leben (vgl. Strümpel et al. 1998: 57; vgl. auch Scholz 1987: 111). Auch die Hausmänner geben als erste Präferenz die aktive Kinderbetreuung an, daneben zählt für sie, dass sie ihrer Partnerin die Berufstätigkeit ermöglichen wollen und/oder dass die Partnerin ein höheres Einkommen hat als sie es hätten (vgl. Strümpel et al. 1998: 57). Insgesamt lässt sich also festhalten, dass es sich um Typen handelt, die sich mit alternativen Lebensformen beschäftigen, nach ausgeglichen Lebensinhalten und einer selbstbestimmten Lebensführung suchen (vgl. Strümpel et al. 1998: 63).

Sieht man sich das Modell a ‚Teilzeit für beide' an, gilt insgesamt, dass sich die Teilzeitmänner verhältnismäßig intensiv um den gemeinsamen Haushalt kümmern – auch wenn ihre Partnerin stets etwas mehr übernimmt. Die Aufteilung der Arbeitsbereiche orientiert sich jedoch an der traditionellen Rollenteilung: „Die Paare praktizieren, in Anbetracht der jeweiligen Berufstätigkeit, eine eher ‚gerechte' Aufteilung der Hausarbeit, in der sich aber noch deutlich eine geschlechtstypische Arbeitsteilung abzeichnet: Das Waschen, Bügeln und Nähen ist weitgehend Domäne der Frauen, während Reparaturen in Haus und Garten und Behördengänge überwiegend von den Männern ausgeführt werden" (Prenzel/Strümpel 1990: 42f.). Hier werden also bereits existierende innerfamiliäre Arbeitsbereiche beibehalten. Das ändert sich auch dann nicht, wenn der Mann Teilzeit und die Frau Vollzeit arbeitet: „Teilzeitbeschäftigte Männer vergrößern ihr Haushaltssegment, wenn die Partnerin Vollzeit erwerbstätig ist, doch die zeitintensiven Arbeiten (Putzen, Kochen, Aufräumen) werden noch immer fast bis zur Hälfte von den Frauen erledigt" (Prenzel 1990: 109). Somit übernehmen die Männer auch weiterhin die Hausarbeiten, die sowieso als typisch männliche Hausarbeiten gelten (vgl. Pfrang 1987: 87), während die typisch weiblichen Hausarbeiten in erster Linie von der Frau ausgeführt werden. Dabei übernehmen die Frauen insgesamt mehr als die Hälfte der Arbeit; das gilt selbst dann, wenn sie Vollzeit berufstätig sind. Lediglich der väterliche Umgang mit den Kindern ist bei den Teilzeit-Männern intensiver, doch auch hier gilt: „Männer vollzeitbeschäftiger Frauen engagieren sich nur unwesentlich stärker bei der Kinderversorgung als Männer teilzeitbeschäftigter Frauen" (Prenzel 1990: 110). Dennoch ist die Zustimmung zu diesem Modell sehr groß, wird die Verteilung der Hausarbeit (contrafaktisch) als gerecht verteilt empfunden. „Es erhält Beifall von vielen Seiten, erzielt deutliche Erfolge in der persönlichen, partnerschaftlichen und familiären Bedürfnisbefriedigung, es erhält die Bindung an den Beruf" (Prenzel 1990: 116).

Das Modell b mit Hausmann und vollzeiterwerbstätiger Frau ist insgesamt wesentlich weniger erfolgreich, was sich daran festmachen lässt, dass, obwohl hier die Frau Vollzeit arbeitet und der Mann ‚offiziell' für den Haushalt zuständig ist, die Hausmänner sich bei der Hausarbeit relativ wenig engagieren. Die allgemeine Unzufriedenheit ist hoch. „Der Beruf und der Umgang mit Kollegen werden vermisst, oft wird von anderen der für Männer ungewohnten Rolle mit Skepsis und Ablehnung begegnet, häufig klagen die Männer über Unausgefülltheit und fehlende Bestätigung in ihrem neuen Hausarbeitsalltag: ihr Engagement im Haushalt und in der Kinderversorgung scheint schnell zu erlahmen" (Prenzel/Strümp 1990: 43). Die Folge ist, dass die Hausmänner mit der Zeit immer mehr Aufgaben auf ihre Partnerinnen ‚abschieben'. „Von den zeitaufwendigen Tätigkeiten des Putzens und Aufräumens und vom Wäschewaschen haben sich etliche von ihnen – nach ihrer eigenen Einschätzung! – eher zurückgezogen, während nur eine Minderheit auf mehr Mitarbeit in diesen Punkten verweisen kann. Keineswegs wird dieser Rückzug durch die Übernahme anderer Aufgaben kompensiert" (Prenzel 1990: 109). Hausarbeit und Kinderpflege gehören auch im Falle mütterlicher vollzeitlicher Berufstätigkeit weiterhin in ihren Aufgabenbereich (vgl. Hollstein 1993; Künzler 1995).[78] Allein bezogen auf die Kinderpflege sind die Vollzeit arbeitenden Frauen auch weiterhin mindestens zu 50% beteiligt, obwohl der Mann Hausmann ist.

Wie sind diese Befunde zu deuten? Einmal bestätigen sie deutlich die *subversive Kraft der Geschlechtsrolle* hinsichtlich der strukturellen Relevanz der sozialen Rolle (vgl. Abschnitt 3.4), wie sie das funktional definierte Familiensystem vorgibt: Geschlechtstypische familiäre Arbeitsteilung ist nicht nur dort zu finden, wo man sich auf eine traditionelle Rollenverteilung partnerschaftlich einigt, sondern bricht sich auch dort – wenn auch in ‚abgemilderter' Form – Bahn, wo die männlichen und weiblichen Personen die typischerweise gegengeschlechtliche Familienrolle übernehmen; und zwar, obwohl das symbolisch generalisierte Kommunikationsmedium Liebe die Beziehung von Ego und Alter bereits symmetrisch strukturiert und auf die Möglichkeit der Verschiebung von Person und Rolle als Rollentausch bereits verweist. Der Struktur des Mediums

---

78 Was bekanntlich in der ehemaligen DDR völlig selbstverständlich war – obwohl die Frauen beinahe auf die gleiche Weise in das Berufsleben integriert waren, wie die Männer.

zufolge steht der Umsetzung einer Einigung auf ein bestimmtes Arbeitsteilungskonzept nichts im Wege, begründet es doch gerade die Möglichkeit, wechselseitige Erwartungen zu formulieren und ‚auszuhandeln'. Worin also liegt die ‚Ursache' für die Hartnäckigkeit familiärer geschlechtlicher Arbeitsteilung trotz symmetrischer Partnerschaft? Wir vermuten, sie in der ‚Passung' *von Familiensystemstruktur und Geschlechtsrolle* ausmachen zu können. Dabei unterscheiden wir zwei zentrale Aspekte, die jedoch konstitutiv miteinander verknüpft sind: Der erste Aspekt bezieht sich auf den Zusammenhang von Familiensystemstruktur und Interaktion, durch den es zur Identifikation von Person und Rolle kommt. Der zweite Aspekt betrifft das symbolisch generalisierte Kommunikationsmedium Liebe und ein an die Personen gerichteter expressiver Erwartungsstil, dem weibliche Personen aufgrund der weiblichen Geschlechtsrolle, die sich im Kern durch ihren variablen Umweltbezug auszeichnet, besser entsprechen als männliche Personen.

Kommen wir zum ersten Aspekt, dem Zusammenhang von Familiensystemstruktur und Interaktion, der zur Identifikation von Person und Rolle führt. Tyrell zufolge (1983b) ist Familie ein Systemtyp der besonderen Art, der gleichsam als ‚Gruppe', die ‚zwischen' Organisation und Interaktion ‚angesiedelt' ist, beschrieben werden kann. „[D]ie Definition ist ganz explizit so angelegt, dass sie die ‚soziale Gruppe' einerseits ‚nach oben hin' gegen die Organisationsebene und andererseits ‚nach unten hin' zur Interaktionsebene abgrenzen soll" (Tyrell 1983a: 78). Der grundlegende *Unterschied zur Organisation* besteht darin, dass Gruppen sehr viel interaktionsnäher konstituiert sind, dass ihre Inklusions- und Exklusionsbedingungen eher emotionalen als ‚rationalen' Kriterien genügen (Sympathie, Liebe) (vgl. Tyrell 1983a: 79). Der *Unterschied zur Interaktion* besteht darin, dass Interaktionen zeitlich, sachlich und sozial limitiert sind. Denn „Gruppen haben im Kontrast dazu vor allem ‚mehr Zeit', sie erschöpfen sich nicht in singulärer Interaktion, und man kann ihnen auch angehören, wenn man nicht bei jedem Gruppentreffen dabei ist; allerdings: die Abwesenheit von ‚Dazugehörigen' wird dann typisch registriert" (Tyrell 1983a: 82). Bezogen auf Familie heißt das, dass sie „ein besonders ‚interaktionsintensiver' Spezialfall einer Kleingruppe ... ist" (Tyrell 1983b: 367), der sich zudem durch einen spezifischen Mitteilungsstil auszeichnet, der als „spontan sachbezogen" (Luhmann 1971b: 100) bezeichnet werden kann. Man fühlt sich ‚wie zu Hause' und geht dort „sozial naiv in der direkten Intentionalität ... des Handelns ... auf" (Luhmann 1971b: 100). Das gemeinsame Erleben von Welt bzw. eine Orientierung des eigenen Handelns an dem Erleben der anderen ist hier „Systemziel", das „mit dem Sinn von ‚Liebe', menschlicher Nähe, intimpersönlicher Zusammengehörigkeit, Erfüllung und Glück'" assoziiert wird

116

(Tyrell 1983b: 379). Darum dieses Höchstmaß an Personalisierung, darum diese „enthemmte Kommunikation" (Luhmann 1993d: 203). Die Personen in ihrer Rolle als Familienmitglieder sind nicht durch gewisse ‚Thematisierungshemmungen' vor der Beobachtung ihres außerhalb der aktuellen Kommunikation verorteten Verhaltens im Sinne einer ‚Privatsphäre' geschützt,[79] vielmehr schuldet jedes Familienmitglied jedem für alles Rechenschaft, genießt aber zugleich uneingeschränkte Teilnahme. Familienkommunikation interessiert sich für alles, was mit ihren Familienmitgliedern zu tun hat, sie kennt, keine „Rollentrennung" (Tyrell 1983b: 377). Anders ausgedrückt: Die Familienrolle ist konstitutiv definiert als Einheit von internen und externen Rollenverpflichtungen. Sie rückt die ‚ganze' Person, deren externe Rollenverpflichtungen in außerfamiliärer Interaktion lediglich kontextuell relevant ist, in den Vordergrund. Das hat zur Folge, dass *Person und Rolle miteinander identifiziert werden* – und zwar in Orientierung an der Geschlechterdifferenz: Die Familienrolle definiert nicht nur situationsrelevante interaktionsinterne Ansprüche, sondern zugleich, auf welche Weise die Person ihre Außenbeziehungen regelt. *Männliche und weibliche Familienrollen setzen sich aus einer je spezifischen Kombination von internen und externen Rollenverpflichtungen zusammen, die als Einheit und damit ‚naturgegebene' Identität der Person betrachtet wird.*

So gesehen, ist die moderne Familie „das Modell einer Gesellschaft, die nicht mehr existiert" (Luhmann 1993d: 208) – nämlich einer, in der die „Identität der Person ... direkt auf dem Prinzip sozialer Differenzierung" basierte (Luhmann 1980a: 39). Segmentär differenzierte Gesellschaften mit ihrer vergleichsweise schwach ausdifferenzierten Struktur hatten verhältnismäßig wenige Rollen zu verteilen. Eine erste Differenzierung wird sich „auf natürlich vorgegebene Unterschiede des Alters und des Geschlechts gestützt" haben (Luhmann 1997: 617). Stratifizierte Gesellschaften dagegen „kennen durchaus eine Aussonderung von funktionsspezifischen Situationen, Rollen, Problemen, Interessen. Sie regulieren sie aber nach Maßgabe von Schichtdifferenzen" (Luhmann 1980a: 26). In der funktional-differenzierten Gesellschaft gehören die Personen zur Umwelt dieser nach Funktionsbereichen differenzierten Kommunikationen. Sie können nun nicht mehr in die Gesellschaft vollinkludiert

---

79   Umgekehrt ist das wohl auch der Grund dafür, dass das Ausmaß verbaler und körperlicher Feindseligkeiten an keinem sozialen Ort so groß ist wie in der Familie. Die enthemmte Kommunikation führt zu einer gewissen Schrankenlosigkeit in der Form, dass die Familie „als eine der gewalttätigsten sozialen Gruppen in der Gesellschaft bezeichnet werden" kann. „Es ist wahrscheinlicher, dass eine Person in der Familie angegriffen, geschlagen oder gar getötet wird als irgendwo anders" (Pfrang 1987: 82).

werden, „in dem Sinne, dass eine Person einem und nur einem Teilsystem angehörte – die eine etwa eine rein juristische Existenz führte, die andere nur erzogen würde" (Luhmann 1982: 30). Sie sind stattdessen momenthaft und durch ihre jeweils aktuelle Teilnahme an den, je nach Kommunikationsbereich, verschieden strukturierten Interaktionen entweder durch die Übernahme einer Leistungs- oder Komplementärrolle in die Gesellschaft inkludiert. Inklusion in alle großen Gesellschaftsbereiche für alle gilt als der, zumindest postulierte, „Normalfall" (Luhmann 1997: 844). Alle Menschen haben dem Selbstverständnis dieser Gesellschaft nach die Möglichkeit, an Wirtschaft, Politik, Erziehung, Wissenschaft, Religion, Familie etc. teilzuhaben, indem sie Träger einer Leistungs- oder einer Publikumsrolle sind (vgl. Stichweh 1988). Im Unterschied zu dieser lediglich ausschnitthaften Inklusionsweise sind die Personen der Familie ‚ganzheitlich' inkludiert, d.h. sie werden mit ihren Rollen als Familienmitglieder identifiziert. Die strukturellen Gründe dafür liegen im Zusammenhang von Inklusion und Grenzziehung zwischen System und Umwelt. Entsprechend wichtig ist es, zwischen funktionssystemspezifischer und familiär gerahmter Interaktionskommunikation zu unterscheiden.

Im Interaktionssystem, wird die Grenzziehung zwischen System und Umwelt als Unterscheidung von anwesend/abwesend in das System wiedereingeführt und in der Person als Einheit der Unterscheidung interner/externer Rollenverpflichtungen symbolisiert (vgl. Abschnitt 3.4). Auch im Familiensystem orientiert sich die Grenzziehung zwischen System und Umwelt an der Person, und zwar, indem zwischen Familienmitgliedern und Nicht-Familienmitgliedern unterschieden wird. Familienkommunikation erkennt durch ihre Selbstzurechnung zu spezifischen Personen (Familienmitglieder), „dass sie in die Familie gehört und nicht in die Umwelt" (Luhmann 1993d: 200). Familiär gerahmte Interaktion verwendet daher zur Beobachtung ihrer Personen *zwei verschiedene* Unterscheidungen: Sie unterscheidet einmal zwischen *Familienmitgliedern/Nicht-Familienmitgliedern* und beobachtet diese mit der Unterscheidung *interner/externer Rollenverpflichtungen*. Darum wird auf interaktionsexterne Rollenverpflichtungen der Familienmitglieder keine Rücksicht genommen, wird „*das externe* und *das interne* Verhalten ... *intern* relevant": „Auch nicht-familienbezogenes Verhalten wird in der Familie der Person zugerechnet und bildet ein legitimes Thema der Kommunikation" (Luhmann 1993d: 200). *Interaktiv vollzogene Familienkommunikation* thematisiert konstitutiv alles, was die Familienmitglieder betrifft; nicht nur familieninternes Erleben und Handeln, sondern auch familienexternes Erleben und Handeln kann mit der Frage „Warum?" konfrontiert werden und muss sich rechtfertigen.

Neben der Identität von Person und Rolle bezieht sich der zweite Aspekt unserer Überlegungen auf das symbolisch generalisierte Kommunikationsmedium Liebe und den damit verbundenen expressiven Erwartungsstil, den die Familienkommunikation durch die Familienmitglieder institutionalisiert. Im Prinzip sind die Familienmitglieder dazu aufgefordert, ihr Handeln am Erleben anderer zu orientieren. Doch die interne Differenzierung des Familiensystems in die Familienrollen Eltern und Kindern, Ernährer und Hausfrau schiebt der Hausfrau gleichsam die Realisierung und Durchsetzung dieses Kommunikationsprinzips zu. Was sind die Merkmale von Hausarbeit, die klassischerweise von der Hausfrau ausgeführt wird? Und wie passt dieser Arbeit mit der strukturellen Definition der Hausfrau zusammen?

Holtgrewe (1997) bietet eine instruktive Definition von Hausarbeit an: Hausarbeit gilt ihr als Verrichtung von „Vermittlungs- und Gewährleistungsarbeit", d.h. sie vermittelt zwischen den Bedürfnissen der Familienmitglieder und ihrer familieninternen und –externen Umwelt. Orientiert am Erleben der Familienmitglieder, bemüht sie sich um die Behebung ihrer Inklusionsdefizite. Sie sorgt für deren Teilnahme an sowohl familieninternen als auch –externen Kommunikationen, indem sie 1. die Bedingungen für innerfamiliäre Kommunikation selbst schafft und 2. situationsspezifisch für die Inklusion der Familienmitglieder in familienexterne Kommunikationen sorgt.

Zu 1. Die Hausfrau schafft die Bedingungen innerfamiliärer Kommunikation, indem sie ihre Beobachtungen an der Unterscheidung von wahrnehmenden Bewusstseinen und familieninterner/-externer Kommunikation orientiert. Das Interpenetrationsverhältnis von Bewusstsein und Kommunikation ist zirkulär: Kommunikation kann selbst nicht wahrnehmen und lässt sich nur durch zur Wahrnehmung fähige Bewusstseinssysteme irritieren. Diese Bewusstseinssysteme sind wiederum auf eine *stabile wahrnehmbare Umwelt* angewiesen, damit in der Kommunikation kondensierte und generalisierte Erwartungserwartungen im Moment wechselseitiger Wahrnehmung greifen und in Kommunikation ‚umzuschlagen' können (dazu Abschnitt 3.1). Hausarbeit nun übernimmt zur Aufrechterhaltung dieses Zirkels die Aufgabe, die wahrnehmbare kommunikative Umwelt so weit aufzubauen und zu stabilisieren, dass durch sie die Bedingungen der Möglichkeit für Familienkommunikationen gewährleistet sind. Sie reduziert die Komplexität der Vorstellungen der Bewusstseinssysteme durch Spezifikation ihrer wahrnehmbaren Umwelt, um sie in kommunikationsfähige, an sozialen Erwartungen orientierte Bewusstseinssysteme zu ‚verwandeln'. Dazu gehört die Erzeugung einer gemütlichen familiären Atmosphäre durch eine geschmackvoll eingerichtete und gepflegte Wohnung, und eines hübsch dekorierten Tisches ebenso, wie die attraktive Erscheinung der

Hausfrau und Mutter selbst.[80] Die Wohnung muss eine gewisse Ordnung erkennen lassen, an der sich die Bewusstseinssysteme orientieren können, wenn sie einander begegnen. Hausarbeit ermöglicht es, sich in der familiären Umwelt zurechtzufinden und sich im Falle eines Bedürfnisses, z.B. nach sauberer Kleidung und einem frisch bezogenen Bett, einfach zu bedienen, weil die dafür notwendigen Produkte schon gefertigt sind. Für potentielle Bedürfnisse garantiert sie durch die Aufrechterhaltung einer bestehenden materialen Ordnung (vom Windelwechseln bis zur aufgeräumten Küche mit gefülltem Kühlschrank) eine geordnete räumliche Umwelt der Kommunikation (= Wahrnehmungswelt) als deren Apriori. Doch Hausarbeit stellt nicht nur eine geordnete Umgebung für den potentiellen Bedarfsfall zur Verfügung. Daneben befriedigt sie die akuten Bedürfnisse der Familienmitglieder. Wenn die Kinder und der Ehemann von Schule und Erwerbsarbeit nach Hause kommen, steht für den unmittelbar spürbaren Hunger ein gekochtes Essen bereit. Hat ein Kind die Windeln voll, dann kann nicht lange gewartet werden. Und wenn jemand erkrankt, steht die Hausfrau sofort als Pflegerin bereit, um sich entsprechend zu kümmern.

Zu 2. Für die Teilnahme von Familienmitgliedern an außerfamiliärer Kommunikation leistet Hausarbeit bei Bedarf Inklusionshilfe. Sie sorgt dafür, dass die Inklusionsbedingungen in familienexterne Kommunikationsbereiche gewährleistet sind, indem sie zwischen der Familie und anderen Kommunikationsbereichen vermittelt. Der Besuch des Elternabends dient der stabilen Inklusion des Kindes in die Schule, der Anruf beim Arzt sorgt für einen Untersuchungstermin für Kind oder Mann, etc. Ein gepflegtes Zuhause erlaubt die Pflege privater oder beruflicher Kontakte innerhalb des Privatbereichs. In diesem Sinne spielt die Hausfrau eine „'Anwalts'- und Vertretungsrolle" gegenüber Lehrern, Arzt, Behörden, Sportverein, Nachbarn etc. (Tyrell 1982: 181). Sie bringt das Kind in den Kindergarten, fährt es zu seinen Freunden, meldet es zum Nachhilfeunterricht an. Zwischen der Familie und den verschiedenen gesellschaftlichen Kommunikationsbereichen schafft sie die Bedingungen für die Inklusion der Familienmitglieder in diejenigen Kommunikationen, für die diese selbst aufgrund mangelnder Fähigkeiten oder schul- bzw. arbeitszeitlicher Gründe nicht sorgen können. Daneben kümmert sich die Hausfrau um die emotionalen Probleme von Kindern und Ehemann, die sich aus ihrer Teilnahme an den verschiedenen Kommunikationen ergeben, durch ihr Bemühen, ein gemeinsames Erleben von Welt herzustellen, also Verständnis zu haben und

---

80   Hier genügt der Hinweis auf die zahlreichen Frauenzeitschriften, die ihre Sparten genau auf diese Bereiche hin ausgerichtet haben, um die Hausfrau mit Tipps und Tricks zu beraten.

mitfühlend zu sein, damit ihre Inklusionen in diese familienexternen Kommunikationsbereiche möglichst ‚geräuschlos' laufen.

Fazit: „Zur Hausarbeit gehört die Zuständigkeit dafür, *Verbindungen und Anschlüsse oder Übersetzungen zwischen unterschiedlichen Logiken und Bedürfnissen herzustellen*" (Holtgrewe 1997: 58f.; Hervorheb. CW). Sie tut das, wie gezeigt, hinsichtlich den Logiken und Bedürfnisbereichen, die sich aus familieninterner und –externer Kommunikation ergeben. Noch einmal zusammengefasst:

1.   Hausarbeit stellt *Anschlüsse zwischen dem Bewusstsein der Familienmitglieder und der Familienkommunikation* her. Sie unterstützt, anders ausgedrückt, die strukturelle Kopplung von Bewusstsein und Familienkommunikation, indem sie a. die unmittelbar körperlichen Bedürfnisse der Bewusstseine befriedigt, so dass sie physisch und psychisch in der Lage sind, an Familienkommunikation teilzunehmen. Sie richtet b. die Wahrnehmungswelt der Familienmitglieder soweit her, so dass diese sich in einem psychisch stabilen Zustand befinden, weil die räumliche Umwelt der Familienkommunikation stabil ist und der interaktiv vollzogenen Familienkommunikation Anhaltspunkte für Anwesendes und Abwesendes bietet.[81] Insgesamt handelt es sich also um fürsorgliche, *auf die Bedürfnisse anderer* bezogene Handlungen. Das Besondere an Hausarbeit als „Vermittlungs- und Gewährleistungsarbeit" ist hier, dass sie an der ‚Grenze' zweier Systemtypen orientiert ist und ein Bedürfnis, das auf mangelhaften ‚System/Umwelt-Synchronisationen' basiert, erkennt und sich auf solche „Störungen in der strukturellen Kopplung von Bewusstsein und Kommunikation" (Luhmann 1993h: 220) fürsorglich bezieht, um ‚Risse' zwischen Bewusstsein und Kommunikation zu ‚kitten'.

2.   Hausarbeit *vermittelt* nicht nur *Bewusstsein und Kommunikation*, sondern auch *verschiedene Kommunikationen* miteinander, indem die Hausfrau sich als ‚Inklusionshilfe' zwischen den Kommuni-

---

81   Hausarbeit ist eine Arbeit, durch die die Bewusstseinssysteme permanent an die Familienkommunikation ‚angepasst' werden. Damit ist zugleich deutlich, dass dieser Wahrnehmungsbereich nicht mit dem Gesellschaftsbereich zu verwechseln ist, der sich auf Wahrnehmung spezialisiert hat: mit Kunst. Dort geht es nämlich um selbstveranlasste Wahrnehmungen, um „Anschauungen" (Luhmann 1995a: 17), während sich die Hausarbeit auf fremdveranlasste Wahrnehmungen bezieht.

kationsbereichen hin und her bewegt, *ohne selbst an diesen teilzuhaben.* So meldet die Hausfrau ihre Kinder für den Kindergarten an und bringt sie dort hin, gehört aber zur Kindergartenkommunikation selbst nicht dazu. ‚Elternabende' oder andere Sonderbereiche der Kindergartenkommunikation dienen vielmehr der Vermittlung von Familie und Kindergarten. In die Familienkommunikation treten diese Vermittlungskommunikationen ebenfalls als wiedereingetretene Familiensystem-Umwelt ein und setzen sich dort in der Familienkommunikation fort: Die Inklusionsbemühungen verlängern sich in die Familienkommunikation hinein, wenn z.B. aufgrund der schulischen Schwäche des Kindes die Mutter zur Hilfslehrerin wird (vgl. Tyrell 1987: 61). In diesem Sinne dient die Hausfrauenrolle der *strukturellen Kopplung der Familienkommunikation mit ihren Umweltkommunikationen.*

Die Hausfrau kann durch ihre Arbeit nur dann die strukturelle Kopplung von Familienkommunikation und den verschiedenen Kommunikationsbereichen der familiären Umwelt leisten, wenn sie selbst als Person während ihrer Vermittlungsarbeit keine andere soziale Rolle übernimmt, sondern stets Hausfrau bleibt. Der Unterschied von Person und Rolle bleibt verdeckt. Die für die Hausfrau ‚veranschlagte' Schematismenkombination wurde in Abschnitt 3.4. als die von external/variabel + intrinsisch herausgearbeitet, weil sich die Hausfrau an den Bedürfnissen anderer orientiert und sich in dieser Hinsicht variabel auf ihre Umwelt einstellt: Sie ist immer ‚im Dienst' und identifiziert sich auf idealistische Weise mit ihrer Aufgabe. Zur Hausarbeit motiviert wird sie durch das von ihr antizipierte bedürftige Erleben der anderen Familienmitglieder, wobei sie deren gesamte Umweltbeziehung berücksichtigt. Hausarbeit ist also Fürsorge, die das Erleben von Alter in den Mittelpunkt stellt und sich durch dieses zum Handeln motiviert sieht. Dabei wird die Form der Selektion als Ausdruck angeborener Mutterliebe – also als Identität von Hausfrauenrolle und weiblicher Person –, und nicht als Selektionsleistung begriffen; auch wenn das Führen eines Haushaltes faktisch ein hohes Maß an Selektionskompetenz verlangt (dazu Budde 1997).

Der Ernährer der Familie repräsentiert nach der traditionelle Arbeitsteilung, zumindest semantisch, dadurch die Familie, dass sein Name der Familienname ist. Er ist dabei nicht einfach nur die Person, die das Geld verdient, sondern dessen Einkommen und Beruf den Rahmen für die familiären Standards setzt – das betrifft nicht nur die materiellen Ressourcen und den sozialen Status der Familie, sondern oft auch deren Wohnort. Er kann aufgrund seiner beruflichen externen Rollenverpflichtungen familienintern besondere Rücksichtnahme einfordern – z.B. dass er nicht, anders als die Hausfrau, ständig für jedes Familienmitglied ansprechbar ist. Zur Definition seiner ‚Natur' gehört es, dass die mit seiner Person identifizierte Einheit der Unterscheidung von internen/externen Rollenverpflichtungen als Unterscheidung sichtbar ist. Schließlich übernimmt er qua Definition zumindest zwei verschiedene Rollen aus mindestens zwei verschiedenen sozialen Systemen: Familie und Organisation. Ein ‚zu starkes' Engagement in der Familie – sei es in Form von Hausarbeit oder Kinderpflege – wird nach Möglichkeit vermieden. Die Hausarbeiten, die der Mann der Familie – und zwar sowohl der traditionelle Ernährer als auch der halbtagsarbeitende Mann – in der Regel verrichtet, entsprechen der externen Schwerpunktsetzung der männlichen Familienrolle. Vermutlich werden deshalb typisch männliche Arbeiten im Haus, wie z.B. „Autopflege, Garage streichen, Rasen mähen und Schnee schippen" und solche wie „Autoreparatur und Wohnungsrenovierung" (Pfrang 1987: 87), nicht als Hausarbeit bezeichnet. Insgesamt liegt die Betonung auf dem ‚außerhäuslichen' Tätigkeitsbereich. Auch wenn die Grenzen heute auf den ersten Blick als fließend erscheinen, da Männer auch typische weibliche und Frauen auch typisch männliche Familienarbeit übernehmen, bleiben die Kernbereiche der sexuierten Arbeitsteilung, wie wir gezeigt haben, weiterhin deutlich unterschieden. Dem entspricht, dass unter den in Abschnitt 3.4. diskutierten Männerstereotypen kein Substereotyp wie der ‚Hausmann' oder ‚Vater' vorkommen. Nur das Stereotyp ‚Softie' kommt einem an einer alternativen Rollenverteilung interessierten Mann näher: Der Softie hat ein unauffälliges Äußeres, ist kulturell interessiert und für die Gleichberechtigung von Frauen. Dabei ist er sensibel, verständnisvoll und zeigt Gefühle (vgl. Eckes 1997: 226). Die eher negative Konnotation dieses Männerstereotyps (wer will schon ein Softie sein oder einen zum Mann haben?) lässt sich durch eine Umfrage von Mädchen im Teenageralter von 13 und 14 Jahren mit der Frage, ob sie sich einen Hausmann zum Manne wünschen, bestätigen. Erstens trauen die meisten einem Mann die Führung eines Haushaltes nicht zu: „Chaotisch, den stell ich mir chaotisch vor" (vgl. Lemmermöhle-Thüsing/Berhorst 1990: 171). Dennoch wollen sie, dass er im Haushalt „mithilft, aber nicht, dass er lernt, was er nicht kann. Er wird ‚entlassen', spätestens dann, wenn ein Kind zu versorgen ist" (Lemmermöhle-Thüsing/Berhorst 1990: 170). Zweitens zweifeln die Befragten daran, dass ein Mann eine zentrale Rolle im Haushalt übernehmen würde. „Sie befürchten, dass Männer ‚gereizt' sind, wenn Frauen das Geld verdienen, dass Männer sich ‚doof' vorkommen oder ‚zurückgesetzt' fühlen oder ‚irgendwie ... den Stolz (haben), dass die Frau zu Hause sitzt'" (Lemmermöhle-Thüsing/Berhorst 1990: 170). Drittens befürchten sie, dass die Nachbarn denken könnten, er sei „kein ganzer Mann" (Lemmermöhle-Thüsing/Berhorst 1990: 171).

Mit dieser Bewertung alternativer männlicher Rollenbilder korrespondieren Studienergebnisse, die sich mit Männerbildern in der Werbung beschäftigen. Sie verweisen darauf, dass die Darstellung von Hausmännern verschwindend gering ist (vgl. Brosius/Staab 1990: 298). Eine Studie zum Männerbild in den Zeitschriften ‚Brigitte', ‚Neue Post', ‚Emma' und ‚Playboy' zeigt vielmehr, dass diese „die Rolle von Männern im Beruf in den Vordergrund" rücken (Staab et al. 1991: 447). Alle betonen sie die familienexternen Rollenverpflichtungen des Mannes und präsentieren ihn ganz im Sinne der in Kapitel 3.4 entworfenen männlichen Geschlechtsrolle als jemanden mit einer stabilen Umweltbeziehung, der selektions- und entscheidungsfähig ist. Lediglich Zurstiege (1998) verweist auf einen in der Werbung anzutreffenden, durch familiäre Bezüge kontextualisierten Männertypus, den er den „Familienvater" nennt: „Diese Männer sind deutlich weniger aggressiv als alle anderen Männer, sie sind genuss- und erlebnisorientiert und lieben (ihre) Kinder. Wenn Männer väterliche Gefühle und Zuneigung gegenüber Kindern zeigen ..., dann geschieht dies mehrheitlich im Kontext gemeinsamer Unternehmungen in der Freizeit. Das Zusammensein von Männern und Kindern ist deutlich erlebnisorientiert und hat mit Haus- und Erziehungsarbeit nur wenig zu tun" (Zurstiege 1998: 163). Dieser Familienvater zeichnet sich somit einerseits durch partnerschaftliches und expressives Verhalten aus, andererseits bleibt er der traditionellen Familienernährerrolle treu. Seine intrinsische Motiviertheit steht deutlich im Vordergrund. Er orientiert sich an den Bedürfnissen seiner Familie, aber nur in spezifischer Hinsicht. Aus diesem Grunde erscheint uns die Schematismenkombination des unmännlichen Mannes (vgl. Kapitel 3.4) die von external/konstant + intrinsisch zu sein: Seine Familienorientiertheit wird durch seine externale und intrinsische Motiviertheit deutlich. Weil diese auf Freizeitaktivitäten reduziert ist und damit zugleich auf die (selbstgewählte) Berufsrolle verweist, bleibt jedoch die konstante Umweltorientierung. Auch die Definition des Familienvaters bewegt sich somit im ‚grünen Bereich' der männlichen Geschlechtsrolle. Sein Status ist, sieht man sich die soziale Herkunft dieser Männern an, eher in der Mittelschicht angesiedelt, also eher instrumentell als extravertiert ausgerichtet.

Warum die Übernahme von Familienrollen weiterhin an der traditionellen Arbeitsteilung zwischen den Geschlechtern orientiert ist, liegt nun auf der Hand: Der Grund sind *strukturelle Affinitäten der Familienrollen Hausfrau und Ernährer mit den weiblichen und männlichen Geschlechtsrollen.* Deshalb setzt sich die Geschlechtsrolle in explizit alternativen Partnerschaften auch gegen die alternative Rollenverteilung durch: Der für Hausarbeit notwendige Handlungs-

und Kommunikationsstil kollidiert mit der männlichen Geschlechtsrolle, durch die männliche Personen als handelnde Personen mit stabiler Umweltbeziehung und Selektionskompetenz statt mit Fürsorglichkeit und variabler Umweltbeziehung hervortreten. Darüber hinaus erschwert die für Familienkommunikation typische Identifizierung von geschlechtlicher Person und Familienrolle die Distanzierung von der traditionellen geschlechtlichen Arbeitsteilung: Weibliche und männliche Personen symbolisieren sozusagen vor aller expliziten Rollenverteilung bereits familiäre Zuständigkeiten.

Dennoch sind (zögerliche) Bewegungen in Richtung einer Auflösung der traditionellen Geschlechterbilder unbestreitbar. Das beweist die beschriebene, wenn auch nur unzureichend realisierte Existenz von Teilzeit- und Hausmännern einerseits und von nicht-traditionellen weiblichen Personenstereotypen jenseits der Hausfrau andererseits. Durch sie wird die Unterscheidung von Person und Rolle auch innerhalb der Familie zunehmend deutlicher beobachtbar. Die Folge ist die zunehmende, wenn auch sehr zögerliche Auflösung der Vorstellung von einer gleichsam naturgegebenen geschlechtlichen Arbeitsteilung. Einem sozialen System, das seine Personen und Rollen traditionellerweise anhand der Merkmale Geschlecht und Alter verteilt, eröffnet das neue kommunikative Möglichkeiten: Die Rollenverteilung kann nun auf die Entscheidungen der Partner zurückgeführt werden, die sich im Rahmen einer Emanzipationssemantik als progressive oder konservative Entscheidungen beobachten lassen – jeder nach seiner Fasson. Luhmann schreibt dazu (mit polemischem Unterton): „Sieht man sich näher an, was daraufhin den Ehen und Familien zugedacht wird, sind es vor allem Organisationsvorschriften. [...] Man probt Liebe gewissermaßen auf dem Terrain von Arbeitsorganisation. Die scharfe bürgerliche Trennung von Arbeitswelt und Haus wird aufgegeben ... So berechtigt dies ist: die Durchlässigkeit begünstigt auch eine Ausbreitung von Organisation wie durch Osmose" (Luhmann 1988a: 67). Doch eine Familie ist keine Organisation. Wenn sie die Unterscheidung von Person und Rolle thematisiert, dann kann dies in der Familie nur als interaktiv vollzogene Metakommunikation geschehen (vgl. auch Luhmann 1993e: 217). Jede Form des ‚Rollentausches' muss sich auf das Erinnerungsvermögen der inkludierten Bewusstseinssysteme verlassen können, wenn sie als neuartige Kommunikationsstruktur Stabilität erlangen will. Doch da sich die Bewusstseinssysteme in der interaktiven Familienkommunikation bereits als männliche und weibliche Personen aufeinander beziehen, greifen trotz der ‚verabredeten' alternativen Verteilung der Familienrollen schnell wieder geschlechtsrollentypische Mitteilungsstile bzw. Vermeidungstechniken, um die vollständige Auflösung der Geschlechterrollen – und damit der Geschlechtsrollenidentität der Bewusstseine – zu verhindern. Es ist also kein

Wunder, dass diejenigen Partner mit Interesse an einer Veränderung der geschlechtlichen Arbeitsteilung als „überdurchschnittlich konfliktbereit" (Prenzel/Strümpel 1990: 42) bezeichnet werden können: „Der beachtliche Konsens, der schließlich erreicht wurde, sollte ... nicht verdecken, dass vor der gemeinsam vertretenen Entscheidung langwierige Verhandlungsprozesse stehen können" (Prenzel/Strümpel 1990: 42). Denn Familiensysteme verfügen nicht, und genau darin liegen die oben vorgestellten Schwierigkeiten bei der alternativen Verteilung der Hausarbeit, über eine *institutionalisierte* Metaebene, die interaktiv vollzogene Rollenverteilungen festlegt und darauf achtet, dass diese auch eingehalten werden. „Die Familie kann deshalb nicht, wie eine Organisation, über konditionale Programmierung oder über Zwecke auf ihre Umwelt reagieren" (Luhmann 1993d: 217).

4.2 Geschlechtliche Arbeitsteilung in der Organisation

Anders als Familienkommunikation besteht Organisationskommunikation aus Entscheidungen. Sie kann damit gezielt und dauerhaft auf ihre Struktur, und damit auch auf die Besetzung ihrer Organisationsrollen, Einfluss nehmen. Eine Entscheidung ist reflexives Handeln, d.h. sie ist Handeln, das sich, auf sich selbst angewandt, verschiedene Handlungsmöglichkeiten aufzeigt (dies/anderes) und eine davon auswählt. Geleitet wird diese Art der Selbstbeobachtung also durch die „Form der Alternativität" (Luhmann 1993e: 98). „Man kann dann nicht nur entscheiden, wie, sondern auch, wann man entscheiden will, ja man gewinnt sogar die Möglichkeit zu entscheiden, nicht zu entscheiden" (Luhmann 1971b: 98).

Jede Entscheidung ist dabei „rein faktisch immer auch Entscheidungsprämisse für andere Entscheidungen" (Luhmann 1993e: 298). Daher dient eine Entscheidung immer auch der Kommunikationssteuerung: Organisationssysteme stützen sich, indem Entscheidungen aneinander anschließen und ein rekursiv erzeugtes, selbstreferentielles Kommunikationsgeschehen generieren, stets auf sich selbst als jemand, der sich selbst als kontingent Handelnder beobachtet.

Doch nicht nur die Entscheidungen, auch die Alternativen, zwischen denen entschieden wird, werden von der Organisation selbst hergestellt. Entsprechend lassen sich Handlungen, die Entscheidungen vorbereiten, von den Handlungen, die sich auf diese vorbereitenden Handlungen als Entscheidungen beziehen, unterscheiden: „Mit Hilfe solcher Reflexivität kann sich das Entscheiden über weite Strecken vom Ausführungshandeln gänzlich ablösen wie eine mathematische Rechnung" (Luhmann 1971b: 98). Das hat zudem den Vorteil, dass dieser Vorgang „arbeitsteilig organisiert werden [kann]", d.h. „sehr verschiedenartige Fähigkeiten und Wissensbereiche können in ein Verhältnis des Zusammenwirkens gebracht werden" (Luhmann 1971b: 98).

Wurde vor dem Hintergrund verschiedener abwägender und antizipativer Handlungen eine mögliche Handlung als Entscheidung ausgewählt, wird sie entsprechend markiert, damit die Kommunikation an ihr ihren Fortgang erkennen und die Entscheidung als Entscheidungsprämisse für weitere Kommunikationen dienen kann: Eine Handlung muss im Unterschied zu anderen Handlungen als Entscheidung deklariert werden, damit sie als Entscheidung beobachtet werden kann. Das setzt voraus, dass „die (vorläufig endgültige) Entscheidung als ein kommunikativer Akt besonderer Art veräußerlicht und verselbständigt wird" (Luhmann 1971b: 98). In der Erinnerung der Organisation bleiben nur die Entscheidungen des Entscheiders zurück. Das hat was mit der „deutlichen Entkopplung der Gedächtnisleistungen" zu tun: „Das Gedächtnis der Organisation erinnert sich nur an Entscheidungen und vergisst alles andere" (Kieserling 1999: 385). Nicht nur im Moment des Entscheidens, sondern auch im Nachhinein, sind und bleiben Entscheidungen als Entscheidungen sichtbar. Die Organisation konfrontiert sich durch sie mit einem Ausmaß an Kontingenz, das absorbiert werden muss. Das System muss deshalb, will es nicht an sich selbst zugrunde gehen, entsprechende Techniken der Unsicherheitsabsorption installieren. Jede Entscheidung wird darum einem Entscheider zugerechnet, der als entscheidungskompetent gilt und seine Entscheidung notfalls verantwortet. Dieser Entscheider wird stets als Handelnder beobachtet, der auch hätte anders handeln können. Auf diese Weise macht die Entscheidung „Bindungen sichtbar und trägt damit ... zur Unsicherheitsabsorption bei" (Luhmann 1993e: 291). Denn weil jede Entscheidung als riskante Handlung Zeit braucht, darum sieht sie vorher anders aus als nachher. Im Falle ihres Erfolges und vor allem im Falle ihres Misserfolges muss die Organisation eine Vorstellung von der Ursache haben, um die notwendigen Konsequenzen ziehen und Erwartungssicherheit wiederherstellen zu können. Rekonstruierbare Verantwortlichkeiten erlauben der Organisation ein vergleichsweise hohes Maß an kognitivem Umgang mit Erwartungsenttäuschungen.

Insgesamt lenkt dies den Blick darauf, dass Organisationskommunikation hierarchisch strukturiert ist. Das Verhältnis der Organisationsmitglieder ist qua Definition ihrer Stellen zueinander geregelt, wobei die Weisungen eines ranghöheren Mitglieds beim rangniederen Mitglied bestimmte Handlungen auslöst. Daher werden die durch Mitgliederstellen geregelten Kommunikationsstrukturen nach dem Muster von ‚Reiz und Reaktion' als Zweck- und Konditionalprogramme verstanden (vgl. Meyer/Al-Roubaie 1996: 392). Die Mitglieder sind diesen Strukturen bei Drohung ihrer Exklusion aus der Organisation unterworfen: „In der Form von Mitgliedschaftsregeln können differenzierte Ämterstrukturen und Kommunikationsschranken, Rechte auf Mittelgebrauch und Verantwortlichkeiten, Weisungsketten und Kontrollmechanismen einge- richtet werden, zu deren Pauschalanerkennung der Eintretende verpflichtet wird. Und er kann sogar noch verpflichtet werden, sich Regeln und Änderungen dieser Mitgliedschaftsbedingungen zu unterwerfen" (Luhmann 1975d: 12).

Als hierarchisch organisierte Systeme, bei denen die Kontingenz von Handlungen im Vordergrund steht und durch die Fiktion vom kompetenten Entscheider damit verbundene Untersicherheiten absorbiert werden, prozessie- ren Organisationen *instrumentelle* Kommunikation. Sind Ähnlichkeiten mit der Kommunikationsstruktur in rein männlichen Gruppen (vgl. Kapitel 3.2) zufällig oder basiert Organisationskommunikation gar auf der ‚Logik des männlichen Kommunikationsstils'?[82]

Wie in Organisationen schließen in Interaktionen mit männlichen Per- sonen als kontingent ausgezeichnete Handlungen an als kontingent ausgezeich- nete Handlungen. Die Kommunikationsstruktur in rein männlichen Gruppen stimmt mit der hierarchischen Organisationsstruktur im Prinzip überein: Hier wie dort führt ein wechselseitiges sich Beobachten aufgrund voneinander verschiedenen Perspektiven zu einer kontingenten und komplexen Umwelt, die mehr Möglichkeiten enthält als realisiert werden können. Diese überdetermi- nierte Umwelt wird durch eine hierarchische, aber änderbare Stellenstruktur soweit eingeschränkt, dass eine gemeinsame Umweltperspektive möglich ist. Der zentrale Unterschied zwischen ‚männlicher' Interaktionskommunikation und Organisationskommunikation besteht darin, dass die doppelte Kontingenz in Organisationen nicht durch sich wechselseitig als männliche Personen wahr- nehmende Bewusstseinssysteme strukturiert wird, sondern durch Organisations- stellen. Diese Organisationsstellen sind, darüber hinaus, ohne expliziten Bezug auf zugeschriebene Persönlichkeitsmerkmale wie die Geschlechtszugehörigkeit definiert.

Handlungsmotivationen in Organisationen sind, wie in männlicher In- teraktionskommunikation, extrinsischer Art. Die Organisation geht stets davon aus, dass die Motivation ihrer Mitglieder, ihr Handeln per Programmierung festlegen zu lassen, mit ihrer persönlichen Motivation nicht übereinstimmen muss. Die Mitglieder unterwerfen sich vielmehr den Inklusionsbedingungen des Systems, weil sie dadurch etwas anderes (in der Regel: die Entlohnung) errei- chen. In diesem Sinne bildet die Organisationskommunikation als Entschei- dungskommunikation selbst die Motivationsstruktur (vgl. Luhmann 1964: 90):

---

82   So die These von Ralf Lange (1998).

„Es müssen Handlungen erwartet werden, für welche in ihrem unmittelbaren Sinnzusammenhang verständliche persönliche Motive fehlen" (Luhmann 1964: 91). Und es müssen Handlungen erwartet werden, die die hohe Generalisiertheit der Organisationsstelle auf spezifische Situationen herunterbrechen. Damit ist ein Problem verknüpft, das sich zwangsläufig aus der „Generalisierung der Teilnahmemotivation" ergibt, die „notwendig zu einer gewissen Unterbestimmtheit der Mitgliedsrolle im Hinblick auf die erwartbaren Leistungen" führt (Luhmann 1964: 105). Das Problem nimmt mit zunehmender Größe der Organisation noch zu. „Mit der Größe der Unternehmungen wächst auch die technisch-organisatorische Komplexität der Produktionsbedingungen. Das hat zur Folge, dass Arbeitskenntnisse immer mehr spezialisiert und an die Erfahrung an einem ganz bestimmten Arbeitsplatz oder in einem ganz bestimmten Team gebunden sind. Gleichzeitig wächst die Anfälligkeit der Unternehmungen für Schäden durch Sabotage oder ‚Dienst nach Vorschrift'. Die unvollkommene Kontrollierbarkeit der Arbeit macht es erforderlich, Leistungsmotivation und Loyalität der Arbeitskräfte gewissermaßen zu pflegen" (Kleber 1993: 92f.). Anders ausgedrückt: Das qua Stelle implementierte Programm ist notwendig zu allgemein gehalten, als dass es für jede konkrete Situation genügend Anweisungen beinhalten würde. Aus diesem Grunde ist reiner Taylorismus unmöglich: Wie letztlich zwischen den stabilen Organisationsanforderungen und der instabilen Umwelt vermittelt wird, muss flexibel gehandhabt werden können. „Weil diese zur Aufgabenerfüllung immer persönliche Vermögen einsetzen müssen, ist Subjektivität selbst in umfassend vorstrukturierten Arbeitssituationen überschießend und ein rein instrumenteller Bezug selbst auf taylorisierte Arbeit ausgeschlossen" (Holtgrewe 1997: 83).

Doch wie bringt die Organisationskommunikation das Bewusstsein dazu, ihr seine Aufmerksamkeit auch mal über den ‚Dienst nach Vorschrift' hinaus zur Verfügung zu stellen? Dass das Mitglied seine Rollenanforderungen überhaupt ernst nimmt, dafür sorgt in der Regel die Drohung des Mitgliedschaftsentzugs. Darüber hinaus stehen ihm zwei weitere Perspektiven zur Verfügung: Es kann sich an dem orientieren, was die anderen leisten und wie sie das tun. Es kann sich zudem bemühen, die Umweltkomplexität mit eigens selektierten, subtileren Unterscheidungen zu beobachten, um sie für die Organisation fruchtbar zu machen. Was Organisationskommunikation aufgrund ihrer Motivationsstruktur somit konstitutiv impliziert, ist die „Trennung von Teilnahmemotivation und Leistungsmotivation" (Luhmann 1964: 101). Was man zu leisten hat, sieht man an den anderen: Die Teilnahmemotivation bezieht sich schlicht auf den mit der Mitgliedschaft verknüpften ‚Tätigkeitsstandard': „Der typische Bedienstete sieht, was von ihm als Bedingung seiner Mitgliedschaft verlangt wird" – und mehr tut er nicht, aber auch nicht weniger (Luhmann 1964: 105). Was über dieses Maß hinaus geleistet wird, muss sich aus anderen Quellen speisen. Das kann kollegialer Druck bei einer Teamarbeit sein, weil sich das Team profilieren will, aber auch persönliches sachliches Interesse, Karriereambitionen oder der Wunsch, sich hervorzutun (vgl. Luhmann 1964: 105).

Jedes Mitglied kann daher in der Organisationsinteraktion auf zweifache Weise beobachtet werden: als Träger einer Organisationsrolle und als Person. Die Mitgliedsrolle hat nämlich „ein Doppelgesicht", denn sie „trennt und verbindet beide Rollenbereiche" des Mitglieds in der Interaktion, den dienstlichen und den persönlichen (Luhmann 1964: 42). Durch sie findet die Institutionalisierung der Beobachtung des Mitglieds auf der Beobachtungsebene zweiter Ordnung statt (vgl. Kieserling 1999: 362). Aufgrund dieser Zusammenhänge spielen für die Besetzung einer Organisationsstelle durch eine Person zwei Aspekte eine Rolle. 1. Die Mitgliedsrolle verweist als Mechanismus der strukturellen Kopplung von Bewusstsein und Organisationskommunikation darauf, dass die Organisationskommunikation auf spezifische Bewusstseinsleistungen angewiesen ist, die entsprechende Kommunikationserfahrungen des Bewusstseins, d.h. Sozialisation, voraussetzen. 2. Die Mitgliedsrolle macht es möglich, dass sich in der Organisationsinteraktion Statusbeziehungen herausbilden, die zwischen den Personen der Mitgliedsrolle unter anderen Umständen ausgeschlossen wären. Beide Aspekte haben Folgen für die Relevanz der Geschlechterdifferenz als Zugangskriterium zu den verschiedenen Organisationsstellen.

Zu 1. Weil eine Organisationsstelle mit einer ‚passenden' Person besetzt werden soll, die der Organisationskommunikation ihre Bewusstseinskomplexität auf gewünschte Weise zur Verfügung stellt, ist sie bereits so definiert, dass sich gleichsam wie von selbst aufdrängt, welcher Personenkreis für ihre Besetzung besonders in Frage kommt. In diesem Zusammenhang konstatiert die an der Geschlechterdifferenz ausgerichtete Organisationsforschung: „Die meisten Arbeitsplätze sind auf männliche oder weibliche Arbeitskräfte hin zugeschnitten, das heißt, nach Tätigkeitsinhalten und anderen expliziten und impliziten Vertragselementen so festgelegt, dass nur noch Bewerber eines Geschlechts in Frage kommen" (Kleber 1993: 96). Z.B. „sind viele typische Frauenarbeitsplätze so zugeschnitten, dass entweder die Art der notwendigen Kooperation mit anderen Arbeitsplätzen und/oder die Art der Kundenbeziehungen extrafunktionale Qualifikationen erforderlich macht, die ausschließlich oder überwiegend von Frauen erwartet werden: Dies gilt beispielsweise für viele weibliche Assistenzberufe im medizinischen wie im Verwaltungsbereich. Diese

Berufe erfordern eine Bereitschaft zum persönlichen Dienst, zur Zuarbeit für einen (meist männlichen) Chef, eine Mischung aus Selbständigkeit und Unterordnung, für die Frauen leichter zu motivieren sind als Männer" (Kleber 1993: 101f.). Elisabeth Beck-Gernsheim und Ilona Ostner (1978) haben in diesem Zusammenhang ihr vieldiskutiertes Theorem vom „weiblichen Arbeitsvermögen" entwickelt, das sich auf die Annahme stützt, dass weibliche Personen aufgrund ihrer weiblichen Sozialisation spezifische Kompetenzen und Interessen erworben haben, die sich Organisationen zu Nutze machen – weshalb typische Frauenberufe nach dem Vorbild der Hausfrauenarbeit ‚gestickt' sind. „Eine solche selektive Rekrutierung ist aus betrieblicher Sicht rational, weil die für die Segmente jeweils erforderlichen Fähigkeiten und Verhaltensweisen bei den Arbeitskräften bestimmter Bevölkerungsgruppen in besonderem Maße vermutet werden" (Kleber 1993: 94). Typisch weibliche Arbeitsbereiche finden sich nicht zufällig im Pflege- und Dienstleistungsgewerbe oder im Assistenzbereich, wo sich diese „Mischung aus Selbständigkeit und Unterordnung" als eine an den Bedürfnissen anderer orientierte Fürsorge ‚entfalten' kann.

Die Studie von Ursula Holtgrewe (1997) unterstützt diese These. Sie will das weibliche Arbeitsvermögen jedoch nicht durch seinen Bezug auf typisch weibliche Gegenstände, also material, definiert wissen, sondern bemüht sich um eine strukturelle, eine abstrakte Definition. Sie vergleicht typisch weibliche Arbeit in Organisationen (im Assistenzbereich) mit Hausarbeit und kommt zu dem Ergebnis, dass es sich bei beiden Arbeiten um „Vermittlungs- und Gewährleistungsarbeit" und daher um eine Form der „Artikulationsarbeit" handelt: „Artikulationsarbeit findet in den Zwischenräumen zwischen Routine und Innovation, Rationalisierung und nicht-Rationalisierbarem statt, bzw. übersetzt und vermittelt das jeweils eine ins andere, bringt disparate Elemente zusammen, stellt Handlungsbögen her" (Holtgrewe 1997: 66). Bei ihr geht es, mit anderen Worten, darum, „ausdifferenzierte und spezialisierte [Arbeit; CW] zu gewährleisten und zu entlasten" (Holtgrewe 1997: 67). Wie die Hausfrau, so schafft auch die Assistentin die Bedingungen für das Zustandekommen und die Stabilität der Entscheidungskommunikation, indem sie sich um die *strukturelle Kopplung* von Entscheider und Entscheidungskommunikation bemüht. Typisch weibliche Arbeit sorgt für alles, was der Entscheider braucht, um sich am Entscheidungsprozeß zu beteiligen. „Als Sekretärinnen, interne Administratorinnen, Buchhalterinnen, Abwicklerinnen und Routinesachbearbeiterinnen schaffen sie die Voraussetzungen für die Männerarbeit des Managens und Entscheidens, der Verfolgung von Strategien und Zielen, die man mit Organisation im allgemeinen verbindet" (Holtgrewe 1997: 62). Wie bei der Hausarbeit, so geht es hier um eine Art von Arbeit, die die Kommunikation ermöglicht, zu deren System sie gehört: Entweder, sie richtet die räumliche Umwelt der Kommunikation (= die Wahrnehmungswelt der inkludierten Bewusstseinssysteme) her und gewährt damit die Arbeit des Entscheiders (z.B. Konferenzräume einrichten und Getränke und Brötchen reichen, die Bestückung des Operationstisches durch die OP-Schwester, das von der Sprechstundenhilfe zur Unterschrift bereitete Rezept). Oder sie vermittelt zwischen verschiedenen Kommunikationsbereichen entweder an den äußeren oder den inneren Grenzen der Organisation: „Auch im Büro besteht Frauenarbeit in weiten Teilen in der Vermittlung zwischen z.B. Kunden/Klientenbedürfnissen und formalen Abläufen bzw. zwischen verschiedenen system-/organisationsspezifischen Bearbeitungs- und Verarbeitungsformen (Holtgrewe 1997: 59). Entweder geht es also um die Herrichtung und Aufrechterhaltung der für Bewusstseinssysteme wahrnehmbaren räumlichen Umwelt der Kommunikation oder es geht um die Transformation einer Information in die den Kommunikationsstandards der Organisation angemessene Mitteilungsform. Wie auch immer: In jedem Falle ‚verschwindet' die Tätigkeit selbst und mit ihr alle Anstrengungen und Innovationen; wie die Hausarbeit. Auch wenn die Anwaltsgehilfinnen die EDV-Technik in der Kanzlei nicht nur beherrschen, sondern überhaupt erst ‚zum Laufen bringen', bleibt letztlich doch nur der Brief des Anwalts übrig, der seine Unterschrift trägt und ihm als Mitteilendem zugerechnet wird. Bei solcher Artikulationsarbeit handelt es sich also um ein Handeln, das von der Entscheidungskommunikation verdrängt wird, als Handeln unsichtbar ist. Es ist auf einer dieser vorgängigen Kommunikationsebene, auf der Beobachtungsebene erster Ordnung, angesiedelt. Als solches ist es ein Handeln, das sich an den Bedürfnissen anderer orientiert. Es handelt sich um ein Handeln, das man von seiner Struktur her als Fürsorglichkeit bezeichnen kann: Das Erleben von Alter bildet den Bezug der Mitteilung. Sie behebt ‚Mängel' im Erleben von Alter (= behebt „Störungen in der strukturellen Kopplung von Bewusstsein und Kommunikation" (Luhmann 1993h: 220)) und ermöglicht Mitteilungen, die von der Organisation als Handlungen (= Entscheidungen) beobachtet werden können – und je nach Erfolg und Organisation womöglich karrierewirksam werden.[83] Assistenz-

---

83 Von der Organisation selbst wird diese Form der Zu-Arbeit nicht honoriert - Karrieren oder anderes sind ausgeschlossen. Was führt dennoch dazu, dass bei den Frauen oftmals ein hohes Maß an Leistungsmotivation beobachtbar ist (vgl. Holtgrewe 1997: 183)? Es sind zumeist intrinsische Motive wie „Spaß an der Arbeit" (Holtgrewe 1997: 172) oder das mit dem EDV-Einzug plötzlich auftretende Interesse an der Computertechnik, wodurch die Organisation profitiert, ohne dass es sie etwas kostet (vgl. Holtgrewe 1997: 183). Damit sind Handlungsziele benannt, die vermutlich durch die weibliche Geschlechtsrollen motiviert sind, da sie sich stark am Handlungsziel selbst orientieren und

arbeit ermöglicht, mit anderen Worten, die *strukturelle Kopplung* von Person und Entscheidungsrolle. Die einschlägige Semantik bestätigt diese Vermutung: Das typisch ‚Weibliche' der Schreibarbeit zeigt z.b. die Zeitschrift „Die Handels- und Büroangestellte" auf: „Die Arbeit der Stenotypistin kann niemals mechanisch sein, es liegt in ihr immer etwas Geistiges, schon deswegen, weil der Diktierende ein Mensch ist, in dessen Eigenart sich hineinzuversetzen eine Hauptaufgabe der Stenotypistin ist" (zit. nach Holtgrewe 1989: 36). „Wie viel kann ein vernünftiges Mädel, das das Herz am rechten Fleck hat, mithelfen am Gedeihen eines Unternehmens. Indem sie standhaft einen ‚schlechten' Tag eines Vorgesetzen erträgt, den ersten Anprall aushält und weitere Folgen verhütet" (der Artikel „Die Tippmamsell" in der „Rhein-Mainischen Volkszeitung", zit. nach Holtgrewe 1989: 37).

Zu 2. Hier geht es um die Frage nach den Statusbeziehungen zwischen Personen, die ohne deren Organisationsmitgliedschaft unmöglich wären. Sie bezieht sich auf die wechselseitige Wahrnehmung bzw. die Zurechnung von Erwartungen innerhalb der Organisationsinteraktionen. Insgesamt verläuft Interaktionskommunikation in Organisationen auf der Beobachtungsebene zweiter Ordnung (vgl. Kieserling 1999: 362). Auf dieser zweiten Beobachtungsebene schließt sich die „Interaktionsrealität" (Kieserling 1999: 363), indem ein Mitglied sowohl als Person als auch als Rollenträger beobachtet wird. Auf diese Weise als Organisationsinteraktion ‚gerahmt', gerät die Interaktion unter den „Druck von Erwartungen, die letztlich aus einer anderen Systemebene stammen" (Kieserling 1999: 340). Umgekehrt gilt, dass „die Möglichkeiten der Organisation durch die Interaktion beschränkt werden" (Kieserling 1999: 341), weil das Mitglied immer auch als Person mit unverwechselbaren Eigenschaften beobachtet wird und dadurch Kommunikationsmöglichkeiten eingeschränkt werden. In diesem Fall ist es möglich, dass „eine *interaktionseigene Rangordnung* ... Darstellungsprobleme für alle Beteiligten aufwirft, weil sie mit der sonstigen Ranglage der Personen nicht bruchlos übereinstimmen kann" (Kieserling 1999: 344). Dieser Tatbestand verweist darauf, dass die Interaktion auch in Organisationen ein autonomes Kommunikationssystem mit eigenen Selektionskriterien ist, und dass die Brisanz solch gegenläufiger Statusbeziehungen deshalb nicht zu unterschätzen ist, weil Spannung dadurch impliziert sein können, dass sich die Beteiligten ihre Interaktionspartner in Organisationen in der Regel nicht aussuchen können. Sicherlich zeichnen sich Organisationen dadurch aus, dass sie aufgrund ihrer eigenständigen und in die Organisations-

---

es nicht als Mittel zum Zweck gebrauchen - wie dies bei der männlichen Geschlechtsrolle klassischerweise der Fall wäre (vgl. Abschnitt 3.4).

hierarchie eingebundenen Vergabe von Organisationsstellen ihren Mitgliedern „interaktionelle Durchsetzungsfähigkeit auch gegenüber ranghöheren Mitgliedern der Gesellschaft" verleihen können (Kieserling 1999: 340). Dennoch können ‚Fehlbesetzungen' dieser Art schnell zu Kommunikationsbeschränkungen führen, wenn die Bedeutung der Person aufgrund der Motivstruktur, die sie symbolisiert, ein Verstehen nahe legt, das ihrer formalen Organisationsrolle zuwiderläuft. Die Einheit der Unterscheidung von formalem und persönlichem Rollenbereich, die in der Mitgliedsrolle symbolisiert ist, gerät sozusagen außer Kontrolle, Erwartungen werden nicht mehr als eindeutige Erwartungen beobachtet und die Annahme der Kommunikation kann womöglich nur noch mit Hilfe formaler Sanktionsmechanismen durchgesetzt werden. Beispiele für das Auseinanderdriften von personenbezogenen und rollenbezogenen Erwartungen sind das jugendliche Alter eines Managers, der ‚Unterschichthabitus' eines leitenden Angestellten, der ‚distinguierte Charme' eines Bauarbeiters oder, und das soll hier natürlich Thema sein, die weibliche Geschlechtszugehörigkeit einer Führungsperson. Allen ist gemeinsam, dass die externen Rollenerwartungen, die diesen Personen außerhalb der Organisation unterstellt werden, konträr zu den internen, qua Organisationsstelle gebündelten Erwartungen verlaufen. Weibliche Personen, die männlichen Personen gegenüber sonst einen geringeren sozialen Status haben (vgl. Goffman 1981; vgl. Wegener 1989), können hier z.B. Vorgesetzte sein. Eine Anweisung einer weiblichen Person zu befolgen wird männlichen und weiblichen Personen vermutlich gleichermaßen schwer fallen: männlichen Personen, weil sie als statushöher gelten, weiblichen Personen, weil unter ihnen das Gebot der Gleichheit herrscht (dazu Bischof-Köhler 1993; vgl. auch Kapitel 3.2). Die Schwierigkeiten ergeben sich, sobald das Organisationsmitglied in der Rolle nicht überzeugt, weil die mit seiner Person unauflöslich verknüpfte Geschlechtsrolle im Moment wechselseitiger Wahrnehmung Erwartungen ‚aktiviert', die von den Erwartungen an eine Führungsperson abweichen.

Von einer Führungsperson wird die Fähigkeit zur Entscheidung erwartet. Diese Fähigkeit wird männlichen Personen aufgrund der männlichen Geschlechtsrolle – nämlich der konstanten Umweltbeziehung – eher zugetraut, als weiblichen Personen, deren Umweltbeziehung aufgrund ihrer Geschlechtsrollenstruktur als variabel gilt. Somit ist es nicht wirklich verwunderlich, dass die Stelle eines Entscheiders, vor allem umso ranghöher sie ist, in der Regel von einer männlichen Person besetzt wird. Aufgrund der Übereinstimmung der männlichen Geschlechtsrolle mit der Struktur einer Entscheidungsposition wird eine bestimmte Organisation seiner Bewusstseinskomplexität erwartet und die entsprechende Sozialisation vorausgesetzt. Die mit der Rolle des Entscheiders

134

und einer männlichen Person verknüpften Erwartungen stimmen in folgenden Punkten überein: Beide treffen eine Entscheidung, die von der Kommunikation als kontingente Handlung beobachtet wird und die sie aufgrund ihrer Selektionskompetenz beurteilt haben. Da sie immer auch hätten anders entscheiden können, müssen sie als kompetente Entscheider gelten, die ihre (kontingenten) Entscheidungen verantworten können. Vielleicht gilt deshalb das Stereotyp des Karrieristen oder Managers mit seiner Geschlechtsrollenstruktur internal/konstant + extrinsisch als eines der ‚männlichsten' Stereotype überhaupt (vgl. Eckes 1997):[84] weil der Karrierist als Mitglied der Organisation sowohl formal (formale Entscheidung) als auch persönlich (persönliche Interessen) selegiert – und beides zueinander in entgegengesetzten Richtungen verläuft. Er symbolisiert die männlichen Eigenschaften „Aktivität, Kompetenz und Fähigkeiten, Durchsetzungsfähigkeit und Leistungsstreben" par excellence (Alfermann 1993: 304). Denn bezogen auf die Beobachtung der Leistungen von Männern und Frauen hat „die Leistung eines Mannes einen höheren diagnostischen Wert im Hinblick auf seine Fähigkeiten als entsprechend die Leistung einer Frau. Bei ihr wird wiederum mehr auf Anstrengung attribuiert, die aber eine geschlechtstypische Bedeutung hat: Während bei Frauen nämlich Anstrengung stärker als Ausdruck intrinsischer Motivation gilt, wird Männern eher Anstrengung zum Zweck der Erreichung bestimmter Belohnungen unterstellt. [...] Das heißt aber auch, eine Frau wird als nicht so fähig nach Erfolg und so unfähig nach Misserfolg angesehen wie ein Mann" (Alfermann 1993: 313). Da die weibliche Person einen intrinsischen, einen am Zweck der Tätigkeit selbst orientierten Kommunikationsstil symbolisiert, wird ihre überdurchschnittliche Leistungsmotivation nicht per se als Mitteilungsabsicht in Richtung Leistungsambitionen und -fähigkeiten interpretiert, sondern eher als Freude an der Arbeit gewertet. „Ein Ausdruck davon ist, dass Filialleitungen Frauen, die ein berufliches Engagement in ihrer Abteilung zeigen, stark einbinden und versuchen, diese in ihrem Bereich zu halten. Ein vergleichbares Engagement von Männern wird demgegenüber als Zeichen von Karriereambitionen gewertet und mündet in Karriereförderung" (Goldmann 1993: 129).[85] Es ist kein Zufall, wenn Lange (1998) zu dem Ergebnis kommt, dass ‚männliche Rationalität' und Organisati-

---

84   Und wird bei Connell (1995) als Verkörperung hegemonialer Männlichkeit betrachtet.

85   Das korrespondiert mit der Beobachtung, „dass bei einer Vermittlung eines Mannes durch eine Frau (gegenüber der Vermittlung eines Mannes durch einen Mann) eine sehr auffällige Verschlechterung im Berufsprestige erfolgt. Dass dieser Zusammenhang von dem im Mittel niedrigeren Prestige weiblicher Kontaktpersonen herrührt, lässt sich leicht belegen" (Wegener 1989: 287).

onsrationalität in der Figur des Entscheiders zusammenfallen. Insgesamt kann aufgrund einer so eng an den Geschlechtsrollen orientierten Arbeitsteilung vom „doing gender while doing work" (Leidner 1991) gesprochen werden.

Weibliche Personen in Führungspositionen befinden sich in dem Dilemma, von ihrer Geschlechtsrolle her als erlebende Personen mit variablem Umweltbezug und sich von ihrer Organisationsstelle her als handelnde Personen mit konstantem Umweltbezug erwartet zu sehen. Der berühmte ‚weibliche Führungsstil' scheint einer der Auswege zu sein, um die widersprechenden Erwartungsweisen ‚unter einen Hut' zu bekommen. Wie in Kapitel 3.3 gezeigt, unterscheiden sich die Kommunikationsstile von Personen in Statuspositionen je nach ihrer Geschlechtszugehörigkeit, z.B. indem weibliche Personen in Statusrollen im Unterschied zu ihren männlichen Kollegen einen Kommunikationsstil bevorzugen, der Statusunterschiede minimiert, statt sie zu betonen. Dabei handelt es sich um einen Kommunikationsstil, der auch für weibliches Führungsverhalten typisch ist (vgl. z.B. Assig/Beck 1998; Tannen 1995; Trömel-Plötz 1996): Weibliche Führungskräfte beziehen sich typisch auf die mitgeteilte Information von Alter und legen Alter auf diese Weise ein sachorientiertes Mitteilungsverhalten nahe. Die Folge: „Entgegen dem altbekannten Vorurteil, wonach Frauen angeblich nicht sachlich bleiben können, sind es gerade Frauen, die vom Thema abschweifende, ausufernde Diskussionen wieder auf den Kernpunkt zurückbringen" (Assig/Beck 1998: 25). Sie „sind grundsätzlich eher an ehrlicher Rückmeldung durch Kollegen und Mitarbeiterinnen interessiert", sie „gehen tatsächlich ehrlicher und offener mit ihren Kolleginnen und Mitarbeitern um und erzielen damit eine weitaus höhere Motivation", sie „scheuen sich im Gegensatz zu Männern nicht, unangenehme Themen anzusprechen" und sind in der „Artikulation von Kritik ... viel offener, aber nicht verletzender" (Assig/Beck 1998: 24). Steuerungstheoretisch ausgedrückt gestattet es ihnen dieser durch ihre Geschlechtsrolle nahegelegte Kommunikationsstil, die Beobachtungsebene der Mitarbeiter bei „ihrer Eigenlogik ‚zu packen'" (Degele 1997: 94) und diese Informationen in das Steuerungskonzept der Organisation einzugeben. Vielleicht sind deshalb von weiblichen Personen geführte Betriebe im Schnitt erfolgreicher: „Die von Frauen geleiteten Betriebe erreichen weit überdurchschnittliche Erträge, wachsen zweimal schneller als der Durchschnitt und sind doppelt so rentabel wie die von Männern geführten Unternehmen" (Assig/Beck 1998: 26). Solche von verschiedenen Studien bestätigten Ergebnisse lassen vermuten,[86] dass die unterschiedliche Struktur der männlichen und weiblichen Geschlechtsrolle weiblichen Personen in Kombina-

---

86 Vgl. dazu die umfangreichen Literaturangaben in Assig/Beck (1998).

tion mit einer Rolle als EntscheidungsträgerIn einen gewissen Vorteil an die Hand gibt. Dieser besteht vermutlich darin, dass weibliche Führungskräfte im Unterschied zu ihren männlichen Kollegen eher dazu neigen, das Handeln *und* Erleben von Alter in ihr Anschlussverhalten einzubeziehen. Dass weibliche Führungspersonen Machtstreben zugleich oftmals ablehnen, wird jedoch als Führungsschwäche beobachtet (vgl. Assig/Beck 1998: 30).

Die geschlechtsrollendiskrepante Rollenübernahme zeitigt auch hier – wie im Falle des Hausmannes (vgl. Abschnitt 3.4) – ihre Möglichkeiten und Grenzen: Das mittlerweile gängige Stereotyp von der Managerin oder Karrierefrau kann als eine Art *Kompromiss* gelesen werden, der erlaubt, die *in sich widersprüchlich* angelegte Figur *weibliche Entscheiderin* zu symbolisieren. Im Unterschied zum Stereotyp des Managers wird ihr aber „das für Managementfunktionen zentrale Merkmal der Führungsfähigkeit abgesprochen" (Eckes 1997: 72; vgl. auch Kirchler et al. 1996). Das Nicht-Existieren ‚kompetenterer' Frauenstereotype kann sicherlich als Grund dafür gelten, dass der Frauenanteil in den Chefetagen verschwindend gering ist (vgl. Assig/Beck 1998: 28). Wie oben (Abschnitt 3.4) erwähnt, ist das Stereotyp der Karrierefrau eines, das zwar die Instrumentalität ihres Handelns betont, ihr also durchaus ‚das Zeug' für eine Karriere zuschreibt. Gleichzeitig aber fasst es ihr körperliches Erscheinungsbild als weiblich und attraktiv, was sich nachteilig auf das Maß der ihr zugeschriebenen Kompetenz auswirkt, da weibliche Attraktivität als ein Hinweis auf mangelnde Selektionsfähigkeit gelesen wird. Kirchler et al. (1996) bestätigen bezüglich Managerinnen und Managern, dass ihnen zugeschriebene Führungsqualitäten auf unterschiedlichen Attributionsmustern basieren. Sie zeigen, dass „die an Frauen wahrgenommenen erfolgsversprechenden Eigenschaften als wesentlich instabiler empfunden werden als die Eigenschaften, die Männern zugesprochen werden" (Kirchler et al. 1996: 163). Das Problem liegt in der widersprüchlichen Struktur von weiblicher Geschlechtsrolle und Führungsrolle, die im Stereotyp von der nur begrenzt erfolgreichen Karrierefrau symbolisiert wird – und damit ihre Inklusion in höhere Positionen sowohl gestattet, als auch zugleich beschränkt. „Auf dem Weg nach oben gehen die Frauen ‚verloren'" (Kirchler et al. 1996: 149), „[m]eist bleiben sie in mittleren Positionen stecken" (Kruse 1987: 253): „Aktuelle Statistiken belegen, dass nicht mehr als etwa 2 bis 5% der Spitzenpositionen in der Wirtschaft und Verwaltung von Frauen gehalten werden" (Kirchler et al. 1996: 149). Insgesamt haben sich ihre Chancen zumindest im mittleren Management verbessert; die variable Umweltorientierung des Stereotyps Karrierefrau tut seine Wirkung und sorgt dafür, dass weiblicher Erfolg auf Anstrengung statt auf Fähigkeit zurückgeführt wird:[87] „Frauen werden seit den 80er Jahren als engagiert, kräftig, korrekt beschrieben. Zweifellos wird auch Frauen Führungserfolg zuerkannt. Aber während Männer scheinbar selbstverständlich immer schon Führungsqualitäten besaßen, müssen Frauen ‚kämpfen‘, um tatsächlich ihre Arbeit zu meistern" (Kirchler et al. 1996: 159f.).

Wie sieht das aber umgekehrt aus, also wenn männliche Personen in einen typisch weiblichen Beruf einsteigen? Das folgende Beispiel ist das Ergebnis einer Studie aus dem Bereich der Krankenpflege, die zeigt, dass männliche Personen in typisch weiblichen Berufen von der stereotypen Verklammerung von ‚Männlichkeit‘ mit ‚Professionalität‘ profitieren (Heintz/Nadai 1998).[88] Weil sie jedoch an Status zu verlieren haben, gilt auch für sie das Problem, sich mit widersprüchlichen Erwartungen konfrontiert zu sehen. Die Krankenpfleger „müssen den Beweis erbringen, trotz falschem Beruf ‚richtige‘ Männer zu sein" (Heintz/Nadai 1998: 85). Im Bereich der Krankenpflege, der auch heute noch als Inbegriff weiblicher Fürsorge gilt, ist es männlichen Krankenpflegern kaum möglich, sich am weiblich geprägten Berufsprofil zu orientieren. Sie müssen ein eigenes, ein männliches Profil entwickeln, das sich gegenüber der weiblichen Krankenschwesterrolle behaupten kann. In der Tat ist das der Studie zufolge gelungen: „Der moderne Modellkrankenpfleger hat sich vom weiblichen Tugendkatalog befreit und zeigt nunmehr ein ‚männliches‘ Profil: er ist ruhig, sachlich, überlegt, behält in schwierigen Situationen die Übersicht, kann im Umgang mit Ärzten ‚von Mann zu Mann‘ (d.h. eben: von gleich zu gleich) verhandeln, bringt mit männlicher Autorität verwirrte oder aufsässige Patienten zur Räson und dient dank seiner Körperkraft als *Abteilungskran*‘ für schwere Hebearbeiten" (Heintz/Nadai 1998: 85). Interessanterweise setzt sich nun dieser männliche, professionelle Typus gegenüber dem traditionell naturhaft-weiblich konnotierten Krankenschwesterprofil durch, indem er es langsam aber sicher

---

87   „Ein Blick in Zeitungen und Zeitschriften, in Rundfunk- und Fernsehprogramme, in die Buchprogramme großer und kleiner Verlage macht deutlich, dass ‚Frauen, die Karriere machen‘, ‚Frauen, die es geschafft haben‘, ‚Frauen in Männerberufen‘ ein Thema ist, das in vielen Varianten und unterschiedlich wertend - bewundernd, klagend, bemitleidend, nicht selten auch zynisch - aus der öffentlichen Diskussion nicht mehr wegzudenken ist" (Kruse 1987: 251).

88   Die Terminologie der Studie orientiert sich an der Unterscheidung Hirschauers vom „doing" und „undoing gender" (vgl. Heintz/Nadai 1998: 82) und geht davon aus, dass die Geschlechterdifferenz „über gezieltes Handeln erzeugt und symbolisch markiert" wird (83). Vgl. dazu unsere Kritik oben (Abschnitt 3.5.).

ersetzt: Krankenpfleger und Krankenschwestern *beginnen* gleichermaßen, sich an diesem „gepflegten Komplex männlicher *Coolness*, der für ein neues Modell pflegerischer Professionalität steht" zu orientieren (Heintz/Nadai 1998: 85). Die Krankenschwestern danken es ihnen: Endlich setzt das ein, was sie bisher ohne Erfolg durchzusetzen versucht hatten – ein ihrer mehrjährigen Ausbildung angemessenes, professionelles Image.

Wie ist es möglich, dass dieser männliche Krankenpflegertypus für die Krankenschwester gleichermaßen zum attraktiven Leitbild werden konnte? Und wie ist es möglich, dass erst durch sie ein professionelles Image durchgesetzt werden konnte, obwohl es sich auch zuvor bereits um einen qualifizierten Beruf handelte, obwohl Pflege und medizinische Versorgung erlernt werden müssen und nichts mit ‚häuslicher Fürsorge' zu tun haben? Im Falle der Managerin wäre ein vergleichbarer Einfluss auf das männlich konnotierte Managerprofil unmöglich: Hier gilt die weibliche Person und nicht das Berufprofil als defizitär. Eine Erklärung für diesen Zusammenhang könnte sein, *dass die Übernahme einer Organisationsrolle durch eine männliche und eine weibliche Person unterschiedliche Umgangsweisen mit der Komplexität dieser Organisationsstelle symbolisieren.* Das würde, strukturell gesehen, bedeuten, dass man Organisationsstellen danach geschlechtstypisiert, ob 1. die Tätigkeit auf eine Umwelt bezogen ist, die durch einen variablem Umweltbezug Alters vorgegeben ist (= typisch weibliche Organisationsstelle) oder ob sich 2. die Tätigkeit auf eine Umwelt bezieht, die ein höheres Maß an Selektionskompetenz und damit einen konstanten Umweltbezug verlangt (= typisch männliche Organisationsstelle).

Mit der weiblichen Geschlechtsrolle werden Tätigkeiten des ersten Typus erwartet. Entsprechend strukturierte weibliche Geschlechterstereotype symbolisieren daher einen fremdreferentiellen Umgang mit der durch die Organisationsstelle bereitgestellten Komplexität: Die Person findet ihre Selektionskriterien in der externalen Orientierung und im variablen Umweltbezug, d.h.: im Erleben anderer. Die männliche Geschlechtsrolle dagegen passt zum zweiten Tätigkeits-Typus, der seine Selektionskriterien in der internalen Orientierung und im konstanten Selbstbezug findet, und darum zur eigenständigen Beurteilung der Situation fähig ist. Die Bedeutung der Organisationsrolle hängt somit davon ab, ob sie von einer männlichen oder weiblichen Person besetzt ist. Übernimmt eine Person des anderen Geschlechts diese Rolle, dann verändert sich damit zugleich ihre Bedeutung innerhalb der Interaktionskommunikation.

Erst vor diesem Hintergrund ist nachvollziehbar, warum die Anzahl der weiblichen oder männlichen Beschäftigen als Indikator für die Qualität der Tätigkeit gilt. Hoffmann (1987; vgl. Becker-Schmidt 1995) hat diesen Zusammenhang am Beispiel einer Gruppe von Mathematikerinnen vorgeführt, die aufgrund des Männermangels der 40er und frühen 50er Jahre an der Universität von Pennsylvania mit der Entwicklung von etwas befasst waren, das heute als Computer-Software bekannt ist. Ein Technikforscher, der sich 1979 an die zu dieser Zeit bereits vergessenen Informatikerinnen erinnerte, schrieb: „Die Erscheinung dieser großen Zahl von Frauen in der Programmierung ist ein Indikator für eine rapide Routinisierung und Dequalifizierung des Programmierens insgesamt" (zit. nach Becker-Schmidt 1995: 75). Diese Abwertung weiblicher Tätigkeiten lässt sich verallgemeinern. So bewirkt ein hoher Anteil männlicher Personen in einer Firma oder Branche ein hohes Sozialprestige der Tätigkeit. Umgekehrt gilt, dass „wenn der Anteil an Frauen in diesem Beruf ansteigt, das Sozialprestige des Berufes sinkt und umgekehrt, wenn der Anteil an Männern in einem weiblichen Beruf steigt, auch das Sozialprestige ansteigt" (Rustemeyer/Thrien 1989: 109).[89] Damit hängt zusammen, dass Männlichkeit und Professionalität automatisch miteinander verknüpft werden, wie z.B. im Lehrberuf des Kochs oder Fensterputzers (vgl. Müller 1985), während das Umgekehrte entsprechend für die Verbindung von Weiblichkeit und Unprofessionalität gilt. Das lässt sich auch historisch belegen: So haben sich viele der typisch weiblichen Assistenzberufe als Folge eines Rationalisierungs- und Ausdifferenzierungsprozesses professioneller Arbeit entwickelt; sie sind dequalifizierte Männerarbeit. Ein gutes Beispiel ist die Erfindung der reinen Schreibarbeit mit Einzug der Schreibmaschine in die Büros, durch die die männliche professionelle Schreibarbeit entwertete und im Rahmen eines notwendig gewordenen Umstrukturierungsprozesses der Büroarbeit als Resttätigkeit von Frauen übernommen wurde. „Im Begriff des Schreibens fallen nunmehr geistige und körperliche Arbeit auseinander, und an dieser Arbeitsteilung trennen sich weibliche und männliche Bürokarrieren" mit der Folge, dass „die Zeichnungsberechtigung ... zum Ausweis männlicher Autorität" wurde (Holtgrewe 1989: 22).[90]

Worin liegt also letztlich das ‚Geheimnis' des semantischen Zusammenhangs von Männlichkeit und Professionalität einerseits und Weiblichkeit und Unprofessionalität andererseits? Die Antwort lautet: Es liegt in der *durch das Geschlecht der Person symbolisierten Erwartungen, die durch die Ge-*

---

89   Das könnte ein Erklärungsmuster dafür sein, warum die Unzufriedenheit in Symphonieorchestern bei den männlichen und weiblichen Mitgliedern mit zunehmendem Frauenanteil steigt (vgl. Allmendiger/Hackman 1993).

90   Dazu auch Frevert (1979). Auch die ‚heilkundigen Frauen' der vorbürgerlichen Gesellschaft wurden im Zuge ihrer Verdrängung durch den modernen Arzt zu dessen Assistentinnen (vgl. Frevert 1982).

schlechtsrolle strukturiert sind: Männliche Personen verkörpern einen konstanten, weibliche Personen einen variablen Umweltbezug. Dabei wird ihnen ein *unterschiedliches Beobachtungsniveau* unterstellt. Männlichkeit bedeutet die Herstellung von und die Auswahl aus Möglichkeiten. Das gilt auch dann, wie die Krankenpflege-Studie zeigt, wenn es sich um eine Organisationsstelle handelt, in der es vornehmlich um das Erleben und die Bedürfnisse einer anderen Person geht, also um eine externale Umweltbeziehung: Die Krankenpflege bekommt durch den männlichen Krankenpfleger plötzlich deshalb einen Professionalisierungsschub, weil dadurch, dass eine männliche Person die Tätigkeit verrichtet, eine (zuvor nicht sichtbare) kontingente Perspektive auf die zu pflegende Person beobachtet wird. Jetzt kann unterstellt werden, dass es verschiedene Pflegetechniken gibt, zwischen denen gewählt werden muss. Auch wenn das selbstverständlich zuvor ebenfalls der Fall war – handelt es sich bei der Krankenpflege schließlich um einen qualifizierten Ausbildungsberuf -, so war dies wegen der externalen und variablen Bezugnahme der Tätigkeit, verrichtet durch eine *weibliche* Person, zuvor nicht beobachtbar gewesen. Das ist der Grund dafür, dass der Krankenpflegeberuf, ausgeübt durch weibliche Krankenschwestern, semantisch als naturwüchsig weibliche Fürsorgetätigkeit verstanden wird bzw. wurde und seine Bedeutungsveränderung nun durch das Berufsprofil der männlichen Krankenpfleger erfährt.

Ein weiterer Zusammenhang lässt sich somit konstatieren: *Die Übernahme einer typisch weiblichen Rolle durch eine männliche Person verändert die typisch weibliche Rolle. Die Übernahme einer typisch männlichen Rolle durch eine weibliche Person verändert die weibliche Person.* So gesehen, gibt es also kein ‚Dominanzverhältnis' zwischen Person und Rolle, sondern zwischen Männlichkeit und Weiblichkeit.

Dieser Zusammenhang wird auch von Karin Gottschalls (1998) Re-Interpretation einer Studie von Hall untermauert. Hall meint hier, dass die Orientierung von Frauen an einem männlichen Berufsprofil für diese die Adaption männlichen Verhaltens bedeutet. Gottschall setzt dagegen, dass diese damit vielmehr die Professionalisierung ihrer eigenen Tätigkeit verbinden. Gottschall entklammert somit, anders als in der Studie, Männlichkeit und Professionalität. Sie sieht zwischen Professionalität und Weiblichkeit keinen notwendigen Widerspruch.

Zur Studie selbst. Hall untersuchte die Gastronomie in den USA, in der bis Anfang der 90er Jahre Kellner professionelle Kellnertätigkeit in gehobenen Restaurants verrichteten, während Kellnerinnen in der Regel für die einfache Serviererinnentätigkeit in einfachen Lokalen, die sich durch ihre eher familiäre

Atmosphäre auszeichnen, eingesetzt wurden.[91] Seither ist die Geschlechterverteilung jedoch insgesamt relativ ausgewogen umgestaltet worden. Die Studie fragt daher, was mit der Bedeutung der Arbeit geschieht, wenn andersgeschlechtliche Personen zunehmend im zuvor relativ eindeutig vergeschlechtlichten Bereich arbeiten. Anhand geschlechtsspezifischer Indikatoren wie Berufsbezeichnung und Bekleidungsvorschriften, und durch teilnehmende Beobachtung und Interviews mit Managern, Vorgesetzten und Beschäftigten, machte sich Hall auf die Suche nach den Bedeutungsveränderungen der geschlechtlich konnotierten Berufsrollen. Dabei stellte sie für die gehobenen Restaurants mit ursprünglich männlicher Besetzung fest, dass die neu hinzugekommenen Kellnerinnen sowohl die typisch männliche Uniform als auch die männliche Anredeform für sich übernehmen, „was alle Beteiligten und insbesondere auch die weiblichen Beschäftigten als Zeichen von legitimer Gleichstellung und Professionalität interpretieren" (Gottschall 1998: 74). In der Studie wird nun diesbezüglich die Ansicht vertreten, dass die Arbeit trotz zunehmend weiblicher Besetzung ihren männlichen Charakter behalten habe, was von den Frauen „einen gewissen Preis verlange und strukturell konflikthaft sei" (Gottschall 1998: 75, Fn. 19). Gottschall macht dagegen jedoch die These stark, für die weiblichen Kellner in den gehobenen Restaurants habe die Bedeutung ihrer Berufsrolle durchaus nicht die Bedeutung von Männlichkeit, sondern die von Professionalität – weshalb Gottschall Männlichkeit und Professionalität als etwas *nicht* notwendig Zusammenhängendes verstanden wissen will. Professionalität kann vielmehr auch von weiblichen Personen verkörpert werden. Dass die Studie ihre Befunde auf diese Weise interpretiert, sei, so Gottschall, auf den von ihr benutzten interaktionistisch-ethnomethodologischen Ansatz zurückzuführen, der kein angemessenes Verständnis des Verhältnisses von ‚Arbeit' („im Sinne gegenständlicher Tätigkeit") und ‚Kommunikation' ermögliche (Gottschall 1998: 75). Denn dieser Ansatz ist ihr zufolge nicht in der Lage, Kommunikation als geschlechtliche Bedeutung der Rolle von Arbeit als gegenständlicher Tätigkeit zu unterscheiden, weil alles gleichermaßen als „doing" gefasst wird.[92] Darum will Gottschall die Personen von den Organisationsrollen strikt getrennt wissen. Die Ebene der Institutionen und Trägergruppen ökonomischer

---

91   Auch hier findet sich wieder der Zusammenhang von Geschlecht und dem Umgang mit Komplexität: Kellnerinnen symbolisieren schlichte Kost, Kellner die ‚hohe Schule des Kochens'.

92   Die Kritik geht also in die selbe Richtung wie die Kritik, die wir in Abschnitt 3.5 an Hirschauers Begriffspaar „doing und undoing gender" ausgearbeitet haben.

und sozialer Macht (vgl. Gottschall 1998: 70), mit der sich die Beschäftigten auseinandersetzen müssen, um ihren Status innerhalb des Betriebes festzulegen, erhält einen eigenen Stellenwert – und damit wird die Kommunikationsstruktur neben dem den Personen zugerechneten „doing" als eigenständige Qualität akzeptiert, an der sich die ‚Akteure' abzuarbeiten haben. Gottschall zufolge werden die Auseinandersetzungen mit dieser Struktur zwar auch interaktiv geführt. Dennoch beziehen sie sich nicht ausschließlich auf die Struktur der alltäglichen Interaktionen im Arbeitsleben, auch wenn die interaktive Struktur zugleich stark durch sie beeinflusst wird. Das Manko des doing gender-Konzepts zeigt sich vor diesem Hintergrund in seiner reduzierten „Verbindung von Mikro- und Makrosoziologie: Gesellschaft, Kultur und Institutionen werden hier aus der Perspektive des Handelns rekonstruiert, wobei mikro-soziologisch die Ebene der Interaktion und makro-soziologisch die Ebene der kulturellen Repräsentation gesellschaftlicher Verhältnisse im Vordergrund stehen" (Gottschall 1998: 70). Das reicht deshalb nicht aus, weil die Existenz unterschiedlicher Systemstrukturen unberücksichtigt bleibt: „So haben z.B. die weiblichen Beschäftigten in einem der untersuchten Restaurants der gehobenen Klasse erfolgreich für gleiche Arbeits- und Entlohnungsbedingungen gekämpft" und damit auf ihre Stellung innerhalb der Organisation Einfluss genommen (Gottschall 1998: 76). Es ist ihnen gelungen, die Organisation mit ihrer Stellenpolitik zu konfrontieren und veränderte Einstellungskriterien durchzusetzen. Damit sind Veränderungen der Organisationsstruktur vorgenommen worden, die weiblichen Personen den Zugang zu einer als professionell geltenden Organisationsrolle eröffnet und die mit ihrem Geschlecht unterstellte mangelnde Selektionskompetenz und damit Professionalität kompensiert. Auch wenn es auf den ersten Blick scheint, als ob die semantischen Formen beibehalten werden, so zeigt doch der Blick auf die Selbstbeschreibung der Personen, die diese Formen benutzen, dass sich deren Bedeutung sehr wohl verändert hat. Fazit: „Dass im genannten Beispiel Professionalität mit Männlichkeit konnotiert ist, heißt nicht, dass diese identisch sind und sich Arbeitende, insbesondere Frauen, auf Professionalität nur als männlich konnotierte beziehen können" (Gottschall 1998: 78).

Auch Gottschall zeigt, dass die Definition der Organisationsrolle sich auf die Bedeutung der Person, die Trägerin dieser Rolle ist, auswirkt. Leider beschränken sich ihre Ausführungen auf die Übernahme männlich konnotierter Rollen durch weibliche Personen. Sonst könnte auch sie zeigen, dass eine Bedeutungseinfärbung der Person durch die Rolle keineswegs die Regel ist, sondern von der Sexuierung der Rolle und vom Geschlecht der Person abhängt. Wir haben gezeigt, dass der Grund dafür die Geschlechtsrolle ist, wegen der männliche Personen wegen ihrer selbstselektierter externen Rollenverpflichtungen eine konstante Umweltorientierung zugeschrieben wird, während man den Umweltbezug weiblicher Personen wegen ihrer gleichsam naturhaften externen, auf Haus und Familie bezogenen Rollenverpflichtungen als einen variablen Umweltbezug fasst. Damit wird den beiden Geschlechtern ein unterschiedlich hohes Maß an Selektionsfähigkeit und Umweltkomplexitätsverarbeitungskompetenz zugeschrieben. Dass dies für die Beobachtung männlicher und weiblicher Personen als TrägerInnen geschlechtsneutral definierter Organisationsrollen nicht ohne Folgen bleibt, liegt auf der Hand.

5. Andere konstruktivistische Gender-Konzepte

In diesem Kapitel möchten wir unsere Überlegungen mit Geschlechtertheorien kontrastieren, die ebenfalls konstruktivistisch gebaut sind. Wir haben uns den diskurstheoretischen Ansatz von Judith Butler, die philosophisch-anthropologische Konzeption Gesa Lindemanns und das Habituskonzept bei Beate Krais angesehen und einer kritischen Analyse aus systemtheoretischer Perspektive unterzogen.

Wenn männliche ‚Subjekte' typisch weibliche Rollen übernehmen und weibliche ‚Subjekte' typisch männliche Rollen, dann verschieben sie Judith Butler (Abschnitt 5.1) zufolge die Bedeutung von Männlichkeit und Weiblichkeit, indem sie Aspekte mit in ihre Handeln hineinnehmen, die zuvor qua vergeschlechtlichter Subjektposition ausgeschlossen waren. Butler denkt diesen Schritt bekanntlich auf ungewohnt radikale Weise, denn sie geht davon aus, dass diese Verschiebungen von Subjektpositionen neue Geschlechtskörper jenseits des binären, heterosexuellen Geschlechtercodes erzeugen. Dabei verortet sie die performative Kraft, die das geschlechtliche Subjekt in physischer und psychischer Hinsicht entwirft, innerhalb des Diskurses.

Ganz ähnlich wie Butler, stellt Gesa Lindemann (Abschnitt 5.2) die soziale Bedeutung des Geschlechtskörpers für die psychische Konstitution des ‚Menschen' in den Vordergrund. Ihre subtil ausgearbeiteten Überlegungen konzentrieren sich dabei auf den Bedeutungsunterschied zwischen dem männlichen und dem weiblichen Geschlechtskörper und das damit implizierte ‚Beziehungsgefälle'. Sie führen vor, welche zwingenden Wirkungen er auf das Selbstverständnis der Individuen und damit die interaktiv vollzogene, asymmetrische Beziehung zwischen den Geschlechtern ausübt.

In den Überlegungen von Beate Krais (Abschnitt 5.3) zum geschlechtlichen Machtverhältnis steht der Habitus im Mittelpunkt. Als in den Körper eingelassenes Gefühls- und Verhaltensprogramm strukturiert er geschlechtliche Ungleichheitsbeziehungen und zwingt den Interagierenden ihr Einverständnis mit solchen sozialen Hierarchien auf. Weil Geschlecht in jeder Interaktion von Bedeutung ist, schlägt Krais den Habitus als Alternative zum Begriff der sozialen Rolle vor.

Trotz theoretischer Unterschiede wird in allen drei Ansätzen die Geschlechterdifferenz als das Produkt des Sozialen verstanden. ‚Individuum' und

,Gesellschaft' werden somit nicht als zwei unabhängig voneinander existierende Größen verstanden, die sich ins Verhältnis zueinander setzen. Vielmehr geht es um die konstitutive Beziehung beider Seiten füreinander. Mit dieser Perspektive stimmen unsere systemtheoretisch geleiteten Überlegungen, wenn sie auch radikaler ausgearbeitet sind, im Prinzip überein. Unsere Kritik wird daher zeigen, dass alle drei Autorinnen einen für ihr Konzept eigentlich notwendigen Aspekt vernachlässigen: die, systemtheoretisch ausgedrückt, Unterscheidung von Person und Rolle.

5.1. Judith Butler: Einheit und Differenz der Subjektposition

In Judith Butlers Überlegungen steht die Frage nach der Möglichkeit von Bedeutungsverschiebungen in männlichen und weiblichen Subjektentwürfen im Zentrum, denn sie will mit ihrer Theorie zugleich politische Strategienentwürfe im Umgang mit Männlichkeit und Weiblichkeit entwickeln. Ihre KritikerInnen haben ihr oftmals vorgeworfen, dabei die Grenzen dessen, was individuelle Identität definiert, und damit die des politisch ,Machbaren', zu überschreiten.[93]

Anknüpfungspunkt von Butlers Überlegungen ist die Unterscheidung von sex (Geschlechtskörper) und gender (Geschlechtsidentität). Eingeführt durch die feministische Theorie (vgl. z.B. Haraway 1987), hatte diese Unterscheidung das Ziel, sich von einer anthropologischen Denktradition abzugrenzen, die die psychische Struktur auf die physische Konstitution zurückführte, und sowohl die aktuellen als auch zukünftigen Entwicklungs- und Handlungsmöglichkeit des ,Menschen' qua Geschlechtszugehörigkeit festgelegt sieht. Mit der Unterscheidung von sex und gender können verschiedene gender-Konzepte als *Variationen* dessen, was durch sex wesenhaft als *,Identitätskern'* eines Geschlechts fixiert ist, gedacht werden. Dennoch bleibt, so Butlers Kritik, die Geschlechtsidentität der Person an den Geschlechtskörper gebunden und somit weiterhin verdinglicht. Butler will den Umgang mit der Unterscheidung von sex und gender radikalisieren, indem sie sex als natürlichen Ausgangspunkt für gender prinzipiell bestreitet (vgl. Butler 1991: 23). Vielmehr kehrt sie das Verhältnis von sex und gender gleichsam um, wenn sie die These vertritt, „dass das Geschlecht (sex) definitionsgemäß immer schon Geschlechtsidentität (gender) gewesen ist" (Butler 1991: 26). Auch der Geschlechtskörper einer Person ist somit ein kulturelles Produkt, weshalb es ihr zufolge dann nicht mehr

---

93   Vgl. dazu einige der kritischen Stimmen in Weinbach (1999: 300ff.).

plausibel ist, warum es nur zwei Geschlechter, nämlich Männer und Frauen, geben sollte (vgl. Butler 1991: 23).

Butler stützt sich bei ihren Überlegungen auf die epistemologische Annahme, dass Realität eine sprachlich vermittelte, diskursiv konstruierte Realität ist. Ein Durchgriff auf die ‚Dinge selbst' ist uns verwehrt, vielmehr ist es umgekehrt: Die diskursiv organisierte Sprache konstituiert die Welt und deren Subjekte als Männer und Frauen: „Das bedeutet, dass jeder Rekurs auf den Körper vor dem Symbolischen nur im Symbolischen stattfinden kann, was anscheinend impliziert, dass es keinen Körper vor seiner Markierung gibt" (Butler 1995: 137). Zur Erläuterung dieses Zusammenhangs konstatiert Butler im Anschluss an die Lacansche Psychoanalyse, dass es sich beim Körper nicht um einen objektiven, natürlich gegebenen ‚Gegenstand' handelt, sondern dass die Genese des Subjektes bzw. des Ich konstitutiv mit der Ausbildung seines Geschlechtskörpers einhergeht (vgl. Butler 1995: 105). Wie im Lacanschen „Spiegelstadium", so denkt Butler die Genese des Ich und seines Körpers als einen Vorgang von Identifizierung und Verwerfung. Der Organismus wird dort zum Körper eines intelligiblen Subjekts mit bestimmten Eigenschaften und Kompetenzen, weil er *als Körpergestalt* das Produkt einer *imaginären* Bildung ist (vgl. Butler 1995: 104), die weder in einem kongruenten Verhältnis mit dem ‚wirklichen' Körper, d.h. seiner ‚zugrundeliegenden' Materialität, steht, noch diesen angemessen zu repräsentieren vermag. Männliche und weibliche Subjekte gibt es dann erst – in ‚Paraphrasierung' des „Spiegelstadiums"[94] – qua Identifikation mit einer *Subjektposition* und der damit einhergehenden Verwerfung aller anderen ‚Seinsmöglichkeiten'. Von solchen geschlechtlichen Subjektpositionen gibt es zwei: die männliche und die weibliche Subjektposition, die sich in einem asymmetrischen Verhältnis zueinander befinden und deren Verhältnis zueinander durch ihre Position innerhalb der symbolischen Ordnung des Diskurses, die durch das „Gesetz des Vaters" strukturiert ist, begründet wird.

Den Diskursbegriff entwickelt Butler in Auseinandersetzung mit dem juridisch-produktiven Diskursbegriff von Michel Foucault: „Michel Foucault hat darauf hingewiesen, dass die juridischen Machtregime die Subjekte, die sie schließlich repräsentieren, zunächst auch *produzieren*" (Butler 1991:16; vgl. auch 1991: 219).[95] Die juridisch-produktive Macht des Diskurses definiert durch

---

94 Vgl. dazu ausführlicher Weinbach (1999: 292).

95 Doch auch wenn Foucault den produktiven Charakter des juridischen Diskurses betont, so lehnt er dennoch nicht nur jede *Zentralisierung der Macht durch das Gesetz* für unsere moderne Gesellschaft ab (vgl. Foucault 1983:111). Er lehnt es zugleich ab, die Pro-

ihre Ver- und Gebote Subjektpositionen als sinnhafte, symbolisch bzw. sprachlich diskursive Strukturen, die der Identitätsgenese des Subjekts zur Verfügung stehen. Erst wenn dieses eine solche Subjektposition einnimmt, ist es mit Erkenntnisfähigkeit, Handlungskompetenz- und zielen ausgestattet – ist es ein „intelligibles" Subjekt (Butler 1995: 270). Doch weil die Identität der Subjektposition auf der *Einheit der Differenz von Verbotenem und Gebotenem* basiert, darum basiert auch die Identität des Subjekts auf dieser Differenz. Indem es dem Imperativ der diskursiven Subjektposition gehorcht, eignet sich das Subjekt durch einen Akt der *Identifizierung und Verwerfung* seine Identität an: Es identifiziert sich mit der ihm zugewiesenen Subjektposition des Diskurses, um alle anderen möglichen Verhaltensweisen, die in den Bereich anderer Subjektpositionen fallen, für sich selbst auszuschließen, zu verwerfen. Dieser Zwang zur Identifikation bezieht sich sowohl auf die psychischen als auch die physischen Aspekte des Subjekts: Die Identität des diskursiv konstruierten geschlechtlichen Subjekts basiert somit auf der Differenz von Identifikation und Verwerfung, die ihm von der Subjektposition des juridisch-produktiven Diskurses vorgegeben wurde. Und die Subjektposition fungiert, und das ist zentral, als die ‚Schnittstelle' von Subjekt und Diskurs. Sie zwingt das Subjekt zu einem bestimmten Verhalten und stattet es mit Handlungszielen und Kompetenzen aus, weil die Existenz des Diskurses vom gehorsamen Tun des Subjekts abhängt: Nur weil das Subjekt tut, was es zum Subjekt macht, darum existiert der Diskurs. Das Verhältnis von Subjekt und Diskurs ist daher ein über die *Subjektposition* vermitteltes wechselseitiges Ermöglichungsverhältnis. Sie definiert, als die Schnittstelle von Subjekt und Diskurs, den Bereich des Handelns und gilt somit als das Herzstück des Butlerschen Theoriekonzepts. Sie ist der Ort, an dem die Definitionsmacht des Diskurses zu Hause ist: Handelt das Subjekt der Aufforderung des Diskurses vermittels der Subjektposition gemäß, konstituiert es sowohl sich selbst, als auch den Diskurs. Zugleich bleibt da immer ein Rest, der durch die realisierte subjektive Identität ausgeklammert wird, weil es verboten ist, ihn zu berücksichtigen (vgl. Butler 1995: 249).

Hier bereits lässt sich das Konzept Butlers mit dem der Systemtheorie vergleichen: Die Subjektposition hat, was ihre Funktion hinsichtlich der Vermittlung von Subjekt und Diskurs betrifft, in ihrer identitätsbildenden Funktion für das Subjekt und ihrer strukturbildenden Funktion für den Diskurs, gewisse Ähnlichkeiten mit der Form Person. Die Person vermittelt als Mechanismus der strukturellen Kopplung ‚zwischen' Bewusstsein und Kommunikation und ist

---

duktivität auf das Verbot zu beschränken (s. Foucault 1983:106f). Aus diesem Grund ist Isabell Lorey zuzustimmen, wenn sie konstatiert, dass „Butlers Position mit der Foucaults nicht so kompatibel ist, wie sie behauptet" (Lorey 1996:54).

somit sowohl für die Identitätsgenese des Bewusstseins als auch für die Genese kommunikativer Erwartungen zentral. Darüber hinaus legt Sinn als Grundbegriff beider Theoriekonzepte nahe, jede Identität als Selektions-Resultante aus einem Horizont an Selektionsmöglichkeiten zu begreifen: Wird ein semantisches Muster gewählt, geht damit die Verwerfung bzw. das Ignorieren anderer Möglichkeiten einher. Im Unterschied zur Systemtheorie meint Butler jedoch, eine politische Theorie auf der Grundlage des Begriffs von der Subjektposition entwickeln zu können.

Butler stützt sich dabei auf die Möglichkeit des intelligiblen Subjekts, die Bedingung seiner eigenen Identität und damit Möglichkeit zu untergraben, indem es statt des diskursiv vorgegebenen semantischen Handlungsmusters dasjenige auswählt, was im selben Moment ausgeschlossen bleiben sollte. Vorausgesetzt ist dabei ein weiterer zentraler Aspekt innerhalb des wechselseitigen Ermöglichungsverhältnisses von Subjekt und Diskurs: der „Wiederholungszwang" (Butler 1991: 213). Die performierende Leistung, das produktive Tun, muss nämlich von Moment zu Moment wiederholt werden. Somit handelt es sich sowohl bei den diskursiven Produkten als auch beim Diskurs um lediglich innerhalb des temporalisierten Konstituierungsprozesses existierende ‚Effekte'. „Dass die ständige Wiederholung notwendig ist, zeigt, dass die Materialisierung nie ganz vollendet ist, dass die Körper sich nie völlig den Normen fügen, mit denen ihre Materialisierung erzwungen wird" (Butler 1995: 21). Zugleich jedoch kann die wiederholende Handlung niemals exakt gelingen, denn die erneute Performierung der Materialität erlaubt keine hundertprozentige Kopie des Vorbildes: Jede Wiederholung ist zugleich ein Verstoß gegen die gleichsam idealtypisch formulierte Geschlechtsidentität der Subjektposition. Das gehorsame Subjekt kann somit dem Diskurs beim besten Willen niemals wirklich gehorchen. Die Erkenntnis dieses Konnexes legt dem Subjekt ein subversives Moment nahe, das es gestattet, ausgeschlossenen Geschlechtsidentitäten zur Repräsentation zu verhelfen (vgl. Butler 1995: 47). So bringt beispielsweise der heterosexistische Diskurs der väterlichen Ordnung durch das Verbot des homosexuellen Begehrens heterosexuelle Männer und Frauen hervor, deren heterosexuelle Identität mit der Verwerfung ihres homosexuellen Begehrens einhergeht. Ein Mann erhält seine physische und psychische Identität als intelligibles Subjekt, indem er sich nicht wie eine Frau, sondern wie ein Mann verhält, und damit das Begehren eines anderen Mannes ausschließt. In dieser Einheit der Differenz von Identität und Verworfenem *im* Subjekt sieht Butler eine Möglichkeit, die Definitionsmacht des heterosexistischen Diskurses zu brechen und den Raum zu eröffnen für dritte, vierte, unzählige Geschlechter mit weder männlicher noch weiblicher Geschlechtsidentität und weder männlichem noch weiblichem Geschlechtskörper. Denn wenn der Diskurs das Subjekt zwingt, sich als ein männliches oder weibliches Subjekt zu konstituieren, indem es bestimmte Handlungen, Kompetenzen und Handlungsziele ergreift, das gehorsame Subjekt durch sein wiederholtes und verfehlendes Tun zugleich den vom Diskurs verworfenen Rest erzeugt, dann muss es möglich sein, statt der vorgeschriebenen die verbotenen Handlungsmöglichkeiten zu wählen und sich als ein anderes Geschlecht zu konstituieren, ohne die Intelligibilität und damit den Subjektstatus zu verlieren – denn auch das Verworfene ist Teil des Diskurses. Entsprechend fordert Butler politische Bewegungen wie den Feminismus oder die Homosexuellenbewegung („queer") dazu auf, nicht die Identität ihrer Subjekte in den Vordergrund ihrer Politik zu stellen und auf deren Selbstverwirklichung zu pochen, sondern die Differenz von Identität und Verworfenem in Augenschein zu nehmen (vgl. Butler 1995: 293ff.).

Damit ist im Prinzip eine weitere Ähnlichkeit zwischen dem Konzept Butlers und der Systemtheorie angedeutet: Auch dem Subjekt bzw. dem Bewusstseinssystem ist es nicht möglich, beliebige oder beliebig viele Identitätskonzepte auszuwählen. Vielmehr muss es sich in jedem Falle, handele es sich um die Selektion affirmativer oder subversiver Handlungsmuster, im Rahmen des von Diskurs (positiv oder negativ definierten) Vorgegeben bewegen. Auch die Systemtheorie betont die Kommunikationsabhängigkeit des Bewusstseinssystems hinsichtlich seiner Identitätsgenese und seinen Handlungsmöglichkeiten. Welche und wie viele Selektionsmöglichkeiten sich dem Bewusstseinssystem bieten, hängt in systemtheoretischer Perspektive jedoch auch von der gesellschaftlichen Differenzierungsform ab. Die funktional differenzierte Gesellschaft bietet dem Bewusstseinssystem aufgrund vielfältiger Kommunikationszusammenhänge mit jeweils eigenen Erwartungsstrukturen die Übernahme unterschiedlicher Personenformen und sozialer Rollen an. Im Gegensatz zu Butler erhebt die Systemtheorie jedoch keineswegs den Anspruch, von dieser theoretischen Basis aus subversive politische Strategien für das Subjekt abzuleiten – befindet sich das Bewusstseinssystem doch mit der Übernahme jedes sozialen Identifikationsmusters innerhalb der Kommunikation und damit innerhalb der Gesellschaft. Die Subversion aktueller Erwartungsstrukturen ist somit letztlich nichts anderes, als das Aufgreifen kommunikativer Möglichkeiten. So gesehen stellt sich bezüglich Butler die Frage, ob sie sich mit ihrem politischen Konzept noch innerhalb ihres Theorierahmens bewegt.[96] Hatte sie nicht in aller Deutlichkeit gezeigt, dass das intelligible Subjekt erst dann zu einem Subjekt

---

96   Zur ausführlicheren Kritik des Konzepts eines solchen subversiven Diskurses vgl. Weinbach (1997; 1998).

mit Handlungsfähigkeiten und Kompetenzen wird, wenn es sich dem Diskurs gehorsam unterwirft? Woher nimmt das subversive Subjekt die Fähigkeit, sich zwischen dem Gebotenen und dem Verbotenen des Diskurses zu entscheiden? Indem Butler das subversive Subjekt zum Entscheider über seine Handlungsmöglichkeiten macht, unterwirft sie es nicht lediglich der Definitionsmacht des Diskurses, sondern lässt es auf Ressourcen zurückgreifen, die zwar im Diskurs als dessen unaussprechlicher Rest vorfindbar sind, die zu ergreifen der Diskurs das Subjekt jedoch *nicht* auffordert. Sie räumt also in ihrem ‚Subversionskonzept' dem Subjekt eine Entscheidungsfreiheit und damit Selbstbezüglichkeit ein, die es vor dem Hintergrund der vorliegenden Definition des Verhältnisses von Subjekt und Diskurs nicht besitzt.[97] Den Grund für diesen Widerspruch findet man mit der wiederholten Betrachtung des wechselseitigen Ermöglichungsverhältnisses von Subjekt und Diskurs. Dieses Verhältnis erweist sich nämlich da als asymmetrisch, wo der Diskurs das Subjekt zum Handeln auffordert und es als ein intelligibles Subjekt erst dadurch konstituiert, dass er ihm den Imperativ qua Subjektposition als Motiv und Motivation des subjektiven Handelns setzt, ohne den das Subjekt nicht wüsste, was es zu tun hat. In ihrem Subversionskonzept kehrt Butler nun das von ihr zuvor konstatierte asymmetrische Abhängigkeitsverhältnis einfach um und räumt dem zuvor konstitutiv diskursunterworfenem Subjekt Gestaltungsmöglichkeiten in Hinblick auf die Diskursstruktur und damit seinen Identitätsentwurf ein. Abgesehen davon, dass diese ‚Umkehrung der Verhältnisse' von ihr selbst unreflektiert und damit theoretisch unproblematisiert bleibt, reicht ihr Subjektbegriff hierfür nicht aus, denn er beinhaltet nicht, was ihn traditionell definiert: die Fähigkeit zur Selbstbezüglichkeit, zur Reflexion.[98] Dagegen wird die Starrheit, mit der Butler das Subjekt vermittels der Subjektposition an den Diskurs bindet, ihrem Begriff vom subversiven Subjekt zum Verhängnis.[99] Würde das Subjekt dagegen über die Möglichkeit einer

---

97   Auch Isabell Lorey zufolge kann Butler die Praktiken der Selbst-Konstitution nicht analysieren und das Subjekt letztendlich nur als Herrschaftsstrukturen unterworfenes thematisieren (vgl. Lorey 1996: 45).

98   So kann man im Anschluss an Loreys Auseinandersetzung mit Butler fragen: „Wie lassen sich Subjekte denken, die auch Produzent/inn/en der sie konstituierenden Verhältnisse sind, ... ohne die Idee eines autonomen Subjekts zu reproduzieren?" (Lorey 1996: 148).

99   Eine ganz ähnliche Kritik tragen Artur Bogner und Cas Wouters an Arlie Hochschilds Theorie der Emotionen heran. Sie werfen ihr vor, „die *Rollenerwartungen* mit dem *tatsächlichen Erleben und Verhalten* der Rolleninhaber zu verwechseln" (Bogner/Wouters 1999: 262).

eigenständigen, wenn auch auf einer sozialen Semantik basierenden Selbstbe-
schreibung und damit Reproduktionsstruktur in Orientierung an der diskursiven
Struktur verfügen, könnte es aufgrund einer eigenen Perspektive diskursive
Handlungspotentiale auftun und ergreifen, ohne sich ausschließlich im Rahmen
von Konformität und Abweichung zu bewegen.[100] Dazu wäre jedoch ein gewis-
ses Maß an Unabhängigkeit vom Diskurs notwendig, wie es z.b. von der
Systemtheorie im Verhältnis der beiden autonomen Systeme Bewusstsein und
Kommunikation gedacht ist: Auch in der Systemtheorie gelingt es dem Be-
wusstsein nicht, sich außerhalb der kommunikativen Semantik innerhalb von
Kommunikation zu bewegen, dennoch geht es keineswegs, trotz seiner Sozialisation, in den kommunikativen Erwartungen auf.

Interessant und möglicherweise weiterführend ist vor diesem Hintergrund ein Aspekt in Butlers Überlegungen, der eine gewisse Randständigkeit
aufweist, da sie ihn nicht in ihr Konzept vom hegemonialen Diskurs und dessen
Subjekt integriert. Sie führt ihn neben dem Zwang zur Iterabilität als einen
weiteren Grund für das Scheitern einer hundertprozentigen Wiederholung an,
ohne ihm einen entsprechenden systematischen Stellenwert einzuräumen: So
stört, führt sie an, neben der notwendig fehlerhaften Iterabilität eine Art alltägli-
cher Rollenkonflikt durch Ansprüche unterschiedlichster Diskurse die gehorsame Wiederholung. Denn verschiedene Diskurse machen dem Subjekt gegenüber
ihre divergierenden Ansprüche geltend und verhindern somit, dass dieses sich
eindeutig als *ein* Geschlecht verhalten kann (vgl. Butler 1991: 213). Vielmehr
‚rutschen' in das eigene, um die Bündlung der verschiedenen Imperative bemühte Tun versehentlich Handlungsziele, die dem Subjekt aus der Perspektive
der einzelnen Subjektposition heraus ‚eigentlich' verboten sind. Doch Butler
sieht genau in diesem Feld der Überschneidungen die Chance einer Subversion:
„Die Koexistenz oder Überschneidung dieser diskursiven Anweisungen bringt
die Möglichkeit einer vielschichtigen Rekonfiguration und Wieder-Einsetzung
hervor", denn sie eröffnet ein Spektrum an Handlungsmöglichkeiten, das es
einem auf die diskursive Definitionsmacht angewiesenen Subjekt erlaubt, sich
auf vielfältige Weise zu verhalten (Butler 1991: 213). Diese Überlegungen
setzen die Existenz einer Vielzahl von Diskursen voraus, durch die das Subjekt
erfährt, wie kontextspezifisch es jeweils definiert ist. Es bleibt nicht auf eine

---

100   Denkbar wäre das jedenfalls im Rahmen der modernen Gesellschaft, die eine Vielzahl
von Kontingenzräumen eröffnet. Genau dies wäre auch ein Grund dafür, weshalb Foucault entgegen Butlers Interpretation sicherlich nicht damit einverstanden wäre, den re-
pressiven Diskurs als Produzenten der modernen Gesellschaft gelten zu lassen.

diskursive Subjektposition reduziert, die seine gesamte Identität begründet. Was Butler jedoch übersieht, ist, dass ein solches, heterogen definiertes Subjekt (auch hier) über eine eigene Selbstbeschreibung verfügen muss, die wenigstens im Prinzip von den an es herangetragenen Imperativen der verschiedenen Subjektpositionen unabhängig ist.[101] Denn erst eine solche autonome Selbstbeschreibung erlaubt dem Subjekt den abwägenden, reflexiven Zugriff auf die verschiedenen diskursiven Anforderungen. Damit fällt die Identität des Subjekts aber *nicht* mit den Inhalten der diskursiven Subjektpositionen zusammen. Relevant wird dagegen die Unterscheidung zwischen der ‚individuellen' Identität des Subjekts und der diskursiven Subjektposition. Das wechselseitige Ermöglichungsverhältnis von Subjekt und Diskurs qua Subjektposition kann so nicht mehr beibehalten werden. Das mit verschiedensten sozialen Anforderungen konfrontierte Subjekt muss vielmehr in der Lage sein, sich von diesen Anforderungen sowohl zu unterscheiden, als auch, sie zu bündeln und nach Maßgabe eigener Beurteilungen zu handeln. Systemtheoretisch ausgedrückt, muss es sich als Bewusstsein von seinem Personsein unterscheiden können. Dies setzt ein Maß an Autonomie des Subjekts gegenüber den internen und externen Rollenanforderungen verschiedenster Diskurse voraus, das seine Identifikation mit nur *einer* Subjektposition verunmöglicht: Das geschlechtliche Subjekt erhält, so lässt sich mit Luhmann ergänzen, seinen sozialen Ort *außerhalb* der es ermöglichenden Diskurse – seine Individualität basiert auf seiner „Exklusionsindividualität" (Luhmann). Nur im Moment seiner aktuellen Inklusion in den Diskurs ist es das Subjekt des Diskurses. Von hier aus lässt sich seine Widerständigkeit gegenüber dessen Erwartungen denken: Denn wenn es im einzelnen Diskurs nicht aufgeht, vielmehr als reflexiv handelndes Subjekt über eine eigene Selbstbeschreibung verfügt, kann es nach alternativen Handlungsmöglichkeiten suchen. Will es dabei erfolgreich sein, muss es sich an den Strukturen des jeweiligen Diskurses orientieren. Subvertieren kann es die Rollenerwartungen des Diskurses stets nur dann, wenn seine alternativen Handlungen diskursiv relevant werden; wenn, systemtheoretisch gesagt, die Kommunikation sie entweder thematisiert oder sich tatsächlich Veränderungen innerhalb der kommunikativen Erwartungen durchsetzen. Damit das möglich ist, bedarf es allerdings – jenseits der Autonomie des Bewusstseins – der Autonomie der Kommunikation. Sie muss Anschlüsse und Sinnzusammenhänge

---

101   So auch Lorey: „Das Verhältnis zu sich ist ein anderes, wenn frau/man wählen geht, sich also als ein politisches Subjekt konstituiert, als wenn frau(/man) eine Diät macht. In einer Liebesbeziehung werden wiederum andere Beziehungen zu sich praktiziert" (Lorey 1996: 154).

nach eigener, autonomer Maßgabe vornehmen können. Erst dann, wenn die Evolution von Kommunikationsstrukturen Teil des Theoriekonzepts ist, muss die Genese der kommunikativen Erwartungen nicht mehr als direkt (sondern lediglich indirekt) von den Mitteilungsentscheidungen des Subjekt abhängig gedacht werden: Bedeutungsveränderungen sind dann auch ohne die unmittelbare Beteiligung des Subjekts möglich.

5.2 Gesa Lindemann: Exzentrische Positionalität und Personsein

Im Unterschied zu Butler kann Gesa Lindemann zwischen der sozialen und der individuellen Perspektive, systemtheoretisch gesagt: zwischen Bewusstsein und Kommunikation, unterscheiden. Die philosophische Anthropologie Helmut Pleßners, auf der ihre Überlegungen basieren, gibt ihr das Instrumentarium dazu an die Hand.

Lindemanns Überlegungen zur Bedeutung der Geschlechterdifferenz setzen an der Pleßnerschen Definition des Menschen als einem exzentrisch positionierten Lebewesen, aus dessen Positioniertheit heraus sich dreierlei ‚Welten' eröffnen, an. Der Begriff „exzentrische Positionalität" stützt sich auf die in der Anthropologie üblichen Unterscheidung zwischen Mensch und Tier. Der Mensch steht in einer „exzentrischen Positionalität" zu sich selbst, während das Tier durch seine „zentrische Positionalität" charakterisiert ist (Pleßner 1965). In beiden Fällen, und diese Gemeinsamkeit bezieht sich auf den Begriff der Positionalität (vgl. Lindemann 1992: 334), handelt es sich um ein ‚sich-selbst-in-Beziehung-zu-seiner-Umwelt-setzen', also um das sich selbst als eine ‚Einheit-erfassen-und-von-seiner-Umwelt-unterscheiden',[102] was jedoch auf verschiedene Weise geschieht, weil Pleßner den Menschen quasi als ein Tier mit ‚Sonderausstattung' definiert.

Das Tier erlebt als *zentrisch* positioniertes Lebewesen seine Beziehung zu seiner Umwelt Hier-Jetzt auf *unvermittelte, direkte* Weise, auch wenn es in Wirklichkeit keinen unmittelbaren Kontakt mit der ‚Welt an sich' hat. Es hat

---

102 Was für die Pflanze konstitutiv *nicht* gilt, da sie sich nicht als *Einheit* im Unterschied zu ihrer Umwelt begreifen kann: „Infolge dieses Mangels irgendwelcher Zentralorgane, in denen der ganze Körper eingebunden bzw. repräsentiert wäre, tritt die Individualität des pflanzlichen Individuums nicht selbst als konstitutives, sondern nur als äußeres, der Einzelheit des physischen Gebildes anhängendes Moment seiner Form in Erscheinung, bleibt faktisch in vielen Fällen die Selbständigkeit der Teile gegeneinander in hohem Grad gewahrt (Pfropfung, Stecklinge)" (Pleßner 1965: 220).

vielmehr „eine Realität ‚im' Körper, ‚hinter' dem Körper gewonnen und kommt deshalb nicht mehr mit dem Medium [gemeint ist die ‚Welt an sich'; CW] in direkten Kontakt" (Pleßner 1965: 230f). Weil es sich als Körperleib von seiner Umwelt abgrenzt und sich in der Mitte dieses Körperleib-Umwelt-Verhältnisses positioniert, blendet es sich selbst als Gegenstand eigenen Erlebens aus. Die daraus resultierende Unmittelbarkeit seiner Erfahrungen verstricken es in seine jeweils gegenwärtige Realität, womit es speziellen Beschränkungen unterliegt, die der Mensch als nicht nur zentrisch positioniertes, sondern zugleich exzentrisch positioniertes Lebewesen im Gegensatz zum Tier zu ‚kompensieren' vermag. „Die Schranke für das Tier liegt darin, dass alles, was ihm gegeben ist, Medium [‚Welt an sich'; CW] und eigener Körperleib, *ausgenommen* sein selber Sein, der Körper selbst Sein, in Beziehung *zum* Hier-Jetzt steht" (Pleßner 1965: 239). Übersetzt in den systemtheoretischen Begriff vom Bewusstsein handelt es sich hier um die Selbstbeobachtung des Bewusstseins auf der Beobachtungsebene erster Ordnung, dort, wo dem Bewusstsein die Unterscheidung von Selbstreferenz/Fremdreferenz zwar gegeben ist, wo es aber nicht sieht, dass es diese verwendet, um zwischen sich und seiner Umwelt zu unterscheiden: Hier gibt es noch nicht, was die Philosophie als Selbstbewusstsein bezeichnet.

Die menschliche Umweltbeziehung geht über die zentrische Positioniertheit hinaus: Der Mensch nimmt *zugleich* eine weitere, eine *exzentrische* Perspektive ein, die *außerhalb der Mitte* angesiedelt ist und es ihm gestattet, sein unmittelbares Erleben distanziert zu beobachten: Er erlebt sein Erleben – er beobachtet sich, systemtheoretisch ausgedrückt, auf der Beobachtungsebene zweiter Ordnung, und sieht sich nun mit dem Problem der Bezeichnung dieser Unterscheidung als Einheit konfrontiert: „Als Ich, das die volle Rückwendung des lebendigen Systems zu sich ermöglicht, *steht der Mensch nicht mehr im Hier-Jetzt, sondern ‚hinter' ihm,* hinter sich selbst, ortlos, im Nichts, geht er im Nichts auf, im raumzeithaften Nirgendwo-Nirgendwann" (Pleßner 1965: 292). Sein Ich ist „wahrhaft auf Nichts gestellt" (Pleßner 1965: 293). Weil er erlebt, wie er erlebt, ist sein Erleben kontingent und findet doch jetzt im Moment und zwar hier und nicht anderswo statt: Einerseits befindet er sich also im unmittelbaren leiblich-erlebten Hier-Jetzt und andererseits ‚erhebt' er sich *zugleich* über dieses hinweg, indem er sowohl über sich selbst als auch über seine dingliche Umgebung in raum-zeitlicher Hinsicht disponiert. Darum weiß sich der Mensch „frei und trotz dieser Freiheit in eine Existenz gebannt, die ihn hemmt" (Pleßner 1965: 291).

Seine Existenz bezieht sich jedoch nicht auf *eine* einzige Welt, vielmehr eröffnet die exzentrische Positionalität *drei* voneinander strikt zu unterscheidende „Sphären": Außenwelt, Innenwelt und Mitwelt. Im „unobjektivierbaren Ich", das als „Punkt der Exzentrizität" einer nicht mehr als Einheit denkbaren Einheit fungiert, ‚laufen' die Sphären ‚zusammen' (Pleßner 1965: 295). Auch hier bietet sich der Vergleich mit dem systemtheoretischen Begriff vom Bewusstsein an, und zwar in Hinblick auf dessen Kontingenzformel, die ebenfalls in drei ‚Sphären' bzw. in drei Sinndimensionen differenziert ist.

Die *Außenwelt* entspricht der Sachdimension mit fremdreferentiellem ‚Einschlag'. Sie wird durch den relativierenden Blick des exzentrisch positionierten Menschen auf sein Umfeld ‚erzeugt'.[103] Als „ein Kontinuum der Leere oder räumlich-zeitlichen Ausdehnung", ist sie für sich selbst nichts (Pleßner 1965: 293), macht jedoch die Dinge der Außenwelt disponibel. Auch des Menschen Körperleib wird dem Menschen zum disponiblen Gegenstand, zum definierten Körperding. Daraus folgt „der unaufhebbare Doppelaspekt seiner Existenz als Körper und Leib, als Ding unter Dingen an beliebigen Stellen des Einen Raum-Zeitkontinuums und als um eine absolute Mitte konzentrisch geschlossenes System in einem Raum und einer Zeit von absoluten Richtungen" (Pleßner 1965: 294). Die Vermittlung zwischen exzentrischem Ich und den erlebten Gegenständen der Außenwelt wird durch das gesellschaftlich konstruierte *Wissen* von den Dingen geleistet, das dem Ich seine intentionale Bezugnahme ermöglicht (vgl. Pleßner 1965: 329) und sich daher immer auf „Irreales" richtet. Wieder systemtheoretische ausgedrückt: Weil das Bewusstsein weiß, was das ist, das sich da außerhalb seiner Selbst befindet (und dazu zählt auch der eigene Körper), weiß es sich durch Gebrauch der Unterscheidung von Selbstreferenz/Fremdreferenz dazu (sinnhaft) in Beziehung zu setzen.

Die *Innenwelt* dagegen ist mit der systemtheoretischen Sachdimension mit selbstreferentiellem ‚Einschlag' vergleichbar. Sie meint die „Welt ‚im' Leib, das, was das Lebewesen selbst ist" (Pleßner 1965: 295). Diese Innenwelt ist zweideutig bestimmt, einmal als *Seele* und einmal als *Erlebnis*. Einerseits existiert in der Seele die Innenwelt des Menschen als sein „Selbstsein", die als „vorgegebene Wirklichkeit der Anlagen ... sich entwickelt und Gesetzen unterworfen ist" (Pleßner 1965: 296; vgl. auch S.300). Andererseits drückt sie sich erst im *konkreten* Erlebnisvollzug aus: Als konkretes Erlebnis ist die Seele die momenthafte, das Ich völlig vereinnahmende „durchzumachende Wirklichkeit des eigenen Selbst, im Hier-Jetzt, worin mich keiner ersetzen und wovon mich keiner als der Tod erlösen kann" (Pleßner 1965: 296). Die Systemtheorie verwendet zur Unterscheidung von Seele und Ereignis den zeitdimensionalen binären Schematismus von konstant/variabel: Das Bewusstsein kann sich durch

---

103   Es handelt sich bei der Außenwelt um das von Dingen erfüllte Außenfeld, das zur von Gegenständen erfüllten Außenwelt des Menschen wird (vgl. Pleßner 1965:293).

Bezug auf seine Eigenschaften und durch Bezug auf einen Bewusstseinszustand beobachten. Und weil sich der Mensch hier auf sich selbst beziehen kann, weil er sehen kann, dass er sich sowohl *naiv* als auch *reflektiert* zu beobachten vermag, darum kann er sich als individuelle Person als „uneinholbares ich" (naiv) von sich als „individuellem Ich" (reflektiert) unterscheiden. Er ist, systemtheoretisch ausgedrückt, Beobachter der ersten und zweiten Beobachtungsordnung.

Kann er sich als „allgemeines Ich", als Person, bezeichnen, tut er das unter Berücksichtigung seiner Beziehung zu anderen Menschen, weshalb er sich in der ersten, zweiten und dritten Person fassen kann. In der *Mitwelt* erfasst sich das „individuelle ich" als „allgemeines Ich", erst hier wird es für den anderen zum Du. Die Systemtheorie stellt hierzu den binären Schematismus Ego/Alter bereit, der es dem Bewusstsein erlaubt, sich in der Sozialdimension zu ‚verstehen'. Die Mitwelt entsteht, weil den Menschen ihre Innenwelt wechselseitig prinzipiell verschlossen ist. Indem sie sich einander als Menschen mit je eigener (Außen-, Innen-, Mit-)Welt beobachten, entsteht das Soziale als eine Realität sui generis,[104] in der sie sich neu verorten müssen (vgl. Pleßner 1965: 302).

Vor diesem Hintergrund zeigt Lindemann, dass der Mensch in *dreierlei* Hinsichten ein Geschlecht ist.

1. Er ist ein Geschlecht, weil er einen der *Außenwelt* zurechenbaren verobjektivierten Geschlechtskörper hat, der nicht nur ein Ding, sondern zugleich ein Zeichen ist: Er kann als Ding nicht von seiner Bedeutung als ein Geschlecht getrennt werden. Diese Bedeutung ist Teil des gemeinsamen Wissensbestandes einer intersubjektiven Realität. Mit Hilfe der Idealisierungen, wie sie von Alfred Schütz angenommen werden, kann ein (unbekleideter) Körper eindeutig als ein männlicher oder weiblicher Körper identifiziert werden (vgl. Lindemann 1992: 338). Aufgrund der „Generalthese der wechselseitigen Perspektiven" gilt, „dass einE andereR, wäre er/sie an meiner Stelle, den Gegenstand genauso sähe, wie ich es tue" (Lindemann 1992: 338). Als von anderen als ein Geschlechtswesen wahrgenommen, wird der so identifizierte Mensch
2. zugleich mit der Zumutung konfrontiert, dieses Geschlecht zu sein, d.h.

---

104   Diese soziale (Mit-)Welt des Menschen nennt Pleßner, ihre *eigenständige* Existenz unterstreichend, „Geist". Geist ist „als Wirksphäre die Voraussetzung der Konstitution einer Wirklichkeit, die wiederum nur dann Wirklichkeit darstellt und ausmacht, wenn sie auch unabhängig von den Prinzipien ihrer Konstitution ... für sich konstituiert bleibt" (Pleßner 1965: 304).

sich aus seiner *Innenwelt* heraus als dieses Geschlecht zu begreifen. Er soll sich als „besonderes ich" mit ‚seinem' männlichen oder weiblichen „allgemeinen Ich" identifizieren. Dieser Identifizierung kann sich der Mensch kaum entziehen, da die Struktur seines leiblich-affektiven Erlebens sich konstitutiv an der Bedeutung seines Geschlechtskörpers orientiert: „Das sozial verfaßte objektivierte Geschlecht bewirkt in der Verschränkung mit dem Leib wie von selbst, dass eine Person sich als das Geschlecht realisiert, das der Körper bedeutet" (Lindemann 1992: 339).

3. Und schließlich ist der Mensch ein Geschlecht in der *Mitwelt*, d.h. er sieht sich in der Interaktion mit anderen geschlechtlichen Menschen als ein geschlechtlicher Mensch und vice versa. Dabei wirkt die Bedeutung des Geschlechts der Interagierenden und deren hetero- oder homosexuelle Orientierung strukturbildend auf die Interaktion.

Ähnlichkeiten mit dem in dieser Arbeit vorgestellten systemtheoretischen Genderkonzept liegen auf der Hand: Die Systemtheorie konstatiert hinsichtlich Punkt 1 die Sozialisiertheit des Bewusstseins, hinsichtlich Punkt 2, dass sie das Bewusstsein nicht nur hinsichtlich seiner Selbstverortung, sondern auch bezüglich seiner Identität eng an die Bedeutung seines Geschlechtskörpers knüpft, und hinsichtlich Punkt 3 zeigt sie, dass sich das Bewusstsein in einer sozialen Situation als soziale Person versteht und dass darin der sozialdimensionale Aspekt der Kontingenzformel virulent wird.

Von dem Geschlecht, das aufgrund der exzentrischen Positionalität des Menschen in dreierlei Hinsicht relevant ist, lassen sich Lindemann zufolge nun „zwei ineinandergesetzte Zirkel" (Lindemann 1993: 79) ableiten: Der erste Zirkel entsteht im geschlechtlichen Selbstverhältnis. Hier geht es um das Verhältnis des Menschen zu seiner Innenwelt vermittels der Bedeutung seines der Außenwelt zugehörigen Geschlechtskörpers. Der zweite Zirkel betrifft das Geschlechtsein in der Interaktion, also der Mitwelt, vor dem Hintergrund der Bedeutung des jeweiligen, der Außenwelt zugehörigen Geschlechtskörpers der Interagierenden. In der Verschränkung beider Zirkel wird deutlich, dass die Bedeutung des Geschlechtskörpers in ihrer intersubjektiven, realitätssetzenden Eigenschaft relevant ist. Sie ist es sowohl hinsichtlich der Innenwelt des menschlichen Erlebens, als auch hinsichtlich der Mitwelt, also des Interagierens, wo die Bedeutung des Geschlechtskörpers als ‚Strukturprinzip' dient.

Im ersten Zirkel ist sich der Mensch selbst als ein Geschlecht gegeben, weil sein leiblich-affektives Erleben an seiner Vorstellung von sich als einem Körper, also mit Hilfe eines „Körperschemas" (Schmitz 1968) Struktur gewinnt, ohne mit diesem zusammenzufallen. Hier wird spezifischer ausgeführt, was wir systemtheoretisch als Kontingenzformel des Bewusstseins genannt haben, nämlich dass das Bewusstsein für sich in Orientierung an seinem Körper ein *geschlechtliches* Bewusstsein ist. Lindemann: Es ist „das alltagsweltlich relevante Wissen über den [eigenen; CW] Körper", das das leiblich-affektive Spüren auf der Ebene des zentrischen Erlebens quasi anleitet (Lindemann 1992: 335):[105] Die Bedeutung des in der Mitwelt konstruierten Körperdings fungiert für das leiblich-affektive Erleben als Programm und bringt dem Menschen die intersubjektive Ordnung der Geschlechter ‚unter die Haut'. Die gespürten Körperregionen, die das Geschlecht bedeuten, verweisen durch ihr Gespürtwerden auf die eigene Geschlechtszugehörigkeit. Lindemann nennt diese gespürten Regionen im Anschluss an Schmitz „Leibesinseln" (Schmitz 1968): „Die Verschränkung von Körper und Leib strukturiert das gespürte Gefüge der Leibesinseln gemäß der Ordnung des objektivierten Geschlechts. Auf diese Weise kriecht dieses ihm sozusagen unter die Haut und bedeutet ihm von innen, welches Geschlecht er ist" (Lindemann 1993: 54).[106] So wird, um ein Beispiel Lindemanns heranzuziehen, der in der Bewegung gespürte Busen nichtoperierter transsexueller Männer diesen zum Problem, weil er als Leibesinsel im Hier-Jetzt gespürt wird und den nichtoperieren transsexuellen Mann mit dem eigenen weiblichen und nicht männlichen Körper konfrontiert. In diesem Moment gelingt es diesem transsexuellen Mann nicht, sich von der quasi automatisch einsetzenden Identifikation mit dem eigenen weiblichen Körper zu distanzieren.[107] Denn der gespürte Leib ist „von geschlechtlicher Symbolik durchzogen und macht diese umgekehrt für die Person zu einem kaum relativierbaren Bestandteil ihrer Wirklichkeit" (Lindemann 1993: 63).[108] Der programmatische Charakter des Körpers für den Leib

---

105   Für die exzentrischen Ebene, die dem Menschen die Selbstreferenz ermöglicht, ist das Körperschema für eine gezielte, weil reflexive Bezugnahme auf den eigenen Körper ebenfalls unerlässlich (vgl. Schmitz 1968: 87). Während das Körperschema auf der zentrischen Ebene die Leibesinseln eher als ein unscharfes „Gewoge" (Schmitz 1968: 87) hervorbringt, kommt es auf der exzentrischen Ebene in seiner definierenden Funktion zum Einsatz.

106   Der Begriff lässt sich gut in die Pleßnersche Charakterisierung des Menschen als exzentrisch positionalisiertes Lebewesen integrieren, weil dem Menschen seine Leibesinseln als unmittelbar gegeben erscheinen, sie aber aufgrund der kulturellen Vermitteltheit der menschlichen Welt erst durch ihre Bedeutung gegeben sind. Die Leibesinseln, die aus der Verschränkung von zentrischer und exzentrischer Positionalität entstehen, zentrieren den Menschen im Hier-Jetzt und geben ihm zugleich die Möglichkeit eines angemessenen Umgangs mit ihnen.

107   Dies gilt auch, wenn es ihm zugleich gelingen sollte, auf andere als ein Mann zu wirken.

108   Wollen nichtoperierte transsexuelle Männer ihr männliches Selbstbild aufrechterhalten, müssen sie die Leibesinsel Busen, deren Spüren 'Frau-sein' bedeutet, durch kontrollierte Bewegungen oder Abbinden neutralisieren.

ist also in verschiedenen Hinsichten relevant: „Die Körperformen werden für die leibliche Erfahrung verbindlich, damit einher geht die Anforderung an die Form des auf die Umwelt Gerichtetseins, und schließlich wird über den Körper für den Leib die Fülle von Sachverhalten und Normen verbindlich, die ein Leben in einem Geschlecht charakterisieren" (Lindemann 1993: 61).

Im zweiten Zirkel, in der Interaktion, fällt die „leibliche Evidenz des eigenen Geschlechts mit der Wahrnehmung anderer" zusammen (Lindemann 1993: 61). Dabei spielt Lindemann zufolge das Begehren der sich Wahrnehmenden eine konstituierende Rolle: Man nimmt den anderen als Mann oder Frau aufgrund der „protentionale[n] Gegenwart des Begehrens" wahr (Lindemann 1993: 42). Je nach heterosexueller oder homosexueller Orientierung, und damit vor dem Hintergrund des eigenen Geschlechts, werden andere Personen als Männer oder Frauen – also verschieden – erlebt. Weil es sich, anders ausgedrückt, für einen homosexuellen Mann anders anfühlt, wenn er einen Mann oder eine Frau wahrnimmt, als wenn ein heterosexueller Mann einen Mann oder eine Frau wahrnimmt, spricht Lindemann von der leiblichen Fundierung der Geschlechterbinarität. Sie ist, wie sollte es beim exzentrisch positionierten Lebewesen Mensch anders sein, auf zwei Ebenen zugleich angesiedelt: „Beim Begehren handelt es sich um eine leibliche Beziehung zu anderen, die, indem sie exzentrisch aufgebrochen ist, auf eine zweifache Weise mit kulturell strukturierten Oppositionen besetzt ist" (Lindemann 1993: 46f). Die als unmittelbar erlebte Wahrnehmung einer geschlechtlichen Person löst in der wahrnehmenden Person im Hier-Jetzt aufgrund der eigenen Begehrensdisposition leibliche Empfindungen aus (zentrisch = erste Ebene), durch die es sich (als Person) ins Verhältnis zur wahrgenommenen Person setzt (exzentrisch = zweite Ebene), also eine sichtbare Haltung zum anderen einnimmt. Und indem die beiden sich wechselseitig Wahrnehmenden dies tun und wahrnehmen, dass sie dies tun – und dies geschieht im Moment des sich-Anblickens -, kommt es zu dem, was Lindemann als „Einhaken" bezeichnet (Lindemann 1992: 341). Einhaken bedeutet, dass beide wechselseitig in die „Binnenerfahrung des [je; CW] eigenen Leibes" ‚eingreifen' (Lindemann 1992: 340). Auf diese Weise werden die Personen in der Interaktion zu Geschlechtern, nämlich, indem sie für andere ein Geschlecht sind und indem andere für sie ein Geschlecht sind. „Wenn man die leibliche Evidenz des eigenen Geschlechts mit der Wahrnehmung anderer zusammenführt, ergibt sich eine doppelte Perspektive: Jemand ist ein Geschlecht, indem er/sie eines für andere ist, und jemand ist ein Geschlecht, indem andere ein Geschlecht für sie bzw. ihn sind" (Lindemann 1993: 61).

Ineinandergesetzt sind beide Zirkel dadurch, dass *die Bedeutung des Geschlechtskörpers die Position des Geschlechts in der Interaktion vorgibt*. Die Bedeutung des Geschlechtskörpers hat somit dieselbe Funktion wie Butlers

Subjektposition oder Luhmanns Person. Aufgrund dieser Bedeutung besitzen, so Lindemann, Frauen ein *weniger hohes Maß an Personsein* als Männer. So wie wir in Kapitel 4 ausgearbeitet haben, so geht auch Lindemann von einer Asymmetrie aus, die in die Bedeutung von Männlichkeit und Weiblichkeit eingebaut und konstitutiver Bestandteil einer Definition der Geschlechterdifferenz ist. Wie ist das zu verstehen?

Ausgangspunkt ihrer Analyse der Geschlechterdifferenz ist, wie gesagt, die Bedeutung männlicher und weiblicher Körper. Lindemann unterscheidet dazu drei innerhalb der binären Geschlechteropposition verortbare Körperregionen: „Penis/Hoden – Vulva/Klitoris, Busen – Männerbrust, Vagina – Innenraum des männlichen Körpers", die sich auf zwei unterschiedliche Weisen ins Verhältnis setzen lassen (Lindemann 1993: 197). Denn „[d]ie Paare bilden sowohl einen asymmetrisch kontradiktorischen als auch einen asymmetrischen konträren bzw. polaren Gegensatz" (Lindemann 1993: 197). Hinter diesen beiden Gegensatzweisen stehen zwei unterschiedliche Geschlechtermodelle. Das Verhältnis kontradiktorischer Opposition basiert auf der Annahme des Zweigeschlechtmodells, es gäbe zwei konstitutiv verschiedene Geschlechter. Man findet diese im Verhältnis von Penis/Hoden zu Vulva/Klitoris, und im Verhältnis von Busen zur Männerbrust wieder. Hier gilt: „Einen Penis oder einen Busen zu haben oder nicht, fällt unmittelbar damit zusammen, ein Mann oder eine Frau zu sein" (Lindemann 1993: 198). Darum sind solche Körperformen *signifikante* Körperformen. Daneben gibt es die *insignifikanten* Körperformen, die zu den ihnen gegenüberliegenden Körperformen im Sinne des Eingeschlechtmodells in einem Verhältnis konträrer bzw. polarer Opposition stehen. Das Eingeschlechtmodell geht davon aus, dass es ein Geschlecht in zweifacher Ausführung gibt, einer perfekten und einer weniger perfekten. Körperformen, die ihre Bedeutung vor dem Hintergrund des Eingeschlechtmodells bekommen, sind Vulva/Klitoris im Verhältnis zu Penis/Hoden, und Männerbrust im Verhältnis zum Busen, weil sie im Verhältnis zur ihnen gegenüberliegenden Körperform als die weniger perfekten gelten: „Die Asymmetrie der kontradiktorischen Opposition besteht [dagegen; CW] darin, dass eine Vulva sowohl als ‚Vulva' als auch als ‚Nicht-Penis' belegt werden kann" (Lindemann 1993: 197).

Zusammengefasst: Das Paar Klitoris/Vulva verweist als insignifikante und damit unvollständige Körperform auf die Signifikanz bzw. Vollständigkeit von Penis/Hoden, während Penis/Hoden für sich selbst stehen. Dagegen wird das Verhältnis aus der Perspektive von Klitoris/Vulva zu einem polaren Gegensatzverhältnis, weil Klitoris/Vulva und Penis/Hoden von hieraus als zwei Pole eines Kontinuums verstanden werden, in dem Penis/Hoden Vollkommenheit und Klitoris/Vulva Mangelhaftigkeit bedeuten. Gleiches gilt für das Verhältnis der Körperformen Busen – Männerbrust. Der Busen zeichnet sich durch seine

Signifikanz aus und unterscheidet sich von der Männerbrust auf kontradiktorische Weise, während die Männerbrust sich aufgrund ihrer Mangelhaftigkeit als der unvollkommene Pol im Kontinuum Busen/Männerbrust beschreiben lässt. Insgesamt gilt: „Unvollständiges verweist auf Vollständiges, aber nicht umgekehrt" (Lindemann 1993: 212).[109]

Damit ist das Verhältnis zwischen der Bedeutung des männlichen und des weiblichen Körpers noch nicht vollständig geklärt. Lindemann geht weiterhin davon aus, dass, obwohl es sich bei Penis und Busen in beiden Fällen um signifikante Körperformen handelt, sie sich in einem *asymmetrischen* Verhältnis zueinander befinden, und genau dies Asymmetrie interaktiv relevant ist. Sie drückt sich in der Interaktion aus, wo die Personen im Moment des wechselseitigen sich Wahrnehmens, des ‚Einhakens' zu Geschlechtern der Interaktion werden. Dies geschieht wie folgt: „Erstens: Eine Person ist ein Geschlecht, indem sie eines für andere ist; zweitens: eine Person ist ein Geschlecht, indem andere von der eigenen Position als Frau oder Mann aus als Frauen oder Männer wahrgenommen werden, d.h. als solche, die ihr geschlechtlich gleichen oder von ihr verschieden sind. Der Bedeutungsgehalt des Penis umfasst diese Struktur insgesamt: Er definiert sowohl das Geschlecht für andere als auch die eigene Begehrensposition, von der aus andere vergeschlechtlicht werden. Der Busen bedeutet dagegen lediglich das Geschlecht für andere" (Lindemann 1993: 213). Noch einmal anders ausgedrückt, schreibt sie an anderer Stelle zur „doppelte[n] Perspektive der formalen Struktur der alltäglichen Konstruktion des Geschlechts" (Lindemann 1993: 263): „Erstens: ich bin ein Geschlecht, indem ich eines für andere bin; zweitens: andere sind ein Geschlecht für mich, indem ich eines bin. Die Konstruktion ‚Frau' zieht diese beiden Momente nun in einer qualitativ anderen, gewissermaßen zwingenderen Weise zu einer Einheit zusammen, während es die Konstruktion ‚Mann' eher erlaubt, das Aufeinanderbezogensein beider Perspektiven zu lockern" (Lindemann 1993: 263).

Das Ergebnis hat erstaunliche Ähnlichkeit mit unserem Ergebnis zur Bedeutung männlicher und weiblicher Personen, bei denen weibliche Personen das Erleben und männliche Personen das Handeln des Systems symbolisieren, und somit in die jeweilige Geschlechtsrolle ein unterschiedlicher Umweltbezug

---

109 Lindemann verweist auf ein drittes Paar, nämlich das von Vagina und Innenraum des männlichen Körpers, das jedoch, weil es in erster Linie im Zusammenhang mit Transsexualität relevant ist, unbeachtet bleibt. Ihr Gedanke zu diesem Paar lässt sich wie folgt kurz skizzieren (vgl. Lindemann 1993: 226ff): Die Vagina hat eine Sonderstellung, weil sie als Körperform kaum sichtbar ist und ihre Bedeutung daher in erster Linie als Leibesinsel entfaltet (vgl. Lindemann 1993: 233). Als solche muss sie sowohl von Frauen als auch von transsexuellen Frauen erst entwickelt werden, wobei das Wissen über den weiblichen Körper eine zentrale Rolle spielt.

eingelassen ist. In den Worten Lindemanns: Männliche Personen unterscheiden zwischen Egos und Alters Perspektive, indem sie beide als verschiedene Perspektiven gegeneinander abwägen und je nach Situation handhaben: Sie können es sowohl sich selbst als auch den anderen quasi wahlweise recht machen. Weibliche Personen unterscheiden dagegen kaum zwischen den Perspektiven Egos und Alters, sondern bemühen sich um eine gemeinsame Perspektive im Sinne der Perspektive des Anderen. In der Folge verhalten sich Männer weniger erwartungskonform bzw. häufiger normabweichend als Frauen, paradoxerweise, weil es von ihnen erwartet wird. Lindemann bezeichnet nun die Haltung, sich von den in der Interaktion gestellten Anforderungen in einem gewissen Rahmen zu distanzieren, als Personsein.[110] Somit verfügen Männer über ein höheres Maß an Personsein als Frauen. Damit will Lindemann nicht bestreiten, dass sowohl Männer als auch Frauen Personen sind, da beide Geschlechter ‚ich' zu sich sagen. Doch verstärken die „Elemente Mann- und Personsein einander wechselseitig ..., während Frau- und Personsein zueinander in Widerspruch geraten" (Lindemann 1993: 288). Natürlich können Frauen sich ebenfalls als Personen zu behaupten versuchen, doch sie „tun damit ... nichts, das für ihr Frausein konstitutiv wäre, im Gegenteil, je mehr sie auf sich beharren, desto eher werden sie auf dem Mann-Frau-Kontinuum ins Männliche verschoben. Im Unterschied dazu ist die Selbstbehauptung für das Mannsein konstitutiv und hebt dieses scharf vom Frausein ab: Jemand, der mit Gewalt für sein Recht einsteht, ist ein Mann" (Lindemann 1993: 271f).

Doch bei allen Übereinstimmungen zwischen unseren und Lindemanns Ergebnissen hinsichtlich der Trennung von Bewusstsein und Kommunikation, als auch bezüglich der Bedeutung der Geschlechterdifferenz kennt Lindemanns Geschlechterkonzept keinerlei Aufweichung traditioneller Geschlechterverhältnisse durch soziale Rollen. Vielmehr konzentriert sie sich allein auf die Bedeutung des Geschlechtskörpers und scheint auf diese Weise eine Herangehensweise gefunden zu haben, die Aussagen über die Bedeutung von Männlichkeit und Weiblichkeit ‚in Reinform' erlaubt. Ein solches Verständnis vom Geschlechterverhältnis sagt jedoch nur beschränkt etwas über die soziale Wirklichkeit aus. Denn wie wir gezeigt haben, gibt es in der funktional differenzierten Gesellschaft vielfältigste soziale Rollen, die zur Entstehung geschlechtlicher Substereotype geführt haben. Lindemann kann diesen Tatbestand soweit ignorieren, weil ihre Soziologie letztlich ohne Gesellschaftsbegriff bzw. ohne eine Verortung ihrer Analysen innerhalb einer auf spezifische Weise strukturierten Gesellschaft auskommt. Davon zeugt auch ihr unzureichender, weil ohne Bezug auf

---

110 Womit selbstverständlich etwas anderes gemeint ist als mit dem systemtheoretischen Begriff von der Person.

funktionsspezifische Rahmungen definierter Interaktionsbegriff: Weil Interaktionen von ihr nicht durch die funktional differenzierte Gesellschaft kontextualisiert werden, darum ignoriert Lindemann die Unterscheidung von Person und Rolle. Davon auszugehen, dass männliche Personen per se über die Definitionsmacht innerhalb einer Interaktion verfügen, geht schlicht an der gesellschaftlichen Realität vorbei. Die Bedeutung des Geschlechtskörpers kann, wie wir gezeigt haben, keineswegs als einzige Größe herangezogen werden, über die soziale Erwartungen gebündelt werden.

5.3 Beate Krais: Bourdieus Habitus als Alternative zur sozialen Rolle

Im Unterschied zu Lindemann und Butler beschränken sich die Analysen von Beate Krais in Anlehnung an Pierre Bourdieu nicht auf die Mikroebene. Bourdieu ist einer der wenigen Gesellschaftstheoretiker, der der Geschlechterdifferenz einen zentralen Stellenwert auf der Makro-Ebene eingeräumt hat, und der die Geschlechterdifferenz bei seinen empirischen Fallstudien sowohl kontextuell stets berücksichtigt, als ihr sogar darüber hinaus zwei systematische Arbeiten unter dem (selben) Titel „Die männliche Herrschaft" gewidmet hat (vgl. Bourdieu 1997a, 2001).

Er hat Soziologie stets als politische Wissenschaft verstanden, weshalb bei ihm, nach eigenen Aussagen, „[d]ie Konstruktion einer allgemeinen Theorie der symbolischen Herrschaft" im Vordergrund steht (Bourdieu 1997b: 220). Männliche Herrschaft gilt ihm hierbei als Sonderfall (vgl. Bourdieu 1997b: 219). Aus diesem Grunde muss ihre Analyse Bestandteil der sozialwissenschaftlichen Gesellschaftsanalyse sein: „Anders gesagt, ich glaube, es ist sehr wichtig zu sehen, dass es sich um ein allgemeines Modell handelt. Daraus folgt unter anderem, dass die Konstitution der women's studies als separates Spezialgebiet etwas sehr Gefährliches hat: Man löst einen besonderen Gegenstand heraus und trennt ihn von einer ganzen Klasse von Gegenständen ab" (Bourdieu 1997b: 219). Stattdessen insistiert er darauf, die moderne Gesellschaft als Klassengesellschaft zu beschreiben und verortet das asymmetrische Machtverhältnis zwischen den Geschlechtern innerhalb der jeweiligen Klassen, sieht es also stets klassenspezifisch moduliert (vgl. Bourdieu 1997b). Über diese Unterschiede hinweg jedoch findet sich das die Klassen transzendierende gemeinsame Moment im Geschlechterverhältnis in der Unterwerfung der Frau durch ihren Ausschluss aus der Sphäre der Öffentlichkeit, in der die Männer gegeneinander und mit unterschiedlichen, weil klassenspezifischen ‚Waffen' um die gesellschaftlichen Ressourcen kämpfen. Die Folge ihres Ausschlusses aus diesem „Spiel" ist, „dass die Frauen dort nur in Gestalt von Objekten oder, besser, von Symbolen in

Erscheinung treten können, deren Sinn außerhalb ihrer selbst konstituiert wird und deren Funktion es ist, zum Fortbestand und zur Mehrung des im Besitz der Männer befindlichen symbolischen Kapitals beizutragen" (Bourdieu 1997a: 205). Gemeint ist damit, dass ihnen die Aufgabe obliegt, den Status des Mannes, von dem sie abhängen, durch die Ausstattung des Hauses, der Kinder, der eigenen Person etc. gesellschaftlich sichtbar zu machen. Dieser Part ist, laut Bourdieu, auch der modernen Frau im Berufsleben zugewiesen, wo sie meist in den Bereichen der Präsentation, Repräsentation, Aufnahme und Empfang tätig ist. Ursächlich dafür ist der bereits von Lévi-Strauss konstatierte Zusammenhang von Inzesttabu und Frauentausch, der die Frauen zu Objekten ohne subjektive Perspektive degradiert: „Genauso wie sie in den weniger differenzierten Gesellschaften als Tauschmittel behandelt wurden …, genauso sind sie auch heute in der Ökonomie der symbolischen Güter zuallererst als symbolische Objekte vertreten, die zur symbolischen Zirkulation prädisponiert und mit ihr betraut sind. Als Symbole sollen sie das symbolische Kapital der Gruppe in allem zur Darstellung bringen, was mit ihrem äußeren Erscheinungsbild zusammenhängt, Kosmetik, Kleidung, Auftreten usf." (Bourdieu 1997a: 210).

Die Implikationen dieses Gesellschaftsmodells für das Geschlechterverhältnis, wie es bei Bourdieu gedacht ist, sind offensichtlich: Eine Unterteilung in eine private und eine öffentliche Sphäre, auf die Frauen und Männer in unterschiedlicher Weise verteilt wären, ist für Bourdieu auch in der heutigen Gesellschaft noch Realität: „Unbeschadet der Veränderungen, die es durch die industrielle Revolution erfahren hat und von denen die Frauen je nach ihrer Stellung innerhalb der Arbeitsteilung in unterschiedlicher Weise betroffen waren, hat sich das System der grundlegenden Gegensätze erhalten. So hat die Trennung von männlich und weiblich ihr organisierendes Zentrum weiterhin in dem Gegensatz zwischen dem Inneren und dem Äußeren, zwischen dem Haus, mit der Aufzucht der Kinder, und der Arbeit" (Bourdieu 1997b: 185). Und: „Es versteht sich von selbst, dass die Grenze sich mit dem Eintritt der Frauen in den Arbeitsmarkt verschoben hat; ohne dass sie aufgehoben wäre, da sich innerhalb der Arbeitswelt abgeschirmte Segmente herausgebildet haben" (Bourdieu 1997b: 186).

Damit, so lässt sich konstatieren, hält Bourdieu an einem klassischen Geschlechtsrollenverständnis fest, das Männern und Frauen aufgrund ihrer Platzierung innerhalb der Gesellschaft bestimmte Rollenbündel zuweist. Für Luhmann dagegen gehört die strikte Verortung des Geschlechterverhältnisses qua Klasse und geschlechtlicher Arbeitsteilung in die stratifizierte Gesellschaft, deren hierarchisch angeordnete soziale Schichten segmentär in Familien differenziert sind. Hier regelt die Differenzierung der Gesellschaft in Schichten den Zugang zu den verschiedenen gesellschaftlichen Rollen, der durch schichtinterne Personenkriterien wie Alter und Geschlecht spezifiziert wird. Die heutige Gesellschaft beschreibt Luhmann dagegen bekanntlich als funktional differenzierte Gesellschaft, deren Charakteristikum die Vollinklusion aller Individuen in alle gesellschaftlichen Funktionsbereiche ist – und zwar die Vollinklusion sowohl von Männern als auch Frauen.[111] Dabei stehen die verschiedenen funktional definierten Gesellschaftsbereiche gleichberechtigt nebeneinander, weil keiner die gesellschaftliche Funktion des anderen übernehmen oder repräsentieren könnte. Im Unterschied zur stratifizierten Gesellschaft sind die Individuen in keinem dieser Systeme beheimatet, vielmehr sind sie sozusagen nacheinander und temporär inkludiert. Aus diesem Grunde sind sie nicht mehr, anders als in der stratifizierten Gesellschaft oder auch Bourdieus Klassengesellschaft, auf die verschiedenen Funktionsbereiche verteilt; niemand wird, wie Luhmann gern anführt, sein Leben lang und pausenlos erzogen. *Exklusionsindividualität* ist vielmehr das zentrale Merkmal des modernen Individuums und die funktionale Differenzierungsform gleichsam die Bedingung der Möglichkeit für moderne Individualität. Dass dabei von den Individuen – sowohl von Männern als auch Frauen! – entsprechend spezifische psychische Kompetenzen in Richtung Selbstorganisation abverlangt werden, liegt auf der Hand. Zudem ist auf den heutigen Inklusionsstatus von Frauen hinzuweisen: Frauen sind in die verschiedenen Funktionssysteme als Individuen mit eigenem Status inkludiert: ins Politiksystem (Wählerinnen, Politikerinnen), Rechtssystem (Rechtssubjekte), Wirtschaftssystem (Kundinnen, Arbeitnehmerinnen, Selbständige) etc. Sie sind mit deren verschiedenen Erwartungen konfrontiert, die sie als moderne Individuen zu bewältigen haben. Die sich daraus ergebenden individuellen Freiräume nutzen sie zur eigenen Lebensgestaltung: Sie können heiraten oder nicht, ihre Männer verlassen, viele Männerbekanntschaften haben, lieber mit Frauen leben, ihren Beruf wechseln, ihren Wohnort selbst wählen etc. Bourdieu zufolge gibt es jedoch kaum Abweichungen vom traditionell zugewiesenen privaten Lebensbereich. Damit simplifiziert er das moderne Geschlechterverhältnis.

Dass Bourdieu solche Umbrüche nicht berücksichtigt und in seiner Geschlechteranalyse z.B. Frauen, die einen eigenen gesellschaftlichen Status besitzen und vielleicht sogar eine führende Organisationsstelle einnehmen, nicht existieren, hat ihm den Vorwurf eingebracht, dass „[a]lthough Bourdieu acknowledges the destabilizing and potentially subversive effects that might arise from movement across fields, he fails to consider what this might imply for an understanding of modern gender identity" (McNay 1999: 106). Auch Beate Krais, eine der Autorinnen, die sich vor allem um die Integration des

---

111   Z.B. zum Zusammenhang von Geschlechterdifferenz und politischer Inklusion vgl. Weinbach (2002).

Habitus-Konzepts in die Geschlechterforschung bemüht (vgl. Krais 2001), betont den funktional differenzierten Gesellschaftskontext moderner Geschlechterverhältnisse: „Mit der Komplexität ihrer Strukturen und Kriterien sozialer Differenzierung legt die moderne Gesellschaft – anders als eine traditionelle Gesellschaft wie die der Kabylen – zugleich Sprengsätze im Habitus der Subjekte an, Konflikte zwischen unterschiedlichen Ordnungsvorstellungen und Verhaltensweisen, die die Selbstverständlichkeit der Praxen immer wieder ein Stück weit in Frage zu stellen vermögen" (Krais 1993: 220).[112] Ihr geht es in erster Linie darum, die Relevanz des Habitus bei der Produktion und Reproduktion geschlechtlicher Machtverhältnisse unter Hinweis auf seine Kompatibilität mit dem „doing gender"-Theorem herauszuarbeiten (vgl. Krais 2001: 318). Das erstrebenswerte Ergebnis wäre, da ist sie sich mit Bourdieu einig, „der Umbau der Soziologie zu einer ‚geschlechtssensiblen' Sozialwissenschaft" (Krais 2001: 317).

Wie Bourdieu, so sieht auch Krais im Habitus das Ergebnis von Sozialisation. Er ist damit stets auf einer vorbewussten, körperlichen Ebene in das Individuum eingelassen. Der Habitus gilt als ein Speicher gelebter Erfahrungen, aus dem sich das Individuum bedient, wenn es sich in der sozialen Situation verhält, eine seinem Habitus spezifische Haltung zu ihr einnimmt: „Mit dem Begriff des Habitus bezeichnet Bourdieu einen Komplex von Denk- und Sichtweisen, von Wahrnehmungsschemata, von Prinzipien des Urteilens und Bewertens, der unser Handeln, alle unsere expressiven, sprachlichen, praktischen Äußerungen strukturiert, sogar im Körper verankert" Krais 1993: 216). In diesem Komplex bildet die Geschlechtszugehörigkeit ein zentrales Moment: „Eine vergeschlechtlichte Sicht der Welt lagert sich in unseren Habitus ein. So ist der Habitus zutiefst und unentrinnbar geprägt durch eine soziale Praxis der Klassifikation, die männlich und weiblich als polaren Gegensatz konstruiert; auf der anderen Seite zwingt der Habitus unserem Handeln die ständige Anwendung jener Klassifikation auf" (Krais/Gebauer 2002: 49).[113] Als Produkt und Generator symbolischer Machtverhältnisse, ist der Habitus Ausdruck eines gewissen

---

112 Bourdieu selbst hatte das moderne Gesellschafterverhältnis keineswegs der Struktur der funktional differenzierten Gesellschaft angepasst. Siehe dazu die Forderung verschiedener Kritikerinnen (z.B. McCall 1992; McNay 1999; Reay 1997), den Blick von der kabylischen Gesellschaft abzuwenden und für die Analyse des Geschlechterverhältnisses in der modernen Gesellschaft auf den impliziten Zusammenhang von Habitus und Feld zu lenken.

113 Bourdieu selbst tendiert dazu, den geschlechtlichen Klassenhabitus dem Geschlechtshabitus vorzuziehen und die Geschlechtszugehörigkeit eher als besondere Einfärbung des Klassenhabitus zu verstehen (Bourdieu 1997b: 221ff.).

Einverständnisses zwischen Opfer und Täter: „Dieses Einverständnis ergibt sich nur, wenn beide Akteure in ihrem Habitus jene symbolische Ordnung eingelagert haben, die korrespondierende Handlungen hervorbringt" (Krais 2001: 325). Diese vermittels Habitus korrespondierenden Handlungen sind die Verkörperung der hierarchisch strukturierten symbolischen Ordnung. Denn sowohl ‚Herrscher' als auch ‚Beherrschte', also sowohl Männer als auch Frauen, müssen sich selbst – und entsprechen komplementär ihr Gegenüber – als über- bzw. unterlegen begreifen. Die Folie dazu bietet ihnen ein Klassifikationsschema, das an der Unterscheidung der Welt in männliche und weibliche Bereiche orientiert ist. Es garantiert die Sicht der Welt als eine vergeschlechtlichte Welt, die als symbolische Repräsentation „auf die Arbeitsteilung zwischen den Geschlechtern" verweist (Krais 1993: 213).

Vor diesem Hintergrund hat Krais (2000) eine Analyse der Situation von Wissenschaftlerinnen im Wissenschaftsfeld vorgenommen. Sie bemüht sich damit, anders als Bourdieu, um die Verbindung von Habitus und der in funktionale *Felder* differenzierten modernen Gesellschaft. Dabei sieht sie die Struktur dieses Feldes im Anschluss an Bourdieu als ein Kräftefeld, das durch eine eigene feldspezifische Logik definiert ist und in dem um einen Einsatz gekämpft wird.[114] Die Handlungen der teilnehmenden Individuen müssen dieser Logik folgen. Motiviert werden sie dabei durch die illusio, das ist der Glaube an die Ernsthaftigkeit des Spiels im Feld, die als eine Art libidinöse Bindung (libido dominandi) an die Spielregeln ein entsprechendes Selbstverständnis der Individuen voraussetzt. Durch sie wird das konkurrierende soziale „Handeln weitgehend spontan, es folgt einer sozialen Logik, die intuitiv ‚gewusst' wird, die den Individuen zur ‚Natur' geworden ist" (Krais 2000: 39). Im sozialen Feld findet man somit einen „spezifischen Typus von Akteuren" (Krais 2000: 40), der sich durch seine Lust am *Wettkampf* und einen entsprechend ‚kämpferischen' Habitus auszeichnet (Krais 2000: 44). Diese Lust am Wettkampf, in dem es nicht nur um das Ausstechen des anderen, sondern auch um das Miteinander geht, ist als agonales Denken tief „in der westlichen Tradition der Suche nach Erkenntnis" verwurzelt (Krais 2000: 45). Bourdieu zufolge ist die libido dominandi ein Merkmal des männlichen Habitus, während der weibliche Habitus sie typischerweise nicht besitzt. Daher haben Frauen oftmals Probleme, sich in diesem Spiel zu behaupten, fühlen sie sich fremd und ausgeschlossen,[115] und werden

---

114   Den Feldbegriff findet man in Bourdieus Gesellschaftstheorie recht unvermittelt neben der gesellschaftlichen Differenzierung in Klassen. Mit ihm kommt er Luhmanns Begriff von der modernen Gesellschaft recht nahe: Bourdieus *Feldbegriff* „bezieht sich auf das in der Moderne auffällige Phänomen der relativen Autonomie" und „der ‚Eigenlogik' abgegrenzter sozialer Sektoren" (Krais/Gebauer 2002: 55).

115   Wie z.B. Renate Mayntz berichtet: „Gestört hat mich an meinem weiblichen Minderhei-

ihre Leistungen nicht auf dieselbe Weise anerkannt.[116] Ihr Verhältnis zur Wissenschaft ist auf einer anderen Ebene, eher sachorientiert, angesiedelt: „Sie machen sich lustig über die ‚Hahnenkämpfe' unter Männern, sind peinlich berührt, von deren ‚substanzloser Selbstdarstellung' oder leiden unter deren ‚killing instinct' und der Anforderung, sich ebenso verhalten zu müssen" (Krais 2000: 47).

Reproduziert wird dieses hierarchische Symbolgefüge, obwohl im Kontext des Wissenschaftsfeldes, stets innerhalb von Interaktionen. Symbolische Gewalt gibt es nur in der face-to-face-Situation. „So wird nicht nur von universitären Lehrveranstaltungen, sondern auch von wissenschaftlichen Tagungen berichtet, dass Frauen regelmäßig übersehen werden, wenn sie sich zu Wort melden, dass sie in ihren Redebeiträgen regelmäßig unterbrochen werden, dass ihre Beiträge von männlichen Teilnehmern nicht aufgenommen werden, dass nichtverbales, unterstützendes Kommunikationsverhalten der Männer sich nur an die Männer richtet, dass interessant erscheinende Beiträge von Frauen Männern zugeschrieben werden und so weiter" (Krais 1993: 233).

Vor diesem Hintergrund erstaunt es, dass Krais an anderer Stelle auf den Begriff der sozialen Rolle verzichten und ihn durch den Habitus als Alternativbegriff ersetzt wissen möchte. *Wenn aber das Wissenschaftsfeld mit seinen spezifischen, von anderen Feldern unterscheidbaren Spielregeln den strukturellen Kontext für die machterhaltende Interaktion bildet, wie lassen sich dann die interaktionsspezifisch gerahmten Erwartungen von denen, die durch den Habitus vermittelt werden, unterscheiden?* Dass Krais *implizit* durchaus zwischen Rolle und Habitus unterscheidet, wird immer wieder sehr wohl deutlich. So schreibt sie z.B.: „Die Diskriminierung von Frauen auf dem Arbeitsmarkt, läuft ... vor allem über zwei Prozesse: über die gesellschaftliche Anerkennung und Bewertung von Qualifikationen und über die *Bündelung von Arbeitsaufgaben zu einem Arbeitsplatz*. Beide Prozesse sind sozial, über Machtbeziehungen, vermittelt, und zwar nicht nur über die Beziehungen zwischen *Arbeitgebern* und

---

tenstatus vor allem, dass ich aus der zwischen männlichen Kollegen herrschenden Kameraderie ausgeschlossen blieb; manchmal kam ich mir im männlichen Kollegenkreis wie ein Zirkuspferd vor, auf dessen Kunststücke man stolz ist" (zit. nach Krais 2000: 46).

116 Vgl. dazu nur eine der unzähligen Studien zur abwertenden Einschätzung der Leistung von Frauen bei Wenneras/Wold (2000), die die angeführten Kriterien zur Beurteilung von männlichen und weiblichen Wissenschaftlerinnen bei der Vergabe von Habilitationsstipendien untersucht haben: „... die einzige Gruppe von Frauen, die als ebenso kompetent beurteilt wurde wie Männer, wenn auch nur als ebenso kompetent wie die am wenigsten produktive Gruppe der männlichen Bewerber (Männer mit weniger als 20 Punkten Gesamtwirkung), war die produktivste Gruppe der Frauen, nämlich die Bewerberinnen mit 100 und mehr Punkten Gesamtwirkung" (111).

abhängigen *Beschäftigten*, sondern auch zwischen verschiedenen *Gruppen von Arbeitskräften*" (Krais 1993: 240; Hervorheb. CW). *Explizit* jedoch lehnt sie den Begriff der sozialen Rolle ab und sieht im Habitus einen Alternativbegriff.

Im Wesentlichen sind es drei Kritikpunkte, die ihre Ablehnung der sozialen Rolle begründen (Krais 2001: 320f.):

1. Über den Rollenbegriff lässt sich lediglich die geschlechtliche Arbeitsteilung, nicht aber die Herrschaft zwischen den Geschlechtern systematisch aufschlüsseln. Deshalb bleibt die Geschlechtsrolle im Prinzip auf den familiären Kontext bezogen und seine gesamtgesellschaftliche Dimension ausgeblendet.

2. Der Rollenbegriff ist auf bestimmte Interaktionskontexte bezogen und fasst das Individuum daher nur ausschnitthaft. Geschlecht ist jedoch „nicht nur in spezifischen sozialen Situationen ... wirksam ..., sondern immer präsent" (320).

3. Der Rollenbegriff ist auf vorgegebene Verhaltensanweisungen fixiert und blendet das prozessuale Moment des ‚doing gender' aus. Er „verfehlt damit die spezifische Körperlichkeit des menschlichen Handelns, das heißt auch des sozialen Subjekts" (Krais/Gebauer 2002: 74).

Der mit dem Rollenbegriff unterstellte Gegensatz von Individuum und Gesellschaft wird, so Krais, mit Bourdieus Habitus-Konzept überwunden. Mit ihm ist „eine Alternative zum Rollen-Konzept entwickelt, die genau auf diesen Punkt zielt: Wie kann man das Individuum als vergesellschaftetes begreifen?" (Krais/Gebauer 2002: 66). Im Unterschied zur sozialen Rolle gilt der Habitus als inkorporierte Struktur. Und dennoch bekommt dieses Verständnis dort Brüche, wo Krais den Habitus explizit in den Kontext der funktional differenzierten Gesellschaft stellt: „Wenn es richtig ist, dass der Habitus eines Menschen geformt und geprägt wird durch die sozialen Verhältnisse, in denen sie oder er in die Gesellschaft als handelndes Subjekt hineinwächst, dann ist anzunehmen, jedenfalls für die moderne Gesellschaft, dass die Habitus-prägenden Erfahrungen der Heranwachsenden durchaus heterogen und widersprüchlich sind und sich nicht bruchlos oder gar harmonisch ineinander fügen" (Krais/Gebauer 2002: 72f.).

Doch wie werden diese widersprüchlichen Erwartungen an diese Heranwachsenden vermittelt, wenn nicht über verschiedene soziale Rollen? Ohne Berücksichtigung der sozialen Rolle bleibt auch folgender Satz letztlich unverständlich: „Der Habitus funktioniert aktuell immer innerhalb bestehender sozialer Strukturen, und dazu gehören die Strukturen des sozialen Raumes ebenso wie die sozialen Felder mit ihren besonderen Spielregeln und Einsätzen" (Krais 1993: 235). Warum sollen diese Strukturen und Spielregeln an das Individuum nicht als soziale Rollenerwartung herangetragen werden? Und warum können sie das nicht tun, indem sie sich auf das Individuum gleichsam ausschnitthaft beziehen? Dass es diese Ausschnitthaftigkeit gibt, leugnet Krais ja auch gar nicht: „Mit der Komplexität ihrer Strukturen und Kriterien sozialer Differenzierung legt die moderne Gesellschaft ... zugleich Sprengsätze im Habitus der Subjekte an, Konflikte zwischen unterschiedlichen Ordnungsvorstellungen und Verhaltensweisen, die die Selbstverständlichkeit der Praxen immer wieder ein Stück in Frage zu stellen vermögen" (Krais/Gebauer 2002: 73). Mit diesem Hinweis kommt sie Butlers These, dass die Identität des Subjekts durch verschiedenste soziale (diskursive) Anforderungen hergestellt wird und damit in sich brüchig ist, recht nahe. Doch wie, wenn nicht vermittels verschiedener sozialer Rollen, werden die spezifischen Erwartungen an das Individuum herangetragen? Hier tut sich dieselbe konzeptionelle Lücke auf, wie bei Butler. Warum nicht gleich von sozialen Rollen sprechen, die von den Feldern bereitgestellt werden? Bourdieu selbst legt ein solches Verständnis sogar nahe, sind bei ihm die Individuen doch „selbst in dem, was ganz persönlich an ihnen ist, im Wesentlichen eine Personifizierung der Anforderungen [...] die realiter oder potentiell die Struktur des Feldes ausmachen, oder, genauer, die Position, die jemand in diesem Feld einnimmt" (Bourdieu/de Saint Martin 1978: 6f., zit. nach Krais/Gebauer 2002: 57).

Krais muss sich also die Frage gefallen lassen, wie sie z.B. zu ihrem Ergebnis bezüglich der Situation von Wissenschaftlerinnen kommt, wenn sie den geschlechtlichen Habitus nicht von den qua soziale Rolle gebündelten Erwartungen im Wissenschaftsfeld unterscheidet. Wie sonst sollte die von ihr konstatierte schwierige Position von Frauen in der Wissenschaft erklärbar sein, wenn nicht als Diskrepanz von Habitus und sozialer Rolle? Der Habitus kann, so gesehen, weniger als Alternative, sondern vielmehr als Komplementärbegriff zum Begriff der sozialen Rolle gesehen werden. Das Habitus-Verständnis von Michael Meuser scheint dem, zumindest implizit, eher zu entsprechen: „Habitus meint nicht, dass man *eine* Geschlechtsrolle hat, sondern dass man alles Handeln, gleichgültig, welche spezifische Rolle jeweils aktualisiert ist, nach einem bestimmten erzeugenden Prinzip gestaltet" (Meuser 1998: 116). So gesehen, lässt sich das Verhältnis von Habitus und sozialer Rolle problemlos als Komplementärverhältnis denken. Dieses Komplementärverhältnis könnte dann – wie wir es in Kapitel 4 vorgeschlagen haben, als wir von der Subversion der Person durch die Rolle und umgekehrt sprachen –, als mit ganz eigenen Dynamiken ausgestattet gedacht werden. Krais scheint eine solche Leseweise nicht auszuschließen, wenn sie konstatiert: „So werden *junge Frauen* mit einer *abgeschlossenen Lehre in einem gewerblichen Beruf* nicht in gleichem Maße im anspruchsvollen Tätigkeiten betraut wie *junge Männer*, wird ein schmaleres

Spektrum der erworbenen Qualifikationen in der Arbeit abgerufen, werden ihnen neue Aufgaben nicht zugeteilt usw." (Krais 1993: 242; Hervorheb. CW).

Schluss

Diese Arbeit bemühte sich um eine Beschreibung aktueller Geschlechterverhältnisse mit Hilfe des Begriffsinstrumentariums der Systemtheorie Niklas Luhmanns. Als Ausgangspunkt diente ihr die Unterscheidung von Bewusstseins- und Kommunikationssystem, die durch die Form Person als Mechanismus der strukturellen Kopplung dieser beiden Systeme vermittelt wird.

Für das Bewusstseinssystem konnte gezeigt werden, wie eng dessen Selbstbeschreibung mit der sozialen Bedeutung des Geschlechtskörpers verknüpft ist. In diesem Rahmen haben wir die Kontingenzformel „Geschlechtsrollenidentität" als psychische Repräsentanz dieses sinnhaft gefassten Geschlechtskörpers im Bewusstsein definiert. Wir haben gezeigt, dass die dreidimensionale Differenzierung dieser Geschlechtsrollenidentität in die Geschlechtsrollen-Orientierung (zeitlich), die Geschlechtsrollen-Übernahme (sozial) und die Geschlechtsrollen-Selbstcharakterisierung (sachlich) je nach Geschlechtszugehörigkeit des Bewusstseinssystems unterschiedlich ausgestaltet ist: Bewusstseinssysteme entwerfen in Abhängigkeit von ihrer Geschlechtszugehörigkeit unterschiedliche Zukunftspläne, sie übernehmen unterschiedliche soziale Rollen und beschreiben sich anhand unterschiedlicher Attribute. Dabei konnte gezeigt werden, dass es einen Zusammenhang zwischen der Rollenübernahme und der Selbstbeschreibung gibt: Übernehmen Bewusstseinssysteme instrumentell (bzw. expressiv) definierte Rollen, beschreiben sie sich anhand instrumenteller (bzw. expressiver) Eigenschaften. Interessanterweise gibt es dabei Unterschiede, je nach dem, ob sich das System auf der Beobachtungsebene erster oder zweiter Ordnung beschreibt. Zugleich stößt dieser Zusammenhang von Rollenübernahme und Selbstattribution auf der Beobachtungsebene zweiter Ordnung dort auf eine Grenze, wo die Diskrepanz zwischen dem (instrumentellen oder expressiven) Charakter der Rolle mit der (eher instrumentell oder expressiv ausgerichteten) Selbstbeschreibung des Bewusstseinssystems kollidiert – dem Bewusstseinssystem also keine Geschlechtersemantik zur Verfügung steht, die beides miteinander verbinden könnte.

In Kommunikationssystemen konnten wir einen Zusammenhang zwischen der Kommunikationsstruktur und dem Geschlecht der teilnehmenden Personen feststellen, d.h. wir konnten zwischen typisch männlicher und typisch weiblicher Interaktionskommunikation vor allem einen Unterschied im Verstehen ausmachen: Typisch männliche Interaktionskommunikation beobachtet sich eher als handelnde Kommunikation, d.h. sie kehrt die divergierenden Perspektiven der Personen heraus und konfrontiert sich so mit der eigenen Kontingenz, die sie durch Hierarchie wieder reduziert. Typisch weibliche Interaktionskommunikation dagegen beobachtet sich eher als erlebende Kommunikation, d.h. sie betont die gemeinsame Umweltperspektive der Personen und sichert sie über einen Wertekonsens ab. Wir konnten zeigen, dass auch in gemischtgeschlechtlichen Interaktionen weiblichen Personen eher eine Perspektive des Erlebens, männlichen eher eine Perspektive des Handelns zugerechnet wird. Dabei haben wir festgestellt, dass dies auch dann geschehen kann, wenn sie soziale Rollen übernehmen, die das entgegengesetzte Verstehen einfordern. In unserer Auseinandersetzung mit der Geschlechterdifferenz in den Kommunikationssystemen Familie und Organisation wurde dann deutlich, warum die Übernahme einer sozialen Rolle, die traditionell dem anderen Geschlecht zugewiesen wird, einerseits möglich ist und andererseits an Grenzen stößt: Geschlechterstereotype ermöglichen geschlechtsuntypische Rollenübernahmen, indem sie zuvor als geschlechtsrollendiskrepant geltende Verhaltensweisen in die Definition der geschlechtstereotypisierten Person aufnehmen. Sie begrenzen diese geschlechtsuntypischen Rollenübernahmen zugleich, weil sie dies nur in einem bestimmten Rahmen tun.

Diese Entwicklung vollzieht sich vor dem Hintergrund, dass die funktional differenzierte Gesellschaft ein zuvor unbekanntes Maß an Varietät bei der Besetzung sozialer Rollen mit männlichen und weiblichen Personen erlaubt. Darum hat der klassische Geschlechtsrollenbegriff seine Gültigkeit verloren: Die Geschlechtsrolle kann nicht mehr als ein geschlechtstypisches Verhaltensrepertoire verstanden werden, das aus einem geschlechtsspezifischen Rollenbündel resultiert. Denn auch wenn die geschlechtliche Arbeitsteilung nach wie vor den Kern geschlechtlicher Beziehungen bildet, so lässt sich doch tendenziell eine Aufweichung dieser traditionellen Geschlechterordnung beobachten.

Wir haben vorgeschlagen, die Geschlechterdifferenz vermittels einer Geschlechtsrolle zu definieren, durch die männlichen Personen wegen ihrer als selbstselektiert geltenden externen Rollenverpflichtungen eine *konstante* Umweltorientierung und weiblichen Personen wegen ihrer gleichsam als naturhaft geltenden externen, (positiv oder negativ) auf Haus und Familie bezogenen Rollenverpflichtungen ein *variabler* Umweltbezug zugeschrieben wird. Entsprechend ist der Zugang zu sozialen Rollen durch die vielfältig ausdifferenzierten männlichen und weiblichen Geschlechterstereotype, die weiterhin auf geschlechtliche ‚Kernidentitäten‘, eben: die Geschlechtsrolle, zurückgeführt werden können, sowohl geöffnet als auch beschränkt. Unsere Definition der

Geschlechtsrolle auf der Grundlage der Attributionstheorie ist deshalb so abstrakt gehalten, um genau diesen Widerspruch auf den Begriff zu bringen: die Übernahme traditionell typisch männlicher Rollen durch weibliche Personen und die Übernahme traditionell typisch weiblicher Rollen durch männliche Personen bei Aufrechterhaltung der (asymmetrisch angelegten) Geschlechterdifferenz. Entsprechend gilt das Verhältnis zwischen der männlichen und der weiblichen Geschlechtsrolle als *im Kern asymmetrisch* angelegt und durch Geschlechterstereotype geregelt: Die qua männlicher Geschlechtsrolle strukturierte männlich stereotypisierte Person subvertiert die weiblich konnotierte soziale Rolle, während die qua weiblicher Geschlechtsrolle strukturierte weiblich stereotypisierte Person von der männlich konnotierten sozialen Rolle subvertiert wird.

Die drei von uns diskutierten geschlechtertheoretischen Ansätze berücksichtigen diesen Zusammenhang nur unzureichend. Der Grund dafür ist sicherlich darin zu finden, dass ihre Überlegungen nicht im Rahmen einer Gesellschaftstheorie angesiedelt sind, die die Kategorie Geschlecht über die Interaktionsperspektive hinaus zu kontextualisieren vermag. Das gilt, trotz ihres Verweises auf makrosoziologische Kategorien, auch für Judith Butler und Beate Krais. Dabei wäre eine Ergänzung der drei Konzepte mit einem kompatiblen Begriff der sozialen Rolle, wie wir gezeigt haben, notwendig, soll ein realistisches Bild aktueller Geschlechterverhältnisse skizziert werden. Eine Geschlechtertheorie, die sich auf die Systemtheorie nach Niklas Luhmann stützt, vermag die Relevanz der Geschlechterdifferenz für die Inklusion innerhalb einer funktional in Teilsysteme und über Ebenen in Interaktion, Organisation und Funktionssysteme differenzierten modernen Gesellschaft unter dem Blickwinkel disparater Anforderungen deshalb besser erklären, weil sie die Geschlechterdifferenz klar innerhalb der Gesellschaft verortet. Dabei kann sie aufgrund ihrer universalen Struktur,[117] und das ist eine weitere Stärke, vorliegende empirische Forschungsergebnisse aus unterschiedlichen Bereichen aufnehmen, im Rahmen ihres theoretischen Konzepts zusammenfügen und somit neu plausibilisieren.

Natürlich ist mit der vorliegenden Arbeit das Potential der Systemtheorie für die Gender Studies längst nicht ausgeschöpft. Vielmehr handelt es sich um erste Gehversuche bei der systematischen Untersuchung eines bislang unbearbeiteten Feldes. Die Arbeit hat darum eher explorativen Charakter und versteht sich als Ansatzpunkt für weitere Diskussionen zum Zusammenhang von Systemtheorie und Gender.

---

117 Luhmann hatte bekanntlich den Anspruch an seine Theorie, alles Soziale erfassen zu können.

Literatur

Abele, A./Schaper, S. (1995): Die Karrierefrau. Eine Inhaltsanalyse populärwissenschaftlicher Ratgeberliteratur, in: Gruppendynamik 26, 237-254

Alfermann, D. (1990): Geschlechtstypische Erziehung in der Familie oder: Die Emanzipation findet nicht statt, in: K. Berty, L. Fried, H. Gieseke, H. Herzfeld (Hrsg.), Emanzipation im Teufelskreis: zur Genese weiblicher Berufs- und Lebensentwürfe, Weinheim (Deutscher Studien Verlag), 21-43

Alfermann, D. (1993): Frauen in der Attributionsforschung: Die fleißige Liese und der kluge Hans, in: G. Krell, M. Osterloh (Hrsg.), Personalpolitik aus der Sicht von Frauen. Was kann die Personalforschung von der Frauenforschung lernen?, München und Mehring (Rainer Hampp), 301-317

Alfermann, D. (1995): Männlich – Weiblich – Menschlich: Androgynie und die Folgen, in: U. Pasero, F. Braun (Hrsg.), Konstruktion von Geschlecht, Schriftenreihe des Zentrums für interdisziplinäre Frauenforschung der Christian-Albrechts-Universität zu Kiel Bd. 1, hrsg. von G. Linck und U. Pasero, Pfaffenweiler (Centaurus Verlag), 29-49

Allmendinger, J./Hackman, J. R. (1993). Akzeptanz oder Abwehr? Die Integration von Frauen in professionelle Organisationen, in: Kölner Zeitschrift für Soziologie und Sozialpsychologie 45, 238-258

Altstötter-Gleich, C. (1999): Persönliche Konstrukte zu Frauen und Männern in unterschiedlichen sozialen Rollen, in: U. Pasero und F. Braun (Hrsg.), Wahrnehmung und Herstellung von Geschlecht, Opladen (Westdeutscher Verlag), 13-20

Annuß, E. (1996): Umbruch und Krise der Geschlechterforschung: Judith Butler als Symptom, in: Das Argument 38, 491-504

Annuß, E. (1998): Rezensionen, in: Die Philosophin. Forum für feministische Theorie und Philosophie 9, 84-90

Assig, D./Beck, A. (1998): Was hat sie, was er nicht hat? Forschungsergebnisse zu den Erfolgen von Frauen in Führungspositionen, in: Aus Politik und Zeitgeschichte, B 22/23, 23-30

Badura, B. (1990): Interaktionsstreß. Zum Problem der Gefühlsregulierung in der modernen Gesellschaft, in: Zeitschrift für Soziologie 19, 317-328

Baecker, D. (1994): Die Kybernetik unter den Menschen, in: P. Fuchs, A. Göbel (Hrsg.), Der Mensch – das Medium der Gesellschaft?, Frankfurt/M. (Suhrkamp), 57-71

Bamberg, E. (1992): Die Frau gehört ins Haus. Hat sich das Bild, das Jugendliche von der anderen Geschlechtsgruppe haben, in den letzten Jahrzehnten verändert?, in: Zeitschrift für Sozialpsychologie 23, 25-35

Banaji, M.R. /Hardin, C./Rothman, A.J. (1993): Implicit Stereotyping in Person Judgment. Journal of Personality and Social Psychologie 65, 272-281

BauSteineMänner (Hrsg.) (1996): Kritische Männerforschung. Neue Ansätze in der Geschlechtertheorie, Argument-Sonderband 246, Berlin (Argument)

Becker-Schmidt, R. (1987): Probleme einer feministischen Theorie und Empirie in den Sozialwissenschaften, in: P. Ridlhammer (Hrsg.), Die Debatte und die Methodenfrage in der Frauenforschung. Ein Reader, Duisburger Materialien zur Frauenforschung, Heft 1, 4-18

Becker-Schmidt, R. (1995): Verdrängung Rationalisierung Ideologie. Geschlechterdifferenz und Unbewusstes. Geschlechterverhältnis und Gesellschaft, in: G.-A. Knapp, A. Wetterer, Traditionen Brüche. Entwicklungen feministischer Theorie, Freiburg i. Br. (Kore), 65-113

Beck-Gernsheim, E./Ostner, I. (1978): Frauen verändern – Berufe nicht? Ein theoretischer Ansatz zur Problematik von ‚Frau und Beruf', in: Soziale Welt 29, 257-287

Beck-Gernsheim, E. (1979): Männerrolle, Frauenrolle – aber was steht dahinter? Soziologische Perspektiven zur Arbeitsteilung und Fähigkeitsdifferenzierung zwischen den Geschlechtern, in: R. Eckert (Hrsg.), Geschlechtsrollen und Arbeitsteilung, München (Beck), 165-201

Bem, S.L. (1974): The measurement of psychological androgyny, in: Journal of Consulting and Clinical Psychology 42, 155-162

Benard, C. (1989): Rückwärts und auf Stöckelschuhen, Köln (Kiepenheuer und Witsch)

Benard, C./Schlaffer, E. (1991): Sagt uns, wo die Väter sind. Von der Arbeitssucht und Fahnenflucht des zweiten Elternteils, Reinbeck bei Hamburg (Rowohlt)

Bendl, R. (1997): Chancengleichheit am Arbeitsplatz für Frauen – Integration in die strategische Unternehmensführung. Eine theoretische und empirische Analyse, München (Hampp)

Berger, P.L. (1973): Zur Dialektik von Religion und Gesellschaft, Frankfurt/M. (Fischer)

Berghahn, S. (1994): Verwaltung, Gleichheit, Gerechtigkeit. Der feministische und der systemtheoretische Blick – unvereinbar?, in: K. Dammann, D. Grunow, K. P. Japp (Hrsg.), Die Verwaltung des politischen Systems, Opladen (Westdeutscher Verlag), 79-98

Bierhoff-Alfermann, D. (1989): Androgynie – Möglichkeiten und Grenzen der Geschlechterrollen, Opladen (Westdeutscher Verlag)

Bilden, H. (1980): Geschlechtsspezifische Sozialisation, in: K. Hurrelmann u.a. (Hrsg.), Neues Handbuch Sozialisationsforschung, Weinheim und Basel (Beltz), 777-812

Bischof-Köhler, D. (1993): Geschlechtstypische Besonderheiten im Konkurrenzverhalten: Evolutionäre Grundlagen und entwicklungspsychologische Fakten, in: G. Krell, M. Osterloh (Hrsg.), Personalpolitik aus der Sicht von Frauen. Was kann die Personalforschung von der Frauenforschung lernen?, München und Mehring (Rainer Hampp), 251-281

Bless, H. et al. (1992): Hausmann und Abteilungsleiterin: Die Auswirkungen von Geschlechtsrollenerwartungen und rollendiskrepantem Verhalten auf die Zuschreibung von Persönlichkeitseigenschaften, in: Zeitschrift für Sozialpsychologie 23, 16-24

Blumer, H. (1973): Der methodologische Standort des Symbolischen Interaktionismus, in: Arbeitsgruppe Bielefelder Soziologen (Hrsg.), Alltagswissen, Interaktion und gesellschaftliche Wirklichkeit, Bd. 1, Reinbeck bei Hamburg (Rowohlt), S. 81-101

Böhnisch, L./Winter, R. (1994): Männliche Sozialisation. Bewältigungsprobleme männlicher Geschlechtsidentität im Lebenslauf, Weinheim und München (Juventa)

Bötcher-Jöres, R.-E. (1988): Von Frauenstudien zur Frauenforschung. Neue Trends im amerikanischen Feminismus in den USA, in: Feministische Studien 7, 129-135

Bogner, A./Wouters, C. (1990): Kolonialisierung der Herzen? Zu Arlie Hochschilds Grundlegung der Emotionssoziologie, in: Leviathan 18, 255-279

Bohn, C. (1991): Habitus und Kontext. Ein kritischer Beitrag zur Sozialtheorie Bourdieus, Opladen (Westdeutscher Verlag)

Bourdieu, P. (1979): Entwurf einer Theorie der Praxis auf der ethnologischen Grundlage der kabylischen Gesellschaft, Frankurt/Main (Suhrkamp)

Bourdieu, P. (1987): Sozialer Sinn. Kritik der theoretischen Vernunft, Frankfurt/Main (Suhrkamp)

Bourdieu, P. (1997a): Die männliche Herrschaft, in: I. Dölling, B. Krais (Hrsg.), Ein alltägliches Spiel. Geschlechterkonstruktion in der sozialen Praxis, Frankfurt/Main (Suhrkamp), 153-218

Bourdieu, P. (1997b): Die sanfte Gewalt. Pierre Bourdieu im Gespräch mit Irene Dölling und Margareta Steinrücke, in: I. Dölling, B. Krais (Hrsg.), Ein alltägliches Spiel. Geschlechterkonstruktion in der sozialen Praxis, Frankfurt/Main (Suhrkamp), 218-230

Bourdieu, P. (2001): Masculine Domination, Stanford, California (Stanford University Press)

Brandes, U./Schreiber R. (1988): „Man kann die Technologie auch übertreiben." Abwehr, Aneignung, Ambivalenz – Interviews mit Schülerinnen und Schülern zum Thema Computer, Bielefeld (Kleine)

Brandes, H. (1995): Unter Männern. Möglichkeiten und Perspektiven analytischer Männergruppen, in: Rundbrief des Arbeitskreises Kritische Männerforschung 3, 3-10

Brandstätter, H./Grossmann, M./Filipp, G. (1992): Gefühle im Alltag – berichtet von Frauen und Männern, in: Zeitschrift für Sozialpsychologie 23, 64-79

Braun, K. (1995): Frauenforschung, Geschlechterforschung und feministische Politik, in: Feministische Studien 13, 107-117

Brock, D. (1990): Wie verknüpfen Männer Arbeitsorientierungen mit privaten Lebensinteressen? Veränderungstendenzen biographischer Orientierungsmuster bei männlichen Arbeitern seit den fünfziger Jahren, in: E.-H. Hoff (Hrsg.), Die doppelte Sozialisation Erwachsener. Zum Verhältnis von beruflichem und privatem Lebensstrang, Weinheim und München (Juventa), 97-124

Brosius, H.-B. (1991): Schema-Theorie – ein brauchbarer Ansatz für die Wirkungsforschung?, in: Publizistik. Vierteljahreszeitschrift für Kommunikationsforschung, 36, 285- 297

Brosius, H.-B./Staab, J. F. (1990): Emanzipation in der Werbung? Die Darstellung von Frauen und Männern in der Anzeigenwerbung des ‚stern' von 1969-1988, in: Publizistik. Vierteljahresheft für Kommunikationsforschung 35, 292-303

Brunner, O./Conze, W./Koselleck, R. (Hrsg.) (1997): Geschichtliche Grundbegriffe. Historisches Lexikon zur politisch-sozialen Sprache in Deutschland, 8 Bände, 5. Auflage, Stuttgart (Klett-Cotta)

Budde, G.-F. (1997): Des Haushalts ‚schönster Schmuck'. Die Hausfrau als Konsumexpertin des deutschen und englischen Bürgertums im 19. und frühen 20. Jahrhunderts, in: H. Siegrist et al., Europäische Konsumgeschichte. Zur Gesellschafts- und Kulturgeschichte des Konsums (18. bis 20. Jahrhundert), Frankfurt/M. und New York (Campus), 411-440

Bunch, C./Mae Brown, R. (1981): Was jede Lesbierin wissen sollte, in: Arbeitsgruppe des Lesbischen Aktionszentrums Westberlin (Hrsg.), FRAUENLIEBE. Texte aus der amerikanischen Lesbierinnenbewegung, Berlin (Oktoberdruck/LAZ Westberlin) 124-131

Bundesministerium für Familie, Senioren, Frauen und Jugend (Hrsg.) (1998): Frauen in der Bundesrepublik Deutschland, Bonn

Burkhardt, Armin (1992): „Das ist eine Frage des Intellekts, Frau Kollegin!" Zur Behandlung von Rednerinnen in deutschen Parlamenten, in: S. Günthner, H. Kotthoff (Hrsg.), Die Geschlechter im Gespräch. Kommunikation in Institutionen, Stuttgart (J.B. Metzlersche Verlagsbuchhandlung), 287-309

Butler, J. (1991): Das Unbehagen der Geschlechter, Frankfurt/M. (Suhrkamp)

Butler, J. (1995): Körper von Gewicht. Die diskursiven Grenzen des Geschlechts, Berlin (Berlin Verlag)

Cameron, D. (1995): Verbal Hygiene for Women: Performing Gender Identity, in: U. Pasero, F. Braun (Hrsg.), Konstruktion von Geschlecht, Schriftenreihe des Zentrums für interdisziplinäre Frauenforschung der Christian-Albrechts-Universität zu Kiel Bd. 1, hrsg. von G. Linck und U. Pasero, Pfaffenweiler (Centaurus Verlag), 143-153

Card, C. (1990): Judith Butler. Gender Trouble: Feminism and the Subversion of Identity, in: Canadian Philosophical Reviews 10, 127-130

Connell, R. W. (1995): ‚The Big Picture'. Formen der Männlichkeit in der neueren Weltgeschichte, in: Widersprüche 56/57, 23-45

Connell, R. W. (1999): Der gemachte Mann. Konstruktion und Krise von Männlichkeit, Opladen (Leske + Budrich)

Conze, W. (1997): Beruf, in: Geschichtliche Grundbegriffe. Historisches Lexikon zur politisch-sozialen Sprache in Deutschland, Bd. 1, hrsg. von O. Brunner, W. Conze, R. Koselleck, Stuttgart (Klett-Cotta) 490-507

Cornell, D. (1996): Enabling Paradoxes: Gender Difference and System Theory, in: New Literary History 27, 185-197

Dammann, K./Grunow, D./ Japp, K.P. (Hrsg.), Die Verwaltung des politischen Systems, Opladen (Westdeutscher Verlag), 79-98

Dausin, B. (1997): ‚Weibliche Lebensmuster' zwischen Erfahrung, Deutung und Tradition, in: M. Jürgen, G. Rosenthal, A. Tölke (Hrsg.), Generationen-Beziehungen, Austausch und Tradierung, Opladen (Westdeutscher Verlag), 231-243

Degele, N. (1997). Zur Steuerung komplexer Systeme – eine soziokybernetische Reflexion, in: Soziale Systeme 3, 81-99

Derrida, J. (1990): Semiologie und Grammatologie. Gespräch mit Julia Kristeva, in: Postmoderne und Dekonstruktion. Texte französischer Philosophen der Gegenwart, Hrsg. von P. Engelmann, Stuttgart (Reclam), 140-164

Dietzen, A. (1993): Soziales Geschlecht. Dimensionen des Gender-Konzepts, Opladen (Westdeutscher Verlag)

Dölling, I./Krais, B. (Hrsg.) (1997): Ein alltägliches Spiel. Geschlechterkonstruktion in der sozialen Praxis, Frankfurt/Main (Suhrkamp) 1997

Duden, B. (1993): Die Frau ohne Unterleib: Zu Judith Butlers Entkörperung. Ein Zeitdokument, in: Feministische Studien 11, 24-33

Duncan, S. (1974): On the Strukture of Speakter-Auditior Interaction during Speaking Turns, in: Language in Society 3, 161-180

Eagly, A.H./Steffen, V.J. (1984): Gender stereotypes stem from the distribution of women and men into social roles, in: Journal of Personality and Social Psychology 46, 735-754

Eagly, A.H. (1987): Sex differences in social behavior: A social-role interpretation, Hillsdale, New Jersey (Lawrence Erlbaum)

Eckes, T. (1997): Geschlechterstereotype. Frau und Mann in sozialpsychologischer Sicht, hrsg. von G. Link und U. Pasero, Schriftenreihe des Zentrums für interdisziplinäre Frauenforschung der Christian-Albrechts-Universität zu Kiel Bd. 5, Pfaffenweiler (Centaurus)

Engeln, A. (1995): Risikomotivation: eine pädagogisch-psychologische Untersuchung zum Motorradfahren, Marburg (Technum)

Esposito, E. (1993): Zwei-Seiten-Formen in der Sprache, in: D. Baecker (Hrsg.), Probleme der Form, Frankfurt/M. (Suhrkamp), 88-119

Esposito, E. (1995): Die Orientierung an Differenzen: Systemrationalität und kybernetische Rationalität, in: Selbstorganisation. Jahrbuch für Komplexität in den Natur-, Sozial- und Geisteswissenschaften, Band 6, 161-176

Esposito, E. (1995b): Interaktion, Interaktivität und Personalisierung der Massenmedien, in: Soziale Systeme 1, 225-261

Esposito, E. (1996): Geheimnis im Raum, Geheimnis in der Zeit, in: D. Reichert (Hrsg.), Räumliches Denken, r.d.f. Hochschulverlag AG an der ETH Zürich, 303-330

Esser, H. (1988): Ethnische Differenzierung und moderne Gesellschaft, in: Zeitschrift für Soziologie 17, 235-248

Evers, A./Nowotny, H. (1987): Über den Umgang mit Unsicherheit. Die Entdeckung der Gestaltbarkeit von Gesellschaft, Frankfurt/M. (Suhrkamp)

Fischer, U.L. et al. (Hrsg.) (1996): Kategorie: Geschlecht? Empirische Analysen und feministische Theorie, Opladen (Leske + Budrich)

Fishman, P. M. (1984): Macht und Ohnmacht in Paargesprächen, in: S. Trömel-Plötz (Hrsg.), Gewalt durch Sprache, Frankfurt/Main (Fischer), 127-140

Flaake, K. (1991): Frauen und öffentlich sichtbare Einflußnahme. Selbstbeschränkungen und innere Barrieren, in: Feministische Studien 9, 136-142

Flaake, K. (1997): Frauen in Arbeitszusammenhängen: Kooperation und Konkurrenz – unvereinbar?, in: Zeitschrift für Frauenforschung. Herausgegeben vom Forschungsinstitut Frau und Gesellschaft 15., 69-77

Flohr-Stein, C. (1992): Freundin – Konkurrentin!?, in: Frauenforschung. Informationsdienst des Forschungsinstituts Frau und Gesellschaft 10, 131-141

Foerster von, H. (1981): Observing Systems, Seaside California (Intersystem Publikation)

Frerichs, P./Steinrücke, M. (1992): Klasse und Geschlecht als Medien der Chancenzuweisung, in: H. Daheim, H. Heid, K. Krahn (Hrsg.), Soziale Chancen. Forschungen zum Wandel der Arbeitsgesellschaft, Frankfurt/M./New York (Campus), 55-79

Frerichs, P./Steinrücke, M. (1993): Klasse und Geschlecht als Strukturkategorien moderner Gesellschaften, in: B. Aulenbacher, M. Goldmann (Hrsg.), Transformationen im Geschlechterverhältnis, Frankfurt/M./New York (Campus), 231-245

Frerichs, P./Steinrücke, M. (1997): Kochen – ein männliches Spiel? Die Küche als geschlechts- und klassenstrukturierer Raum, in: I. Dölling, B. Krais (Hrsg.), Ein alltägliches Spiel. Geschlechterkonstruktion in der sozialen Praxis, Frankfurt/Main (Suhrkamp) 1997, 231-259

Freud, S. (1969): Formulierungen über die zwei Prinzipien des psychischen Geschehens, in: ders., Psychologie des Unbewußten, Studienausgabe Bd. III, hrsg. von A. Mitscherlich, A. Richards und J. Strachey, Frankfurt/M. (Fischer), 13-24

Frevert, U. (1979): Vom Klavier zur Schreibmaschine – Weiblicher Arbeitsmarkt und Rollenzuweisungen am Beispiel der weiblichen Angestellten in der Weimarer Republik, in: A. Kuhn, G. Schneider (Hrsg.), Frauen in der Geschichte Bd.1, Düsseldorf, 82-112

Frevert, U. (1982): Frauen und Ärzte im späten 18. und frühen 19. Jahrhundert – Zur Sozialgesichte eines Gewaltverhältnisses, in: A. Kuhn, G. Schneider (Hrsg.), Frauen in der Geschichte Bd.2, Düsseldorf, 177-207

Fuchs, P. (1997): Adressabilität als Grundbegriff der soziologischen Systemtheorie, in: Soziale Systeme 3, 57-79

Fuchs, P. (1999): Liebe, Sex und solche Sachen. Zur Konstruktion moderner Intimsysteme, Konstanz (Universitätsverlag)

Geis, F.J./Boston, M.B./ Hoffman, N. (1985): Sex of authority role models and achievement by men and women: Leadership performance and recognition, in: Journal of Personality and Social Psychology 49, 636-653

Gelsthorpe, L./Krüger, U. (1993): Geschlecht und soziale Kontrolle, in: Jahrbuch für Rechtssoziologie und Rechtstheorie 15, 46-63

Gerhard, B./Osterloh, M./Schmid, R. (1992): (Wie) kommen Frauen in deutschsprachigen Personallehrbüchern vor?, in: G. Krell, M. Osterloh (Hrsg.), Personalpolitik aus der Sicht von Frauen. Was kann die Personalforschung von der Frauenforschung lernen?, München und Mehring (Rainer Hampp), 28-49

Geym, H. (1987): Working together: Women and Men. European Woman's Management Development Network, London

Gildemeister, R./Wetterer, A. (1993): Wie Geschlechter gemacht werden. Die soziale Konstruktion der Zweigeschlechtlichkeit und ihre Reifizierung in der Frauenforschung, in: G. Axeli-Knapp, A. Wetterer (Hrsg.), Traditionen Brüche. Entwicklungen feministischer Theorie, Freiburg i. Br. (Kore), 201-254

Göbel, M./Schmidt, J.F.K. (1998): Inklusion/Exklusion: Karriere, Probleme und Differenzierungen eines systemtheoretischen Begriffspaars, in: Soziale Systeme 4, 87-118

Goffman, E. (1973): Wir alle spielen Theater, München (Pieper)

Goffman, E. (1974): Beziehungszeichen, in: ders., Das Individuum im öffentlichen Austausch. Mikrostudien zur öffentlichen Ordnung, Frankfurt/Main (Suhrkamp), 255-317

Goffman, E. (1977): Rahmen-Analyse. Ein Versuch über die Organisation von Alltagserfahrungen, Frankfurt/Main (Suhrkamp)

Goffman, E. (1981): Geschlecht und Werbung, Frankfurt/Main (Suhrkamp)

Goffman, E. (1986): Techniken der Imagepflege, in: ders., Interaktionsrituale. Über Verhalten in direkter Kommunikation, Frankfurt/Main (Suhrkamp), 10-53

Goffman, E. (1994): Das Arrangement der Geschlechter, in: ders., Interaktion und Geschlecht, hrsg. und eingel. von H. A. Knoblauch, mit einem Nachwort von H. Kotthoff, Frankfurt/Main und New York (Campus), 105-158

Goffman, E. (1998): Stigma. Über Techniken der Bewältigung beschädigter Identität, 13. Auflage, Frankfurt/M. (Suhrkamp)

Goldmann, M. (1993). Organisationsentwicklung als Geschlechterpolitik. Neue Organisations- und Managementkonzepte im Dienstleistungsbereich, in: in: B. Aulenbacher, M. Goldmann (Hrsg.), Transformationen im Geschlechterverhältnis, Frankfurt/M./New York (Campus), 115-137

Gräßel, U. (1990): Sprachforschung aus feministischer Perspektive, in: Frauenforschung. Informationsdienst des Forschungsinstituts Frau und Gesellschaft 8, 95-107

Graumann, C.F. (1984): Motivation, in: Historisches Wörterbuch der Philosophie, hrsg. von J. Ritter und K. Gründer, Bd. 6, Darmstadt (Wissenschaftliche Buchgesellschaft), 218-222

Gripp-Hagelstange, H. (1995): Niklas Luhmann – Eine Einführung, München (Wilhelm Fink)

Günther, G. (1976): Das metaphysische Problem einer Formalisierung der transzendental-dialektischen Logik, in: Beiträge zur Grundlegung einer operationsfähigen Dialektik Bd. 1, Hamburg (Meiner), 189-248

Günthner, S./Kotthoff, H. (1992): Die Geschlechter im Gespräch. Kommunikation in Institutionen, Stuttgart (J.B. Metzlersche Verlagsbuchhandlung)

Hagan, J. (1985): The gender stratification of income inequality among lawyers, in: Social forces 68, 835-855

Hageman-White, C. (1993): Berufsfindung und Lebensperspektive in der weiblichen Adoleszenz, in: K. Flaake und V. King (Hrsg.), Weibliche Adoleszenz. Zur Sozialisation junger Frauen, Frankfurt/Main, New York (Campus), 64-83

Hagemann-White, C. (1993): Die Konstrukteure des Geschlechts auf frischer Tat ertappen? Methodische Konsequenzen einer theoretischen Einsicht., in: Feministische Studien 11, 68-78

Hahn, A. (1983): Konsensfiktionen in Kleingruppen. Dargestellt am Beispiel von jungen Ehen, in: F. Neidhardt (Hrsg.), Gruppensoziologie. Perspektiven und Materialien, Sonderband der KZfSS, Opladen (Westdeutscher Verlag), 210-232

Haken, H. (1991): Konzepte und Modellvorstellungen der Synergetik zum Gedächtnis, in: S.J. Schmidt (Hrsg.), Gedächtnis. Probleme und Perspektiven der interdisziplinären Gedächtnisforschung, Frankfurt/Main (Suhrkamp), 190-205

185

Hannover, B. (1991): Zur Unterrepräsentanz von Mädchen in Naturwissenschaft und Technik: Psychologische Prädiktoren der Fach- und Berufswahl, in: Zeitschrift für Pädagogische Psychologie, 2, 169-186

Hannover, B. (1992): Mädchen in geschlechtsuntypischen Berufen. Eine quasiexperimentelle Studie zur Förderung des Interesses Jugendlicher an Naturwissenschaft und Technik, in: Zeitschrift für Sozialpsychologie 23, 36-35

Hannover, B. (1997): Zur Entwicklung des geschlechtsrollenbezogenen Selbstkonzepts: Der Einfluss ‚maskuliner' und ‚femininer Tätigkeiten' auf die Selbstbeschreibung mit instrumentellen und expressiven Personeneigenschaften, in: Zeitschrift für Sozialpsychologie 28, 60-75

Haraway, D. (1987): Geschlecht, gender, genre – Sexualpolitik eines Wortes. Das Argument, Sonderband 105, 66-84

Hark, S. (1993): Queer Interventionen, in: Feministische Studien 11, 103-109

Hark, S. (Hrsg.) (1996a): Grenzen lesbischer Identitäten. Aufsätze. Berlin: Queer Verlag

Hark, S. (1996b): Deviante Subjekte. Die paradoxe Politik der Identität. Opladen (Leske + Budrich)

Hartmann, M. (1995). Deutsche Topmanager: Klassenspezifischer Habitus als Karrierebasis, in: Soziale Welt 46, 440-468

Hartog, J. (1992): Paare in der genetischen Beratung, in: S. Günthner, H. Kotthoff (Hrsg.), Die Geschlechter im Gespräch. Kommunikation in Institutionen, Stuttgart (J.B. Metzlersche Verlagsbuchhandlung), 177-199

Hassebrauck, M. (1990): Wer sucht wen? Eine inhaltsanalytische Untersuchung von Heirats- und Bekanntschaftsanzeigen, in: Zeitschrift für Sozialpsychologie 21, 101-112

Hausen, K. (1986): Die Polarisierung der ‚Geschlechtscharaktere' – Eine Spiegelung der Dissoziation von Erwerbs- und Familienleben, in: J. Dalhoff, U. Frey und I. Schöll (Hrsg.), Frauenmacht in der Geschichte. Beiträge des Histroikerinnentreffens 1985 zur Frauengeschichtsforschung, Düsseldorf (Schwann), 363-393

Hauser, K. (1996a): Vom subjektlosen Geschlecht und geschlechtslosen Persönlichkeiten. Judith Butlers Thesen vom ‚Tod des Geschlechts' neu interpretiert, in: Die Neue Gesellschaft. Frankfurter Hefte 43, 1008-1012

Hauser, K. (1996b): Die Kategorie Gender in soziologischer Perspektive, in: Das Argument 38, 491-504

Heider, F. (1958): The psychology of interpersonal relations, New York (Wiley)

Heinemeier, S. (1992): Rette sich wer Mann. Arbeitslosigkeit als Krise von Männlichkeit, in: Zeitschrift für Biographieforschung und Oral History 5, 63-82

Heintz, B./Nadai, E. (1998): Geschlecht und Kontext. De-Institutionalisierungsprozesse und geschlechtliche Differenzierung, in: Zeitschrift für Soziologie 27, 75-93

Heinz, M. (1998): Liebe und Ehe. Untersuchungen zu Fichtes Eherecht, in: M. Heinz, F. Kuster (Hrsg.), Geschlechtertheorie, Geschlechterforschung. Ein interdisziplinäres Kolloquium, Bielefeld (Kleine), 11-26

Heise, S. (1999): Bessere Performance, in: Wirtschaftswoche 31, 29.07.1999, 118-125

Hellinger, M. (1981): Über den Zusammenhang zwischen Sprache und Geschlecht, in: Englisch-Amerikanische Studien 3, 96-107

Hirschauer, S. (1993a): Dekonstruktion und Rekonstruktion. Plädoyer für die Erforschung des Bekannten, in: Feministische Studien 11, 55-67

Hirschauer, S. (1994): Die soziale Fortpflanzung der Zweigeschlechtlichkeit, in: Kölner Zeitschrift für Soziologie und Sozialpsychologie 46, 668-692

Hirschauer, S. (2001): Das Vergessen des Geschlechts. Zur Praxeologie einer Kategorie sozialer Ordnung, in: B. Heintz (Hrsg.), Geschlechtersoziologie, Sonderheft 41 der Kölner Zeitschrift für Soziologie und Sozialpsychologie, Wiesbaden (Westdeutscher Verlag), 208-235

Hochschild, A. R. (1990): Das gekaufte Herz. Zur Kommerzialisierung der Gefühle, Frankfurt/M., New York (Campus)

Hodann, M. (1932): Geschlecht und Liebe in biologischer und gesellschaftlicher Beziehung, Berlin (Büchergilde Gutenberg)

Hoff, E.-H. (Hrsg.) (1990): Die doppelte Sozialisation Erwachsener. Zum Verhältnis von beruflichem und privatem Lebensstrang, Weinheim und München (Juventa)

Hoffmann, J. (1994): Die Lüge vom coolen Jungen. Jungensozialisation, in: Erziehung und Wissenschaft 2, 15-17

Hollstein, W. (1993): Die Männerfrage, in: Aus Politik und Zeitgeschichte, Heft B 6, 3-14

Holtgrewe, U. (1989): Schreib-Dienst. Frauenarbeit im Büro, Marburg (SP)

Holtgrewe, U. (1997): Frauen zwischen Zuarbeit und Eigensinn. Der EDV-Einzug in Kleinstbetriebe und die Veränderungen weiblicher Assistenzarbeit, Berlin (edition sigma)

Holtz-Bacha, C. (1995): Frauen in der Kommunikationspraxis, in: R. Fröhlich, C. Holz-Bacha (Hrsg.), Frauen und Medien: eine Synopse der deutschen Forschung, Opladen (Westdeutscher Verlag), 13-40

Honegger, C. (1991): Die Ordnung der Geschlechter. Die Wissenschaft vom Menschen und das Weib, Frankfurt/M. und New York (Campus)

Horstkämper, M. (1987): Schule, Geschlecht und Selbstvertrauen. Eine Längsschnittstudie über Mädchensozialisation in der Schule, München (Juventa)

Husserl, E. (1987): Cartesianische Meditationen. Eine Einleitung in die Phänomenologie, Hamburg (Felix Meiner)

Husserl, E. (1992): Zur Phänomenologie des inneren Zeitbewußtseins, in: E. Husserl: Phänomenologie der Lebenswelt. Ausgewählte Texte II, hrsg. von K. Held, Stuttgart (Reclam), 80-165

Huston, A.C. (1983): Sex-typing, in: P.H. Mussen (Hrsg.), Handbook of Child Psychology 4, 387-467

Irmen, L. (1998): On the automatic activation of gender stereotypes, Vortrag auf dem „Workshop on Social Cognition" in Amsterdam, April, unveröffentlichtes Manuskript

Jufer, H. (1993): Beziehungsphantasien von Frauen und Männern im Vergleich, Zürich (ADAG)

Jurczyk, K./Rerrich, M. S. (1993): Lebensführung weiblich – Lebensführung männlich. Macht diese Unterscheidung heute noch Sinn?, in: dies. (Hrsg.), Die Arbeit des Alltags: Beiträge zu einer Soziologie der alltäglichen Lebensführung, Freiburg im Breisgau (Lambertus), 279-309

Kamarovsky, M. (1962): Blue-collar marriage, New York (Vintage Books)

Kampmann, S./Karentzos, A./Küpper, T. (2004) (Hrsg.): Gender Studies und Systemtheorie. Studien zu einem Theorietransfer, Bielefeld (transcript)

Kaufman, M. (1996): Die Konstruktion von Männlichkeit und die Triade männlicher Gewalt, in: BauSteineMänner (Hrsg.), Kritische Männerforschung. Neue Ansätze in der Geschlechtertheorie, Argument-Sonderband 246, Berlin (Argument), 138-171

Kersten, J. (1993): Jugendgangs und Männlichkeit in Australien, Japan und Deutschland. Kulturvergleichende Betrachtungen, in: Christian Büttner (Hrsg.), Kinderbilder – Männerbilder. Wahrnehmung und Selbstwahrnehmung von Kindern und Jugendlichen, Weinheim, Basel (Beltz), 74-86

Keuneke, S./Kriener, M./Meckel, M. (1997): Von Gleichen und Ungleichen. Frauen im Journalismus, in: Rundfunk und Fernsehen: Zeitschrift für Medien- und Kommunikationswissenschaften 45, 30-45

Kieserling, A. (1995): Konstruktion als interdisziplinärer Begriff. Zum Theorieprogramm der Geschlechterforschung, in: U. Pasero, F. Braun (Hrsg.), Konstruktion von Geschlecht, Schriftenreihe des Zentrums für interdisziplinäre Frauenforschung der Christian-Albrechts-Universität zu Kiel Bd. 1, hrsg. von G. Linck und U. Pasero, Pfaffenweiler (Centaurus Verlag), 89-114

Kieserling, A. (1998): Klatsch: Die Moral der Gesellschaft in der Interaktion unter Anwesenden, in: Soziale Systeme 4, 387-411

Kieserling, A. (1999): Kommunikation unter Anwesenden. Studien über Interaktionssysteme, Frankfurt/M. (Suhrkamp)

Kirchler, E. (1989): Kaufentscheidungen im privaten Haushalt: Eine sozialpsychologische Analyse des Familienalltags, Göttingen (Hogrefe)

Kirchler, E. et al. (1996): Der langsame Wechsel in Führungsetagen – Meinungen über Frauen und Männer als Führungspersonen, in: Zeitschrift für Sozialpsychologie 27, 148-166

Kleber, M. (1993): Arbeitsmarktsegmentation nach dem Geschlecht, in: in: G. Krell, M. Osterloh (Hrsg.), Personalpolitik aus der Sicht von Frauen. Was kann die Personalforschung von der Frauenforschung lernen?, München und Mehring (Rainer Hampp), 85-106

Knoblauch, H. A. (1994): Erving Goffmans Reich der Interaktion, in: E. Goffman, Geschlecht und Interaktion, hrsg. und eingeleitet von H. A. Knoblauch, Frankfurt/Main, New York (Campus), 7-49

Knapp, G. (1988): Die vergessene Differenz, in: Feministische Studien 7, 12-31

Knorr-Cetina, K. (1997): Konstruktivismus als ‚Strategie der Weltentfaltung', in: T.M. Bardmann, Zirkuläre Positionen: Konstruktivismus als praktische Theorie, Opladen (Westdeutscher Verlag), 19-38

Koch, S. (1956): Behavior as ‚intrinsically' regulated. Work notes towards a re-theory of phenomena called ‚motivation', in: R.J. Marshall (Hrsg.), Nebraska Symposion on motivation 4 (Lincoln), 42-87

Kößler, H./Bettinger, A. (2000): Vatergefühle. Männer zwischen Rührung, Rückzug und Glück, Stuttgart (Kreuz-Verlag)

189

Kohlberg, L. (1974): Analyse der Geschlechtsrollenkonzepte und -attitüden bei Kindern unter dem Aspekt der kognitiven Entwicklung, in: ders., Zur kognitiven Entwicklung des Kindes, Frankfurt/M. (Suhrkamp), 334-471

Kotthoff, H. (1984): Gewinnen oder verlieren? Beobachtungen zum Sprachverhalten von Frauen und Männern in argumentativen Dialogen an der Universität, in: S. Trömel-Plötz (Hrsg.), Gewalt durch Sprache, Frankfurt/Main (Fischer), 90-113

Kotthoff, H. (1992): Die konversationelle Konstruktion von Ungleichheit in Fernsehgesprächen. Zur Produktion von kulturellem Geschlecht, in: S. Günthner, H. Kotthoff (Hrsg.), Die Geschlechter im Gespräch. Kommunikation in Institutionen, Stuttgart (J.B. Metzlersche Verlagsbuchhandlung), 251-286

Krais, B. (1993): Geschlechterverhältnis und symbolische Gewalt, in: G. Gebauer/C. Wulf (Hrsg.), Praxis und Ästhetik. Neue Perspektiven im Denken Pierre Bourdieus, Frankfurt/M. (Suhrkamp), 208-250

Krais, B. (2000) : Das soziale Feld Wissenschaft und die Geschlechterverhältnisse. Theoretische Sondierungen, in: dies. (Hrsg.), Wissenschaftskultur und Geschlechterordnung. Über die verborgenen Mechanismen männlicher Dominanz in der akademischen Welt, Frankfurt a.M./New York (Campus), 31-54

Krais, B. (2001): Die feministische Debatte und die Soziologie Pierre Bourdieus: Eine Wahlverwandtschaft, in: G.-A. Knapp, A. Wetterer (Hrsg.), Soziale Verortung der Geschlechter, Münster (Westfälisches Dampfboot), 317-338

Krais, B./Gebauer, G. (2002): Habitus, Bielefeld (transcript)

Krampen, G. (1979): Eine Skala zur Messung der normativen Geschlechtsrollen-Orientierung (GRO-Skala), in: Zeitschrift für Soziologie 8, 254-266

Krampen, G. (1980): Sozialisationsbezogene Antezedensbedingungen von normativen Geschlechtsrollen-Orientierungen. Weitere Befunde zur GRO-Skala, in: Zeitschrift für Soziologie, 9. Jg., Heft 4, 378-383

Kreckel, R. (1989): Ethnische Differenzierung und ‚moderne' Gesellschaft, in: Zeitschrift für Soziologie 18, 162-167

Kreisky, E. (1995): Der Stoff, aus dem die Staaten sind. Zur männerbündischen Fundierung politischer Ordnung, in: R. Becker-Schmidt, G. Knapp (Hrsg.), Das Geschlechterverhältnis als Gegenstand der Sozialwissenschaften, Frankfurt/M. und New York (Campus), 85-124

Kröner, S. (1990): World Games für Frauen – Utopie oder sinnvolle Tradition?, in: A. Schlüter, C. Roloff, M.A. Kreienbaum (Hrsg.), Was eine Frau umtreibt: Frauenbewegung – Frauenforschung – Frauenpolitik, Pfaffenweiler (Centaurus), 225-234

Krüll, M./Luhmann, N./Maturana, H. (1987): Grundkonzepte der Theorie autopoietischer Systeme. Neun Fragen an Niklas Luhmann und Humberto Maturana, in: Zeitschrift für systemische Therapie 5, 4-25

Krummbein, S. (1995): Selbstbild und Männlichkeit. Rekonstruktionen männlicher Selbst- und Idealbilder und deren Veränderung im Laufe der individuellen Entwicklung, München (Profil Verlag)

Kruse, L. (1987): Führung ist männlich: Der Geschlechtsrollen-Bias in der psychologischen Forschung, in: Gruppendynamik. Zeitschrift für angewandte Sozialpsychologie 18, 251-267

Künzler, J. (1995): Geschlechtsspezifische Arbeitsteilung: Die Beteiligung von Männern im Haushalt im internationalen Vergleich, in: Zeitschrift für Frauenforschung 13, 115-132

Kuhn, E. (1992): Geschlecht und Autorität. Wie Lehrende ihre Studenten/innen zur Mitarbeit bewegen, in: S. Günthner, H. Kotthoff (Hrsg.), Die Geschlechter im Gespräch: Kommunikation in Institutionen, Stuttgart (J. B. Metzlersche Verlagsbuchhandlung), 55-72

Kuhlmann, E. (1995): Geld und Geschlecht. Der gender-bias in den monetären Verhältnissen, in: Soziale Welt 46, 384-402

Lacan, J. (1996): Das Spiegelstadium als Bildner der Ichfunktion wie sie uns in der psychoanalytischen Erfahrung erscheint, in: ders., Schriften I. Ausgewählt und hrsg. von N. Haas, Weinheim/Berlin (Quadriga), 61-70

Lakoff, R. (1992): Präsenz und Einfluss von Frauen in Institutionen. Kommunikative Strategien und Stile vor Gericht und in der Therapiesituation, in: S. Günthner, H. Kotthoff (Hrsg.), Die Geschlechter im Gespräch. Kommunikation in Institutionen, Stuttgart (J.B. Metzlersche Verlagsbuchhandlung), 229-249

Landweer, H. (1993a): Herausforderung Foucault, in: Die Philosophin 4, 8-18

Landweer, H. (1993b): Kritik und Verteidigung der Kategorie Geschlecht. Wahrnehmungs- und symboltheoretische Überlegungen zur sex/gender-Unterscheidung, in: Feministische Studien 11, 34-43

Landweer, H./Rumpf, M. (1993): Kritik der Kategorie ‚Geschlecht'. Streit um Begriffe, Streit um Orientierung, Streit der Generationen? Einleitung, in: Feministische Studien 11, 3-9

Lange, R. (1998): Geschlechterverhältnisse im Management von Organisationen, München (Hampp)

Laqueur, T. (1992): Auf den Leib geschrieben. Zur Inszenierung der Geschlechter von der Antike bis Freud, Frankfurt/M. und New York (Campus)

Lefcourt, H.M./Ladwig, G.W. (1965): The American Negro. A Problem in Expectancies, in: Journal of Personality and Social Psychology 1, 377-380

Lauper, H./Lotz, C. (1984): „Also wir müssen jetzt aufpassen, liebe Frau Struck". Untersuchung einer Fernsehdiskussion zwischen Karin Struck und Hans Apel, in: S. Trömel-Plötz (Hrsg.), Gewalt durch Sprache, Frankfurt/Main (Fischer), 246-257

Leidner, R. (1991): Serving Hamburgers and Selling Insurances: Gender, Work and Identity in Interaktive Sevice Jobs, in: Gender & Society 5, 154-177

Lemmermöhle-Thüsing, D./Berhorst, B. (1990): Die Frau will hinaus ins feindliche Leben ... und drinnen waltet der züchtige Hausmann – (k)eine Perspektive für junge Frauen der 90er Jahre?, in: A. Schlüter et al., Was eine Frau umtreibt. Frauenbewegung – Frauenforschung – Frauenpolitik, Pfaffenweiler (Centaurus), 165-176

Lenzen, D. (1997): Zur Kulturgeschichte der Vaterschaft, in: W. Erhard und B. Hermann (Hrsg.), Wann ist der Mann ein Mann? Zur Geschichte der Männlichkeit, Stutt-gart/Weimar (J.B. Metzler), 87-113

Leupold, A. (1983): Liebe und Partnerschaft: Formen der Codierung von Ehe, in: Zeitschrift für Soziologie 12, 297-327

Lindemann, G. (1992): Die leiblich-affektive Konstruktion des Geschlechts. Für eine Mikrosozio-logie des Geschlechts unter der Haut, in: Zeitschrift für Soziologie 21, 330-346

Lindemann, G. (1993): Das paradoxe Geschlecht: Transsexualität im Spannungsfeld von Körper, Leib und Gefühl, Frankfurt a. Main (Fischer)

Lipp, W. (1987): Autopoiesis biologisch, Autopoiesis soziologisch. Wohin führt Luhmanns Paradigmenwechsel?, in: Kölner Zeitschrift für Soziologie und Sozialpsychologie 39, 452-470

Loenhoff, J. (1999): Die Negation des Körpers – Ein Problem der Kommunikationstheorie, unveröffentlichtes Manuskript

Lorey, I. (1993): Der Körper als Text und das aktuelle Selbst: Butler und Foucault, in: Feministi-sche Studien 11, 10-23

Lorey, I. (1996): Immer Ärger mit dem Subjekt. Theoretische und politische Konsequenzen eines juridischen Machtmodells: Judith Butler. Tübingen: edition diskord

Lorey, I. (1997): Das Problem des Souveräns, in: Texte zur Kunst 7, 171-174

Luhmann, N. (1964): Funktionen und Folgen formaler Organisation, Berlin (Duncker & Humblot)

Luhmann, N. (1971a): Soziologie als Theorie sozialer Systeme, in: ders., Soziologische Aufklärung 1, Opladen (Westdeutscher Verlag), 113-135

Luhmann, N. (1971b): Reflexive Mechanismen, in: ders., Soziologische Aufklärung 1, Opladen (Westdeutscher Verlag), 92-112

Luhmann, N. (1971c): Sinn als Grundbegriff der Soziologie, in: ders., J. Habermas, Theorie der Gesellschaft oder Sozialtechnologie – Was leistet die Systemforschung?, Frankfurt/M. (Suhrkamp), 25-100

Luhmann, N. (1971d): Selbststeuerung der Wissenschaft, in: ders., Soziologische Aufklärung 1, Opladen (Westdeutscher Verlag), 232-252

Luhmann, N. (1973): Zweckbegriff und Systemrationalität, Frankfurt/M. (Suhrkamp)

Luhmann, N. (1973b): Zurechnung von Beförderungen im öffentlichen Dienst, in: Zeitschrift für Soziologie 2, 326-351

Luhmann, N. (1975a): Einführende Bemerkungen zu einer Theorie symbolisch generalisierter Kommunikationsmedien, in: ders., Soziologische Aufklärung 2, Opladen (Westdeutscher Verlag), 170-192

Luhmann, N. (1975b): Das Phänomen des Gewissens und die Normative Selbstbestimmung der Persönlichkeit, in: H.E. Bahr (Hrsg.), Religionsgespräche. Zur gesellschaftlichen Rolle der Religion, Reihe Theologie und Politik Bd. 10, Darmstadt/Neuwied (Luchterhand), 95-119

Luhmann, N. (1975c): Macht, Stuttgart (Enke)

Luhmann, N. (1975d): Interaktion, Organisation, Gesellschaft, in: ders., Soziologische Aufklärung 2, Opladen (Westdeutscher Verlag), 9-20

Luhmann, N. (1975e): Einfache Sozialsysteme, in: ders., Soziologische Aufklärung 2, Opladen (Westdeutscher Verlag), 21-38

Luhmann, N. (1977): Funktion der Religion, Frankfurt/M. (Suhrkamp)

Luhmann, N. (1980a): Gesellschaftliche Struktur und semantische Tradition, in: ders., Gesellschaftsstruktur und Semantik. Studien zur Wissenssoziologie der modernen Gesellschaft 1, Frankfurt/Main (Suhrkamp), 9-71

Luhmann, N. (1981b): Selbstreferenz und Teleologie in gesellschaftstheoretischer Perspektive, in: ders., Gesellschaftsstruktur und Semantik. Studien zur Wissenssoziologie der modernen Gesellschaft 2, Frankfurt/Main (Suhrkamp), 9-44

Luhmann, N. (1981c): Erleben und Handeln, in: ders., Soziologische Aufklärung 3, Opladen (Westdeutscher Verlag), 67-80

Luhmann, N. (1981d): Schematismen der Interaktion, in: ders., Soziologische Aufklärung 3, Opladen (Westdeutscher Verlag), 81-100

Luhmann, N. (1981e): Politische Theorie im Wohlfahrtsstaat, München/Wien (Olzog)

Luhmann, N. (1981f): Kommunikation über Recht in Interaktionssystemen, in: ders., Ausdifferenzierung des Rechts. Beiträge zur Rechtssoziologie und Rechtstheorie, Frankfurt/M. (Suhrkamp), 53-72

Luhmann, N. (1982): Autopoiesis, Handlung und kommunikative Verständigung, in: Zeitschrift für Soziologie 11, 366-379

Luhmann, N. (1982b): Liebe als Passion. Zur Codierung von Intimität, Frankfurt/Main (Suhrkamp)

Luhmann, N. (1984): Individuum und Gesellschaft, in: Universitas 39, 1-11

Luhmann, N. (1985): Zum Begriff der sozialen Klasse, in: ders. (Hrsg.), Soziale Differenzierung. Zur Geschichte einer Idee, Opladen (Westdeutscher Verlag)

Luhmann, N. (1986a): Ökologische Kommunikation. Kann die moderne Gesellschaft sich auf ökologische Gefährdungen einstellen?, Opladen (Westdeutscher Verlag)

Luhmann, N. (1986b): Die Lebenswelt – nach Rücksprache mit Phänomenologen, in: Archiv für Rechts- und Sozialphilosophie LXXII, 176-194

Luhmann, N. (1986c): Systeme verstehen Systeme, in: ders. und K.-E. Schorr (Hrsg.), Zwischen Intransparenz und Verstehen: Fragen an die Pädagogik, Frankfurt/M. (Suhrkamp), 72-117

Luhmann, N. (1987a): Soziale Systeme. Grundriß einer allgemeinen Theorie, Frankfurt/M. (Suhrkamp)

Luhmann, N. (1987b): Autopoiesis als soziologischer Begriff, in: H. Haferkamp, M. Schmid (Hrsg.), Sinn, Kommunikation und soziale Differenzierung, Frankfurt/M. (Suhrkamp) 1987, 307-324

Luhmann, N. (1988a): Frauen, Männern und George Spencer Brown, in: Zeitschrift für Soziologie 17, 47-71

Luhmann, N. (1988b): Die Wirtschaft der Gesellschaft, Frankfurt/M. (Suhrkamp)

Luhmann, N. (1989). Vertrauen. Ein Mechanismus der Reduktion sozialer Komplexität, 3. durchgesehene Auflage, Stuttgart (Enke)

Luhmann, N. (1991a): Einführende Bemerkungen zu einer Theorie symbolisch generalisierter Kommunikationsmedien, in: ders., Soziologische Aufklärung 2, Opladen (Westdeutscher Verlag), 170-192

Luhmann, N. (1991b): Interaktion, Organisation, Gesellschaft, in: ders., Soziologische Aufklärung 2, Opladen (Westdeutscher Verlag), 9-20

Luhmann, N. (1991c): Protestbewegungen, in: ders., Soziologie des Risikos, Berlin, New York (de Gruyter), 135-154

Luhmann, N. (1992a): Die Wissenschaft der Gesellschaft, Frankfurt/M. (Suhrkamp)

Luhmann, N. (1992b): Beobachtungen der Moderne, Opladen (Westdeutscher Verlag)

Luhmann, N. (1993a): Identität – was oder wie?, in: ders., Soziologische Aufklärung 5, Opladen (Westdeutscher Verlag), 14-30

Luhmann, N. (1993b): Gleichzeitigkeit und Synchronisation, in: ders., Soziologische Aufklärung 5, Opladen (Westdeutscher Verlag), 95-112

Luhmann, N. (1993c): Individuum, Individualität, Individualismus, in: ders., Gesellschaftsstruktur und Semantik. Studien zur Wissenssoziologie der modernen Gesellschaft 3, 149-258, Frankfurt/Main (Suhrkamp)

Luhmann, N. (1993d): Sozialsystem Familie, in: ders., Soziologische Aufklärung 5, Opladen (Westdeutscher Verlag), 196-217

Luhmann, N. (1993e): Die Paradoxie des Entscheidens, in: Verwaltungs-Archiv 84, 287-310

Luhmann, N. (1993f): Risiko und Gefahr, in: ders., Soziologische Aufklärung 5, Opladen (Westdeutscher Verlag), 131-169

Luhmann, N. (1993g): Zeichen als Form, in: D. Baecker (Hrsg.), Probleme der Form, Frankfurt/M. (Suhrkamp), 45-69

Luhmann, N. (1993h): Glück und Unglück in der Kommunikation in Familien: Zur Genese der Pathologien, in: ders., Soziologische Aufklärung 5, Opladen (Westdeutscher Verlag), 218-227

Luhmann, N. (1994a): Der Wohlfahrtsstaat zwischen Evolution und Rationalität, in: ders., Soziologische Aufklärung 4, Opladen (Westdeutscher Verlag), 104-116

Luhmann, N. (1994b): Staat und Politik. Zur Semantik der Selbstbeschreibung politischer Systeme, in: ders., Soziologische Aufklärung 4, Opladen (Westdeutscher Verlag), 74-103

Luhmann, N. (1994c): Die Unterscheidung von Staat und Gesellschaft, in: ders., Soziologische Aufklärung 4, Opladen (Westdeutscher Verlag), 67-73

Luhmann, N. (1994d): „Distinctions directrices". Über Codierung von Semantiken und Systemen, in: in: ders., Soziologische Aufklärung 4, Opladen (Westdeutscher Verlag), 13-31

Luhmann, N. (1995a): Wie ist Bewusstsein an Kommunikation beteiligt?, in: ders., Soziologische Aufklärung 6, Opladen (Westdeutscher Verlag), 37-54

Luhmann, N. (1995b): Die Autopoiesis des Bewusstseins, in: ders., Soziologische Aufklärung 6, Opladen (Westdeutscher Verlag), 55-112

Luhmann, N. (1995c): Was ist Kommunikation?, in: ders., Soziologische Aufklärung 6, Opladen (Westdeutscher Verlag), 113-124

Luhmann, N. (1995d): Intersubjektivität oder Kommunikation: Unterschiedliche Ausgangspunkte soziologischer Theoriebildung, in: ders., Soziologische Aufklärung 6, Opladen (Westdeutscher Verlag), 169-188

Luhmann, N. (1995e): Das Recht der Gesellschaft. Frankfurt/M. (Suhrkamp)

Luhmann, N. (1995f): Die Kunst der Gesellschaft. Frankfurt/M. Suhrkamp

Luhmann, N. (1995g): Die Form Person, in: ders., Soziologische Aufklärung 6, Opladen (Westdeutscher Verlag), 142-154

Luhmann, N. (1995h): Wahrnehmung und Kommunikation sexueller Interessen, in: ders., Soziologische Aufklärung 6, Opladen (Westdeutscher Verlag), 189-204

Luhmann, N. (1995i): Jenseits von Barbarei, in: ders., Gesellschaftsstruktur und Semantik. Studien zur Wissenssoziologie der modernen Gesellschaft 4, Frankfurt/Main (Suhrkamp), 138-150

Luhmann, N. (1995j): Metamorphosen des Staates, in: ders., Gesellschaftsstruktur und Semantik. Studien zur Wissenssoziologie der modernen Gesellschaft 4, Frankfurt/Main (Suhrkamp), 101-137

Luhmann, N. (1995k): Inklusion und Exklusion, in: ders., Soziologische Aufklärung 6, Opladen (Westdeutscher Verlag), 237-264

Luhmann, N. (1995l): Kausalität im Süden, in: Soziale Systeme 1, 7-28

Luhmann, N. (1996a): Die Realität der Massenmedien, 2. erw. Auflage, Opladen (Westdeutscher Verlag)

Luhmann, N. (1996b): Die neuzeitlichen Wissenschaften und die Phänomenologie, Wiener Vorlesungen im Rathaus Bd. 46, hrsg. von der Kulturabteilung der Stadt Wien, Redaktion Hubert Christian Ehalt, Wien (Picus)

Luhmann, N. (1997a): Die Gesellschaft der Gesellschaft, Frankfurt/M. (Suhrkamp)

Luhmann, N. (1997b): Selbstorganisation und Mikrodiversität. Zur Wissenssoziologie des neuzeitlichen Individualismus, in: Soziale Systeme 3, 23-32

Luhmann, N. (2000): Die Politik der Gesellschaft, Frankfurt/M. (Suhrkamp)

Luhmann, N./Schorr, K.-E. (1988): Reflexionsprobleme im Erziehungssystem, Frankfurt/Main (Suhrkamp)

Lugt-Tappeser, H./Jünger, I. (1994): Moralisches Urteil und Geschlecht oder: Gibt es eine weibliche Moral?, in: Kölner Zeitschrift für Soziologie und Sozialpsychologie 46, 259-277

Lytton, H./Romney, D.M. (1991). Parents differential socialization of boys and girls: A meta-analysis, in: Psychological Bulletin 109, 267-296

Maihofer, A. (1995): Geschlecht als Existenzweise. Macht, Moral, Recht und Geschlechterdifferenz, Frankfurt/Main (Ulrike Helmer)

Martiny, A. (1990): Männliche und weibliche Politik. Thesen zum Unterschied, in: Barbara Schaeffer-Hegel (Hrsg.), Vater Staat und seine Frauen, Pfaffenweiler (Centaurus), 91-97

MacCall, L. (1992): Does gender fit? Bourdieu, feminism, and conceptions of social order, in: Theory and Society 21, 837-867

McNay, L. (1999): Gender, Habitus and the Field. Pierre Bourdieu and the Limits of Reflexivity, in: Theory, Culture & Society 16, 95-117

Mead, G.H. (1973): Geist, Identität, Gesellschaft, Frankfurt/M. (Suhrkamp)

Meesmann, H. (Hrsg.) (1994): Androgyn – Jeder Mensch in sich ein Paar!? Androgynität als Ideal geschlechtlicher Identität, Weinheim (Deutscher Studien Verlag)

Meuser, M. (1998): Geschlecht und Männlichkeit. Soziologische Theorie und kulturelle Deutungsmuster, Opladen (Leske + Budrich)

Meyer, B. (1994). Ist das Projekt der Frauensolidarität gescheitert?, in: I. Modelmog, U. Gräßel (Hrsg.), Konkurrenz und Kooperation. Frauen im Zweispalt?, München/Hamburg (LIT), 157-170

Meyer, M./Al-Roubaie, A. (1996): Organisation der Kunst. Wie Kulturorganisationen Redundanz sichern und Umwelt beobachten, in: Soziale Systeme 2, 389-418

Meyer, W.-U. (1982): Internale-external Bekräftigungskontrolle, Ursachenzuschreibung und Erwartungsänderung – Einige Anmerkungen, in: R. Mielke (Hrsg.), Interne/externe Kontrollüberzeugung. Theoretische und empirische Arbeiten zum Locus of Control-Konstrukt, Bern, Stuttgart, Wien (Hans Huber), 63-75

Mielke, R. (Hrsg.) (1982): Interne/externe Kontrollüberzeugung. Theoretische und empirische Arbeiten zum Locus of Control-Konstrukt, Bern/Stuttgart/Wien (Hans Huber)

Mosse, G.L./Kruse, T. (1997): Das Bild des Mannes. Zur Konstruktion der modernen Männlichkeit, Frankfurt/M. (Fischer)

Müller, U. (1985): Arbeits- und industriesoziologische Perspektiven von Frauenarbeit – Frauen als ‚defizitäre' Männer?, in: Sektion Frauenforschung in den Sozialwissenschaften (Hrsg.), Frauenforschung. Beiträge zum 22. Deutschen Soziologentag in Dortmund 1984, Frankfurt/Main und New York (Campus) 76-86

Müller, U. (1995): Wissenschaftskritik und Methodologie im feministischen Diskurs, in: B. Aulenbacher, T. Siegel (Hrsg.), Diese Welt wird völlig anders sein: Denkmuster der Rationalisierung, Pfaffenweiler (Centaurus), 67-82

Musall, F.F. (1987): Frühe Jugendbewegung, Sexualität und adoleszente Politisierung. Pädagogisch-sozialpsychologische Untersuchungen zu Entstehung und Verlauf der deutschen Jugendbewegung bis 1920, Reihe „Quellen und Beiträge zur Geschichte" Bd. 29, Frankfurt/M. (dipa)

Nave-Herz, R. (1994): Familie heute. Wandel der Familienstrukturen und Folgen für die Erziehung, Darmstadt (Wissenschaftliche Buchgesellschaft)

Nassehi, A. (1990): Zum Funktionswandel von Ethnizität im Prozess gesellschaftlicher Modernisierung. Ein Beitrag zur Theorie funktionaler Differenzierung, in: Soziale Welt 41, 261-282

Nentwig, C.G./Heinen, U. (1982): Die Messung internen/externer Kontrollüberzeugungen bei Kindern, in: R. Mielke (Hrsg.), Interne/externe Kontrollüberzeugung. Theoretische und empirische Arbeiten zum Locus of Control-Konstrukt, Bern/Stuttgart/Wien (Hans Huber), 178-196

Neutzling, R./Schnack, D. (1991): Jungs sind halt so! Wirklich? Acht Thesen zu einem vernachlässigten Thema, in: G. Brenner, F. Grubauer (Hrsg.), Typisch Mädchen? Typisch

Junge?: Persönlichkeitsentwicklung und Wandel der Geschlechterrollen, Weinheim/München (Juventa), 133-136

Nyquist, L.V./Spence J.T. (1986): Effects of dispositional dominance and sex role expectations on leadership behaviors, in: Journal of Personality and Social Psychology 50, 87-93

Palzkill, B. (1990): Between gymshoes and high-heels: the development of a lesbian identity and existence in top class sport, in: International review for the sociology of sport 25, 221-234

Parsons, T. (1955): Family Structure and the Socialization of the Child, in: ders. und R. F. Bales, Family, Socialization and Interaction Process, New York (Free Press), 35-132

Pasero, U. (1994a): Soziale Zeitmuster, Kontingenzerfahrung und das Arrangement der Geschlechter, in: Geschichte und Gegenwart 13, 93-102

Pasero, U. (1994b): Geschlechterforschung revisited: konstruktivistische und systemtheoretische Perspektiven, in: T. Wobbe und G. Lindemann (Hrsg.), Denkachsen. Zur theoretischen und institutionellen Rede vom Geschlecht, Frankfurt/Main (Suhrkamp), 264-297

Pasero, U. (1995): Dethematisierung von Geschlecht, in: U. Pasero und F. Braun (Hrsg.), Konstruktion von Geschlecht, Schriftenreihe des Zentrums für interdisziplinäre Frauenforschung der Christian-Albrechts-Universität zu Kiel Bd. 1, hers. von G. Linck und U. Pasero, Pfaffenweiler (Centaurus Verlag), 50-66

Pasero, U. (1999): Wahrnehmung – ein Forschungsprogramm für Gender Studies, in: U. Pasero und F. Braun (Hrsg.), Wahrnehmung und Herstellung von Geschlecht, Opladen (Westdeutscher Verlag), 13-20

Pasero, U./Weinbach, C. (2003): Frauen, Männer, Gender Trouble – Systemtheoretische Essays, Frankfurt (Suhrkamp)

Pfrang, H. (1987): Der Mann in Ehe und Familie, in: H.-J. Schulze, T. Meyer (Hrsg.), Familie. Zufall oder neues Selbstverständnis, Würzburg (Königshausen und Neumann), 67-106

Pleßner, H. (1975): Die Stufen des Organischen und der Mensch: Einleitung in die philosophische Anthropologie, Berlin (de Gruyter)

Prenzel, W. (1990): Väter in jungen Familien – Ist ein Ende der Feierabendvaterschaft in Sicht?, in: V. Teichert (Hrsg.), Junge Familien in der Bundesrepublik Deutschland: Familienalltag – Familienumwelt – Familienpolitik, Opladen (Leske + Budrich) 1990, 99-117

Prenzel, W./Strümpel, B. (1990): Männlicher Rollenwandel zwischen Partnerschaft und Beruf, in: Zeitschrift für Arbeits- und Organisationspsychologie 34, 37-45

Rastetter, D. (1993): ‚Mach bloß kein Theater!' – Die Organisation als Rollenspiel, in: G. Kell, M. Osterloh (Hrsg.), Personalpolitik aus der Sicht von Frauen. Was kann die Personalforschung von der Frauenforschung lernen?, München und Mehring (Rainer Hampp), 230-250

Reay, Diane (1997): Feminist Theory, Habitus, and Social Class: Disrupting Notions of Classlessness, in: Women's Studies International Forum 20, 225-233

Rebentisch, J. (1997): Performativität, Politik, Bedeutung. Judith Butler revisited, in: Texte zur Kunst 7, 61-70

Reichle, B. (1996): Der Traditionalisierungseffekt beim Übergang zur Elternschaft, in: Zeitschrift für Frauenforschung 14, 70-89

Rich, A. (1983): Zwangsheterosexualität und lesbische Existenz, in: D. Schultz (Hrsg.), Macht und Sinnlichkeit, Berlin (Sub-Rosa-Frauenverlag), 138-169

Rotter, J.B. (1954): Social learning and clinical psychology. Englewood Cliffs, N.J. (Prentice-Hall, Inc.)

Rotter, J.B. (1966): Generalized expectancies for internal versus external control of reinforcement, in: Psychological Monographs: General and Applied 80, 80-102

Rousseau, J. (1995): Emile oder Über die Erziehung, Stuttgart (Reclam)

Runte, A. (1994): Die ‚Frau ohne Eigenschaften' oder Niklas Luhmanns systemtheoretische Beobachtung der Geschlechterdifferenz, in: T. Wobbe und G. Lindemann (Hrsg.), Denkachsen. Zur theoretischen und institutionellen Rede vom Geschlecht, Frankfurt/Main (Suhrkamp), 297-326

Rustemeyer, R./Thrien, S. (1989): Die Managerin – der Manager. Wie weibliche dürfen sie sein, wie männlich müssen sie sein?, in: Zeitschrift für Arbeits- und Organisationspsychologie 33, 108-116

Schäfer, B./Ferstl, C. (1999): Geld tut Frauen richtig gut. So managen Sie ihre Finanzen selbst und sind dabei erfolgreicher als die meisten Männer, Landsberg am Lech (mvg-verlag)

Schlapeit-Beck, D. (1991): Karrierefrauen im Konflikt zwischen Ohnmachtzuschreibung und weiblichem Führungsstil, in: Feministisch Studien 9, 147-157

Schlyter, S. (1992): Mann und Frau vor Gericht. Sprachverhalten während eines Gleichberechtigungsprozesses, in: S. Günthner, H. Kotthoff (Hrsg.), Die Geschlechter im Gespräch. Kommunikation in Institutionen, Stuttgart (J.B. Metzlersche Verlags-buchhandlung), 201-228

Schmidt, C. (1992): „Dieser Emil ist immer destruktiv". Eine Untersuchung über weibliches und männliches Kommunikationsverhalten in studentischen Kleingruppen, in: S. Günthner, H. Kotthoff (Hrsg.), Die Geschlechter im Gespräch. Kommunikation in Institutionen, Stuttgart (J.B. Metzlersche Verlagsbuchhandlung), 73-90

Schmitz, H. (1968): Einführung in die Phänomenologie des leiblichen Befindens, in: ders., Subjektivität: Beiträge zur Phänomenologie und Logik, Bonn (Bouvier), 83-93

Schneyder, M. (1997): Geschlechtsspezifisches Gesprächsverhalten. Höraktivitäten und Unterbre-chungen in Radiogesprächsrunden, Pfaffenweiler (Centaurus-Verlagsgesellschaft)

Schöler-Macher, B. (1992). Elite ohne Frauen. Erfahrungen von Politikerinnen mit einer männlich geprägten Alltagswirklichkeit in Parteien und Parlamenten, in: T. Leif et al., Die politische Klasse in Deutschland: Eliten auf dem Prüfstand, Bonn, Berlin (Bou-vier), 405-422

Scholz, J. (1987): Teilzeitarbeitende Männer und Hausmänner – Motive, Lebensstile und Erfah-rungen in Familie und Arbeitswelt, in: A. Hoff (Hrsg.), Vereinbarkeit von Familie und Beruf – Neue Forschungsergebnisse im Dialog zwischen Wissenschaft und Praxis, Schriftenreihe des Bundesministeriums für Jugend, Familie, Frauen und Gesundheit, Berlin (w. Kohlhammer), 21-38

Schröder, I. (1999): Interpretationen des Geschlechterverhältnisses in der modernen Verhaltens-ökologie, in: F. Braun und U. Pasero (Hrsg.), Wahrnehmung und Herstellung von Geschlecht, Opladen (Westdeutscher Verlag), 247-54

Schütz, A. (1971): Gesammelte Aufsätze 1. Das Problem der Wirklichkeit, Den Haag (Martinus Nijhoff)

Schultz, R. (1981): Einführung in das Personalwesen. Betriebliche und gesellschaftliche Aspekte, Würzburg/Wien

Schwab, D. (1994): Familie, in: Geschichtliche Grundbegriffe. Historisches Lexikon zur politisch-sozialen Sprache in Deutschland, Bd. 2, hrsg. von O. Brunner, W. Conze, R. Ko-selleck, 253-301

Schweiger, S. (1998): Unpersönlichkeit (= Männlichkeit) als Programm. Frauen in der Institution Wissenschaft, in: SWS-Rundschau 38, 23-33

Schwinn, T. (1998): Soziale Ungleichheit und funktionale Differenzierung. Wiederaufnahme einer Diskussion, in: Zeitschrift für Soziologie 27, 3-17

Sieverding, M. (1988): Attraktion und Partnerwahl: Geschlechtsrollenstereotype bei der Partnerwahl, in: Report Psychologie 13, 9-14

Sieverding, M. (1991): Psychologische Barrieren in der Entwicklung von Frauen: das Beispiel der Medizinerinnen, Stuttgart (Enke)

Sieverding, M./Alfermann, D. (1992): Instrumentelles (maskulines) und expressives (feminines) Selbstkonzept: ihre Bedeutung für die Geschlechtsrollenforschung, in: Zeitschrift für Sozialpsychologie 23, 6-15

Six, B. (1987): Stereotype und Vorurteile im Kontext sozialpsychologischer Forschung, in: G. Blaicher (Hrsg.), Erstarrtes Denken. Studien zu Klischee, Stereotyp und Vorurteil in englischsprachiger Literatur, Tübingen (Gunter Narr), 41-54

Sklorz-Weiner, M. (1996): Zur Bedeutung geschlechtsspezifischer Sozialisationsunterschiede für die Entwicklung von Interessen, in: Frauenforschung: Informationsdienst des Forschungsinstituts Frau und Gesellschaft 9, 15-21

Spellerberg, A. (1996): Frauen zwischen Familie und Beruf, in: W. Zapf, R. Habich (Hrsg.), Wohlfahrtsentwicklung im vereinten Deutschland: Sozialstruktur, sozialer Wandel und Lebensqualität, Berlin (Ed. Sigma), 99-120

Spence, J. T./Helmreich, R. L. (1978): Masculinity & Feminity. Their Psychological Dimensions, Correlates and Antecedents, Austin (University of Texas Press)

Spence, J. T. (Hrsg.) (1985): Motivation, Emotion and Personality, Amsterdam (Acapulco)

Staab, J. F. et al. (1987): Dissonante Stereotypisierung. Eine vergleichende Inhaltsanalyse der Frauendarstellung in ,Brigitte', ,Neue Post', ,Emma' und ,Playboy', in: Publizistik. Vierteljahreszeitschrift für Kommunikationsforschung 32, 468-479

Staab, J. F. et al. (1991): Dissonante Stereotypisierung (2). Das Männerbild in ,Brigitte', ,Neue Post', ,Emma' und ,Playboy', in: Publizistik. Vierteljahreszeitschrift für Kommunikationsforschung 36, 447-453

Stäheli, U. (1998): Die Nachträglichkeit der Semantik zum Verhältnis von Sozialstruktur und Semantik, in: Soziale Systeme, 4. Jg., Nr. 2, 315-339

Stäudel, T. (1993): Problemlösen und Geschlecht: in: G. Krell, M. Osterloh (Hrsg.), Personalpolitik aus der Sicht von Frauen. Was kann die Personalforschung von der Frauenforschung lernen?, München und Mehring (Rainer Hampp), 282-300

Stechert, K. (1988): Frauen setzen sich durch. Leitfaden für den Berufsalltag mit Männern, Frankfurt/M. u.a. (Campus)

Stichweh, R. (1988): Inklusion in Funktionssysteme der modernen Gesellschaft, in: R. Mayntz, B. Roseweitz, U. Schimank, R. Stichweh, Differenzierung und Verselbständigung. Zur Entwicklung gesellschaftlicher Teilsysteme, Frankfurt/M., New York (Campus), 261-294

Stichweh, R. (1998a): Zur Theorie der politischen Inklusion, in: Berliner Journal für Soziologie 4, 539-547

Stichweh, R. (1998b): Raum, Region und Stadt in der Systemtheorie, in: Soziale Systeme, 4. Jg., Heft 2, 341-358

Stoff, H. (1998): Vermännlichung und Verweiblichung: Wissenschaftliche und utopische Experimente im frühen 20. Jahrhundert, in: U. Pasero, F. Braun (Hrsg.), Wahrnehmung und Herstellung von Geschlecht, Opladen (Westdeutscher Verlag), 47-62

Stoller, R. (1968): Sex and Gender: On the Development of Masculinity and Feminity, New York (Science House)

Stone, L. J./Church, J. (1978): Kindheit und Jugend. Einführung in die Entwicklungspsychologie, Bd. 1, hrsg. und bearbeitet von P. Potthoff und H.P. Rosemeier, Stuttgart (Georg Thieme)

Strümpel, B. et al. (1989): Teilzeitarbeitende Männer und Hausmänner. Motive und Konsequenzen einer eingeschränkten Erwerbstätigkeit von Männern, Berlin (Sigma)

Stryz, K. (1978): Sozialisation und Narzißmus. Gesellschaftlicher Wandel und die Veränderung von Charaktermerkmalen. In: P. Orban und J. Holder (Hrsg.), Theorie und soziale Praxis Bd.6, Wiesbaden (Akad. Verl.-Ges.)

Tannen, D. (1991): Du kannst mich einfach nicht verstehen. Warum Männern und Frauen aneinander vorbeireden, Hamburg (Goldmann)

Tannen, D. (1995): Job-Talk. Wie Frauen und Männern am Arbeitsplatz miteinander reden, Hamburg (Goldmann)

Tannen, D. (1997): Andere Worte, andere Welten. Kommunikation zwischen Frauen und Männern, Frankfurt/M. und New/York (Campus)

Taylor, F. W. (1983): Die Grundsätze wissenschaftlicher Betriebsführung, Nachdruck der Originalausgabe von 1919, München (Raben Verlag)

Teubner, U. (2001): Soziale Ungleichheit zwischen den Geschlechtern – kein Thema innerhalb der Systemtheorie?, in: G.-A. Knapp, A. Wetterer (Hrsg.), Soziale Verortung der Geschlechter, Münster (Westfälisches Dampfboot), 30-52

Thürmer-Rohr, C. (1995): Denken der Differenz. Feminismus und Postmoderne, in: Beiträge zur feministischen Theorie und Praxis 18, 87-97

Trömel-Plötz, S. (1982): Frauensprache. Sprache der Veränderung, Frankfurt/M. (Fischer)

Trömel-Plötz, S. (1984): Die Konstruktion konversationeller Unterschiede in der Sprache von Frauen und Männern, in: dies. (Hrsg.), Gewalt durch Sprache, Frankfurt/Main (Fischer), 288-319

Tyrell, H. (1982): Familienalltag und Familienumwelt: Überlegungen aus systemtheoretischer Perspektive, in: Zeitschrift für Sozialisationsforschung und Erziehungssoziologie 2, 167-188

Tyrell, H. (1983a): Zwischen Interaktion und Organisation I. Gruppe als System, in: F. Neidhardt (Hrsg.), Gruppensoziologie. Perspektiven und Materialien, Sonderband der KZfSS, Opladen (Westdeutscher Verlag), 75-87

Tyrell, H. (1883b): Zwischen Interaktion und Organisation II. Die Familie als Gruppe, in: F. Neidhardt (Hrsg.), Gruppensoziologie. Perspektiven und Materialien, Sonderband der KZfSS, Opladen (Westdeutscher Verlag), 362-390

Tyrell, H. (1986): Geschlechtliche Differenzierung und Geschlechterklassifikation, in: Kölner Zeitschrift für Soziologie und Sozialpsychologie 38, 450-489

Tyrell, H. (1987): Probleme des Familienlebens angesichts von Konsummarkt, Schule und Fernsehen, in: H.-J. Schulze, T. Meyer (Hrsg.), Familie. Zufall oder neues Selbstverständnis, Würzburg (Königshausen und Neumann), 55-66

Vollmer, F. (1985): Why do men have higher expectancy than women? in: Sex Roles 14, 351-362

Wegener, B. (1989): Soziale Beziehungen im Karriereprozess, in: Kölner Zeitschrift für Soziologie und Sozialpsychologie 41, 270-297

Weigand, H. (1992): Basisdemokratie versus Hierarchie. Oder: Was macht frau mit der Macht?, in: M. Hrückner (Hrsg.),, Frauen und Sozialmanagement, Freiburg im Breisgau (Lamertus)

Weinbach, C. (1997): Subversion Despite Contingency? Judith Butler's Concept of a Radical Democratic Movement from a System Theory Perspective, in: International Review of Sociology 7, 147-153

Weinbach, C. (1998): Radikaldemokratie statt Feminismus! Judith Butlers Kritik der feministischen Definitionsmacht, in: M. Heinz, F. Kuster (Hrsg.), Geschlechtertheorie. Geschlechterforschung. Ein interdisziplinäres Kolloquium. Bielefeld (Kleine Verlag), 53 – 62

Weinbach, C. (1999): Die politische Theorie des Feminismus: Judith Butler, in: A. Brodocz, G.S. Schaal (Hrsg.), Politische Theorien der Gegenwart. Eine Einführung, Opladen (Leske + Budrich), 287-309

Weinbach, C. (2002): Systemtheorie und Gender. Überlegungen zum Zusammenhang von politischer Inklusion und Geschlechterdifferenz, in: Soziale Systeme 8, 307-333

Weinbach, C. (2004a): ... und gemeinsam zeugen sie geistige Kinder. Erotische Phantasien um Niklas Luhmann und Pierre Bourdieu, in: A. Nassehi, G. Nollmann (Hrsg.), Bourdieu und Luhmann. Ein Theorienvergleich, Frankfurt/M. (Suhrkamp), im Erscheinen

Weinbach, C. (2004b): Systemtheorie und Gender: Geschlechtliche Ungleichheit in der funktional differenzierten Gesellschaft, in: S. Kampmann, A. Karentzos, T. Küpper (Hrsg.), Gender Studies und Systemtheorie. Studien zu einem Theorietransfer, Bielefeld (transcript), im Erscheinen

Weinbach, C./Stichweh, R. (2001): Die Geschlechterdifferenz in der funktionalen Gesellschaft, in: B. Heintz (Hrsg.), Geschlechtersoziologie, Sonderheft 41 der Kölner Zeitschrift für Soziologie und Sozialpsychologie, Wiesbaden (Westdeutscher Verlag), 30-52

Weiner, B. (1980): Human Motivation, New York (Holt, Rinehart & Winston)

Weischenberg, S./Keuneke, S./Löffelholz, M./Scholl, A.(1994): Frauen im Journalismus. Gutachten über die Geschlechterverhältnisse bei den Medien in Deutschland, hrsg. von der Industriegewerkschaft Medien, Druck und Papier, Publizistik und Kunst), Stuttgart

Wenneras, Christine/Wold, Agnes (2000): Akademische Karrieren von Frauen an wissenschaftlichen Hochschulen, in: Beate Krais (Hrsg.), Wissenschaftskultur und Geschlechterordnung. Über die verborgenen Mechanismen männlicher Dominanz in der akademischen Welt, Frankfurt a.M./New York (Campus), 107-120

West, C. (1992): Ärztliche Anordnungen. Besuche bei Ärztinnen und Ärzten, in: S. Günthner, H. Kotthoff (Hrsg.), Die Geschlechter im Gespräch. Kommunikation in Institutionen, Stuttgart (J.B. Metzlersche Verlagsbuchhandlung), 147-176

West, C./Zimmerman, D. (1987): Doing Gender, in: Gender & Society 1, 125-151

Wetterer, A. (1995): Dekonstruktion und Alltagshandeln. Die (möglichen) Grenzen der Vergeschlechtlichung von Berufsarbeit, in: dies. (Hrsg.), Die soziale Konstruktion von Geschlecht in Professionalisierungsprozessen, Frankfurt/M. und New York (Campus), 223-247

Willems, H. (1997): Rahmen und Habitus. Zum theoretischen und methodologischen Ansatz Erving Goffmans: Vergleiche, Anschlüsse und Anwendungen. Mit einem Vorwort von A. Hahn, Frankfurt/M. (Suhrkamp)

Willems, H. (1998): Geregelte Überschreitung, gepflegte Ungepflegtheit. Eine zivilisationstheoretisch-dramatologische Betrachtung abweichenden Verhaltens, in: Österreichische Zeitschrift für Soziologie 23, 43-72

Willms-Hegert, A. (1990): Die Situation von Frauen auf dem Arbeitsmarkt in der Bundesrepublik Deutschland, in: P. Auer et al. (Hrsg.), Beschäftigungspolitik und Arbeitsmakrtforschung im deutsch-französischen Dialog, Nürnberg, 180-189

Yount, K.R. (1986): A theory of productive activity: The relationships among selfconcept, gender, sex role stereotypes and workemergent traits, in: Psychology of Women Quaterly 12, 63-88

Zanetti, V. (1988): Kann man ohne Körper denken? Über das Verhältnis von Leib und Bewusstsein bei Luhmann und Kant, in: U. Gumbrecht und K. L. Pfeiffer, Die Materialität der Kommunikation, Frankfurt/Main (Suhrkamp), 280-294

Zumbühl, U. (1984): ‚Ich darf noch ganz kurz ...': Die männliche Geschwätzigkeit am Beispiel von zwei TV-Diskussionen, in: S. Trömel-Plötz (Hrsg.), Gewalt durch Sprache, Frankfurt/Main (Fischer), 233-245

Zurstiege, G. (1998): Mannsbilder – Männlichkeit in der Werbung. Zur Darstellung von Männern in der Anzeigenwerbung der 50er, 70er und 90er Jahre, Opladen (Westdeutscher Verlag)

Nachschlagewerke

Dirk Baecker (Hrsg.)
**Schlüsselwerke
der Systemtheorie**
2004. ca. 300 S. Br. ca. EUR 19,90
ISBN 3-531-14084-1

Das Buch versammelt Artikel über
die etwa 30 wichtigsten Grundlagen-
werke der Systemtheorie. Autoren
der Beiträge sind u.a. Rudolf Stichweh, Helmut Willke, Norbert Bolz,
Elena Esposito, Mathias Albert,
Alfred Kieser, Giancarlo Corsi und
Ranulph Glanville.

Axel Honneth, Institut für Sozial-
forschung (Hrsg.)
**Schlüsseltexte
der Kritischen Theorie**
2004. ca. 300 S. Geb. ca. EUR 27,90
ISBN 3-531-14108-2

Der Band bietet einen umfassenden,
einführenden Überblick über die etwa
80 wichtigsten Texte der Kritischen
Theorie. Auf diese Weise gelingt eine
verständliche und fundierte Einführung in die Kritische Theorie. Beitrags-
autoren sind u.a. Sighard Neckel, Rolf
Wiggershaus, Gerhard Plumpe, Wolfgang Bonß und Martin Seel.

Martina Löw, Bettina Mathes (Hrsg.)
**Schlüsselwerke
der Geschlechterforschung**
2004. ca. 304 S. Br. ca. EUR 27,90
ISBN 3-531-13886-3

Der Band versammelt Zusammen-
fassungen und Analysen von etwa
20 zentralen Schlüsselwerken der
Geschlechterforschung. Mit Beiträgen u.a. von Regine Gildemeister,
Karin Flaake, Marianne Rodenstein
und Ulrike Teubner.

Werner Fuchs-Heinritz, Rüdiger
Lautmann, Otthein Rammstedt,
Hanns Wienold (Hrsg.)
Lexikon zur Soziologie
3. Aufl. 1994. 763 S. Br. EUR 42,90
ISBN 3-531-11417-4

Das *Lexikon zur Soziologie* ist das
umfassendste Nachschlagewerk für
die sozialwissenschaftliche Fach-
sprache. Es bietet aktuelle, zuverläs-
sige Erklärungen von Begriffen aus
der Soziologie sowie aus Sozialphilosophie, Politikwissenschaft und Politischer Ökonomie, Sozialpsychologie,
Psychoanalyse und allgemeiner Psychologie, Anthropologie und Verhal-
tensforschung, Wissenschaftstheorie
und Statistik.

Erhältlich im Buchhandel oder beim Verlag.
Änderungen vorbehalten. Stand: Januar 2004.

www.vs-verlag.de

VS VERLAG FÜR SOZIALWISSENSCHAFTEN

Abraham-Lincoln-Straße 46
65189 Wiesbaden
Tel. 0611.7878 - 285
Fax 0611.7878 - 400

Einführungen in die Soziologie

Martin Abraham,
Thomas Hinz (Hrsg.)

Arbeitsmarktsoziologie
(Arbeitstitel)
Probleme, Theorien,
empirische Befunde
2004. ca. 288 S. Br. ca. EUR 24,90
ISBN 3-531-14086-8

Der Band bietet einen fundierten
Einblick in die zentralen Theorien
und Probleme des Arbeitsmarktes.
Voraussichtlich mit Beiträgen von
Rolf Becker, Hans Dietrich, Markus
Gangl, Henriette Engelhardt, Frank
Kalter, Wolfgang-Ludwig-Mayerhofer,
Tanja Mühling, Olaf Struck, Heike
Trappe u.a.

Michael Jäckel

**Einführung
in die Konsumsoziologie**
(Arbeitstitel)
Geschichte – Forschungsstand –
Quellen
2004. ca. 272 S. Br. ca. EUR 21,90
ISBN 3-531-14012-4

Die moderne Gesellschaft lässt sich
als Konsumgesellschaft beschreiben. Mode, Geschmack, Stil sind
ebenso prägend wie die mit der entstehenden Konsumgesellschaft ein-
hergehende Konsumkritik. Dieses
einführende Lehrbuch beschreibt
daher die Entstehung und Entwicklung von Konsum und seine gesellschaftliche Bedeutung.

Paul B. Hill, Johannes Kopp

Familiensoziologie
Grundlagen und theoretische
Perspektiven
3. Aufl. 2004. ca. 352 S.
Br. ca. EUR 26,90
ISBN 3-531-43734-8

Das Buch gibt einen fundierten Einblick in die Familiensoziologie. Dabei
werden zunächst die historischen
und ethnologischen Variationen der
Formen familialen Lebens thematisiert und die wichtigsten Theorietra-
ditionen der Familiensoziologie vorgestellt. Für die zentralen Gegen-
standsbereiche – etwa Partnerwahl,
Heiratsverhalten, innerfamiliale
Interaktion, Fertilität, Familienfor-
men sowie Trennung und Scheidung
– wird der theoretische und empirische Stand der Forschung vorgestellt und diskutiert.

Erhältlich im Buchhandel oder beim Verlag.
Änderungen vorbehalten. Stand: Januar 2004.

www.vs-verlag.de

VS VERLAG FÜR SOZIALWISSENSCHAFTEN

Abraham-Lincoln-Straße 46
65189 Wiesbaden
Tel. 0611.7878-285
Fax 0611.7878-400